KB207377

性命雙修로 풀이하는 金剛經 眞解

性命雙修로 풀이하는

金剛經 眞解

연등고불 저
김창수 유정식 역

명지사

<일러두기>

原文解釋 금강경 원문에 대한 해석을 소개한 부분이다.

然燈古佛眞解 연등고불의 진해(眞解)를 소개한 부분이다. 성명쌍수에 바탕을 두고 금강경을 풀이하고 있다. 이 같은 관점에서 풀이하는 금강경은 전혀 새로운 내용으로 우리에게 다가 온다.

성명쌍수는 진정한 사람[眞人]이 되기 위해 "마음[性]" 공부와 더불어 "몸[命]" 공부를 중요시 한다. 마음공부에서는 좋은 책을 읽고, 좋은 스승을 만나고 하는 것도 중요하지만, 더욱 중요한 것은 진성(眞性)이 머무는 여시처(如是處)를 알아 마음을 닦는 것이고 그리고 몸 공부는 명(命)의 중심인 현관규(玄關竅)를 여는데 기초를 두고 있다고 하겠다.

자고로 불(佛)께서 성(性)을 말씀하시면 아울러 명(命)을 겸하여 말씀하셨고, 명(命)을 말씀하시면 겸하여 성(性)을 말씀하셨으니, 성명(性命)의 요체는 종이 뒤에 밝게 드러내신 것을 지금에야 알았다.

頂批 연등고불의 금강경에 대한 특별한 견해 및 비평이다.

然燈古佛親撰金剛經傳燈眞解序

연등고불[1]께서 친히 지으신 금강경전등진해 서문

십이만 구천육백 년(十二萬九千六百年)[2]이 되면 천지(天地)가 다시 열리는데, 이것이 바로 천지(天地)의 대 생사(大生死)로, 즉 천지(天地)의 대 윤회(大輪廻)이다.

오직 이 경(經)[3]만이 강(剛)하여 부서지지 않는 진기(眞炁)로, 지청지허(至淸至虛)하며 지신지령(至神至靈)하고, 불생불멸(不生不滅)하며 불구부정(不垢不淨)하고, 무시무종(無始無終)하며 무고무금(無古無今)하다. 이 경은 아직 천지가 있기 전에, 천지(天地)보다 먼저 있었고, 이미 천지가 있은 연후에도 천지를 따라서 함께 죽지 않는다.

또 극히 정대광명(正大光明)하며 육통(六通 : 동서남북과 상하)과 사벽(四闢)한 것이 유리보등(琉璃寶燈)을 켠 것과 같아 은밀한 곳을 비추지 않음이 없고, 위로는 구천(九天)을 꿰뚫고, 아래로는 구유(九

---

1) 연등고불 : 처음 태어나실 때에 몸에 빛이 나는 것이 마치 등불과 같았기 때문에 연등불이라고 했다. 또 정광(定光)이라 불렸는데 여래 불에게 수기(授記)하신 스승이다.

2) 십이만 구천육백 년 : 세계에는 시작과 끝이 있는데 그것을 일러 일원(一元)이라 한다. 여기서 一元은 즉 혼돈에서 다시 다음 혼돈에 이르는 것을 말함. 이 一元을 분할하면 또 12支에 해당한다. 고로 一元에는 12회(會)가 있고, 一會에는 30운(運)이 있고, 一運은 12世이고 一世는 30년이고 一年은 12月이고 一月은 30日이고 一日은 12時이다. 이 같이 계산하면 一會는 10,800년이고 一元은 129,600년으로 이것이 곧 天地의 한 차례 시종(始終)이 된다.

3) 경(經) : 선천(先天)의 기(炁)를 가리킨다.

幽)를 통하는데 탕탕(蕩蕩 : 광대한 모양)하여 이름 지을 길이 없으나, 억지로 도(道)라고 말한다.

사람 몸은 하나의 작은 천지(天地)이다. 그러므로 이 도(道)를 얻은 사람은, 다만 금강(金剛)처럼 부서지지 않을 뿐 아니라, 또한 능히 낮과 밤으로 늘 밝아 항상 어둡지 않는 하늘에 머물게 된다.

눈으로 십만 팔천 리(十萬八千里)나 멀리 보아도 명료한 것이 손바닥 보는 것 같고, 위로는 삼십삼천(三十三天)을 보아도 태양과 별[日星]이 그 빛과 다투지 못하고, 아래로는 십팔 중 지옥(十八重地獄)을 보아도 유암(幽暗 : 그윽하고 어두움)이 그 모습을 감추지 못한다.

또한 몸 가운데 삼백육십오 단(三百六十五段)의 골절(骨節)에는 삼백육십오 도(三百六十五度)의 성광(星光)을 결성(結成 : 맺어 이룸)하고, 몸 가운데 팔만 사천(八萬四千)의 털구멍이 변화하여 팔만 사천(八萬四千)의 신병(神兵)이 된다.

그 호연진기(浩然眞炁)[4]는 스스로 한 자리(一座)의 통천(洞天 : 신선들이 사는 명산)을 형성하고, 스스로 한 자리(一座)의 영산(靈山)을 맺어, 태청(太淸), 상청(上淸), 옥청(玉淸)[5]의 밖에서 음양(陰陽)과 오행(五行) 그리고 육기(六氣)의 구속(拘束)을 받지 않는다.

유(儒)에서 희성(希聖)과 희천(希天)한 사람은 진실로 이와 같고, 석도(釋道)에서 성선(成仙)하고 성불(成佛)한 사람도 또한 이와 같다.

이런 까닭에 공성(孔聖 : 공자)께서는 하나의 수정집성대동천(水晶集聖大洞天)을 결성(結成)하시고, 석가(釋迦)께서는 하나의 유리극락영산대동천(琉璃極樂靈山大洞天)을 결성하시고, 노자(老子)께

---

4) 호연지기(浩然之炁) : 맹자께서 "나는 호연한 기를 잘 기른다."고 하였는데 선천기에 해당한다.

5) 태청, 상청, 옥청 : 불교에서는 33천(天)을 말하고, 도교에서는 36天을 말하여 3개의 하늘을 더 설정하였는데 그 3개의 하늘이 바로 태청, 상청, 옥청이다.

서는 하나의 태청허무대동천(太淸虛無大洞天)을 결성하시고, 문창(文昌)께서는 하나의 무극총진대동천(無極總眞大洞天)을 결성하시고, 관제(關帝)께서는 하나의 신위통충대동천(神位統忠大洞天)을 결성하시었다.

그 나머지 일체의 득도(得道)한 문유(文儒)나 득도한 승도(僧道)나 득도한 은사(隱士) 및 일체의 득도한 충효신선(忠孝神仙)들도, 다 각기 하나의 동천(洞天)과 각기 하나의 영산(靈山)을 결성(結成)하지 않은 사람이 없다.

무릇 억 종(億宗)의 만조(萬祖)와 역겁(歷劫)을 생신(生身)한 부모(父母)와 일체(一切)의 내조권속(內助眷屬)들이 다 동천(洞天)과 영산(靈山)안에 모여서 길이길이 억만 년(億萬年)을 가인(家人)과 부자(父子)로 참된 즐거움을 누리게 된다.

이리하여 십이만 년이 되어 천지(天地)가 죽는다 해도, 도를 얻은 [得道] 사람은 홀로 살고, 천지가 혼돈(混沌)의 상태가 되더라도, 득도한 사람은 홀로 빛을 발한다.

천지가 윤회(輪回)에 떨어져도, 득도한 사람은 홀로 무극궁(無極宮)안에서 소요(逍遙 : 유유자적함)하게 되니, 천지가 부서진 다해도 가히 부서지지 않는다.

이것은 진실로 심등(心燈)이 두루 비추는 것을 의지하여, 무량(無量)한 촉룡(燭龍)의 빛을 내는 것으로, 진실로 무형(無形)한 대도(大道)를 의지하여, 나의 심령(心靈)의 굳은 지혜를 온전하게 하는 것이다.

이 도(道)를, 유(儒)에서는 중용(中庸)이라 하고, 석(釋)에서는 보주(寶珠)라 하고, 도(道)에서는 대약(大藥)이라 한다.

그 문에 들어가는[入門] 하수공부(下手工夫)[6]는, 유(儒)에서는 충서(忠恕 : 충직하며 동정심이 많음)에 있고, 석(釋)에서는 자비(慈悲)

---

6) 하수공부 : 선도(仙道)에서 처음 공부를 착수하는 것을 말함.

에 있고, 도(道)에서는 감응(感應)에 있다.

그것을 총괄(總括 : 통틀어 모아 하나로 뭉침)하여 책에 써서 천하 만세에 가르치셨으니, 유(儒)에서는 주역(周易) 및 대학(大學)과 중용(中庸)이 있고, 석(釋)에서는 금강(金剛) 및 화엄(華嚴)과 능엄(楞嚴)이 있고, 도(道)에서는 황정(黃庭) 및 도덕(道德)과 참동(參同), 그리고 일체의 단경(丹經)이 있다.

그리고 이 금강(金剛)처럼 부서지지 않는 진기(眞炁)를 얻은 것을, 유(儒)에서는 무성무취(無聲無臭)하며, 지대지강(至大至剛)하다고 말하고, 석(釋)에서는 법신(法身)이라 말하고, 도(道)에서는 영아(嬰兒)라 말한다.

그 공(功)을 성취하여 이름 붙이게 되면, 유(儒)에서는 성인(聖人)이라 말하고, 석(釋)이나 도(道)에서는 선(仙)과 불(佛)이라 하는데, 선불(仙佛)과 성인(聖人)은 하나면서 둘이고, 둘이면서 하나이다.

그러므로 무릇 각답실지(脚踏實地)[7]하여 이 대도(大道)를 행하여야 한다.

삼교(三敎)는 모두 그 임금과 신하[君臣], 아버지와 아들[父子], 형과 아우[昆弟], 부부(夫婦), 벗[朋友]의 윤상(倫常 : 인륜의 도)을 통해, 만세(萬世)의 명교(名敎)[8]와 강상(綱常)[9]의 준칙(準則 : 본받을 법)을 세웠다.

그러므로 다 같이 천지와 나란히 하는데 돌아가, 만물(萬物)을 기르며, 천지와 함께 하는 것이다.

이 때문에 우리 문중(門中)에 석가모니불(釋迦牟尼佛)께서는 여덟 명의 자식이 있고, 노자(老子)와 모든 신선(神仙)들께서는 다 각기 종사(宗嗣)가 있다.

아울러 아직 출가(出家)하지 않고 수행하거나, 지금의 승도(僧道)

---

7) 각답실지 : 신체적으로 몸소 착실하게 실천하는 것을 말함.
8) 명교(名敎) : 유가에서 정한 명분과 교훈을 준칙으로 하는 도덕.
9) 강상(綱常) : 3강과 오륜의 준말.

에 이르기까지, 특별히 그 같은 방편법문(方便法門)을 베푼 것 일 뿐이다.

유자(儒者)는 능히 공성(孔聖)을 배우고, 선불(仙佛)을 배울 필요는 없으니, 궁신달화(窮神達化)[10]하면 곧 이것이 선불(仙佛)이다.

석도(釋道)를 배우는 사람은, 비록 선불(仙佛)을 배우나, 반드시 공성(孔聖)과 다름이 없어야 비로소 정과(正果)를 이루게 된다.

총체적으로, 삼교(三敎)의 사람들이 이 금강(金剛)의 부서지지 않는 진기(眞炁)를 닦고자 하는 것은, 만일 천지(天地)가 부서 질 때라도 나의 진기(眞炁)가 천지와 함께 부서지지 않게 하려는 것이니, 힘써 궁리진성(窮理盡性)[11]하여 명(命)에 이르는 것이 중요하다.

궁리진성하고자 하면, 힘써 대학(大學)과 중용(中庸), 그리고 주역(周易)및 황정(黃庭)과 도덕(道德) 그리고 모든 경(經)을 정연(精硏 : 자세히 연구하다)함이 필요한데, 이 금강경(金剛經)은 더욱 궁리진성(窮理盡性)하는데 골수(骨髓)가 된다.

무릇 궁리진성도 또한 어려운 일이 아니다. 유(儒)에서는 존심양성(存心養性)이라 하고, 석(釋)에서는 명심견성(明心見性)이라 하고, 도(道)에서는 수심련성(修心煉性)에 불과할 뿐이다.

대개 사람의 마음에는 원래 각기 일잔(一盞 : 하나의 등잔)의 심등(心燈)이 있다. 즉 진성지명(盡性至命)의 진종자(眞種子)이다.

유자(儒者)가 능히 존심양성(存心養性)하면, 곧, 명명덕(明明德 : 원래 밝은 덕을 밝힘)하여 심등(心燈)이 꺼지지 않게 되고, 승도(僧道)가 능히 명심견성(明心見性)하거나, 수심련성(修心煉性)하게 되면, 즉 대광명(大光明)을 놓아 심등(心燈)이 오래도록 빛날 것이다.

그 전(傳 : 경서의 주해)에는 이 심등(心燈)의 법(法)과 이 심등(心燈)을 이어주는 결(訣)은 무량도세불(無量度世佛)께서 이미 주석

---

10) 궁신달화 : 신(神)을 끝까지 밝혀내고 변화에 통달하는 것.
11) 궁리진성 : 이치를 궁구하고 자기의 성품을 닦는 것을 말함.

(註釋)을 밝히셨으니, 뜻이 있는 사람은 각기 잠심(潛心)하여 완색(玩索 : 깊이 연구함)하는 것이 마땅하다.

하물며 이 경(經)은, 다만 범부(凡夫)만 제도할 뿐 아니라, 무릇 일체의 유혼(幽魂)과 체백(滯魄) 그리고 일체의 사마(邪魔)나 요괴(妖怪) 그리고 날라 다니거나, 물속에 있는 것이거나, 동물이나 식물이나, 다 잠부묵화(潛浮默化)하는 것을 한꺼번에 두루 제도(普渡)하는 것이다.

사람이 능히 하루에 일편(一遍)을 외우고, 더불어 정밀한 마음[精心]으로 깊이 연구하면 조부(祖父)를 가히 구제하며, 신귀(神鬼)를 뛰어넘고, 사마(邪魔)나 요괴(妖怪)를 감화(感化)시켜 정과(正果)로 돌아가게 할 수 있다.

일체의 태(胎), 난(卵), 습(濕), 화(化)가 다함이 없는 은혜를 입지 않음이 없으니, 진실로 이것이 무량공덕(無量功德)인 것이다.

이미 공덕(功德)이 있으면서 무릇 진성지명(盡性至命)하고자 하는 사람은 자연히 신령(神靈)이 있어 그를 보호하고 지키며, 성사(聖師)를 만나게 되어 이 금강(金剛)의 부서지지 않는 법신(法身)을 이룰 수 있다.

법신(法身)이 이미 이루어지면, 마침내 격치성정(格致誠正)함에 따라 몸 닦는 것을 마치게 된다.

몸을 이미 닦고, 이로써 제가(齊家)하면, 즉 온갖 재앙이 눈 녹듯 녹으며 온갖 상서로운 구름이 모이니, 이로써 치국(治國)하고 평천하(平天下)하게 되면, 경성(景星 : 별이 밝음)과 경운(慶雲 : 경사로운 구름) 그리고 화풍(和風)과 감우(甘雨)를 자아내, 자연히 겁운(劫運)을 소멸하여 무궁(無窮)하게 된다.

오호라! 유자(儒者)는 선불(仙佛)의 진전(眞傳)인 무아상(無我相), 인상(人相), 중생상(衆生相), 수자상(壽者相)등의 말을 이해하지 못한 까닭에, 곧 말하기를 "천지만물(天地萬物)과 일체를 다 관섭

(管攝)하지 않고, 단지 자가(自家)의 한 마음에만 치중한다."고 하니,
어찌 궁리진성(窮理盡性)하여 지어명(至於命)하려면 그 마음이
전정치일(專精致一)해야 함을 알지 못하는가?

그러므로 어떤 사람이 주자(周子)에게 묻기를 "성인(聖人)은 배워
서 될 수 있는 것입니까?" 하니,

대답하여 말하기를 "그렇다."

묻기를 "요점이 있습니까?" 하니

말하기를 "하나가 요점이 되니, 하나란 무욕(無慾)이니라."

"무욕(無慾)이라야, 정(靜)하면 허(虛)하고, 동(動)하면 직(直)이
라. 정허(靜虛)하면 즉 밝아지고(明), 밝아지면 통(通)하게 된다. 동
직(動直)하면 즉 공(公)해지고, 공(公)하면 부(溥 : 넓어짐)해지니,
명(明), 통(通), 공(公), 부(溥)라야 가까워지게 된다."고 하였다.

무릇 인심(人心)이 태허(太虛)와 더불어 동체(同體)가 되어야 비
로소 허령(虛靈)이 어리석지 않게 된다.

그러므로 주자에 또 있는 것을 말하면 "마음이 조금이라도 지향하
는 바가 있으면 곧 이것이 욕(欲)이고, 조금이라도 보는 바가 있으면
곧 이것이 망(妄)이다."고 하였다,

주자는 대송(大宋)의 도통(道統)을 이어받은 사람으로, 진실로 마
음에 보는 것이 능히 전일(專一)하여 바야흐로 초범입성(超凡入聖)
하였고, 천지와 자리해 만물(萬物)을 기르고 더불어 천지와 동참(同
參)하였다.

그러므로 이른바 "관섭(管攝)하지 않는다는 것은, 바로 그 관섭
(管攝)하는 것이 크다는 것을 말한다."

그렇지 않으면 명(明), 통(通), 공(公), 부(溥) 할 수 없으니, 곧
이것은 이미 심등이 밝지 못한 것이고, 심등(心燈)이 밝지 못하면,
반드시 격치성정(格致誠正)하여 수신(修身)할 수가 없고, 수신(修
身)할 수가 없으면 지기(志氣)가 혼매(昏昧)하게 되니, 어찌 제가(齊

家)하고 치국(治國)하여 평천하(平天下)를 할 수가 있으며, 군생(群生)을 고해(苦海)에서 구제할 수가 있겠는가?

사람의 심등(心燈)은 늘 첨유(添油 : 기름을 보탬)하지 않을 수 없으니, 이로써 광명(光明)을 집희(緝熙)하는 것이다. 대개 태양은 낮에 밝고, 달은 밤에 밝은 것이나, 오직 등(燈)만은 낮과 밤에도 늘 밝으므로, 이 경(經)의 이름을 금강전등진해(金剛傳燈眞解)라고 한 것이다, 이에 서문(序文)을 대신하는 바이다.

十二萬九千六百年이면 天地가 重開하니 是天地之大生死로 卽天地之大輪廻也라. 惟此經만이 剛하여 不壞之眞炁이니 至淸至虛하며 至神至靈하고 不生不滅하며 不垢不淨하고 無始無終하며 無古無今이라. 未有天地에 則先天地而存하고 旣有天地에는 不墮天地而亡而라. 又極其正大光明하며 六通과 四關한 것이 如琉璃寶燈하여 無微不燭하고 上徹九天하고 下透九幽인데 蕩蕩乎하여 無可名强名이나 曰道라.

人身은 一小天地也라. 故凡得此道者는 不但金剛不壞이며 且能晝夜長明하여 常住不夜之天이라. 目視十萬八千里之遙瞭라도 如指掌하고 上看三十三天하여도 日星이 不能爭其光하고 下看一十八重地獄하여도 幽暗이 不能掩其形이라. 且身中에 三百六十五段骨節에는 結成三百六十五度星光하고 身中에 八萬四千豪毛孔竅가 化爲八萬四千神兵이라.

其浩然眞炁는 自結一座洞天하고 自結一座靈山하여 於太淸,上淸,玉淸之表에서 不爲陰陽五行六氣之所拘束라. 儒之希聖과 希天者는 固是如此하고 釋道之成仙과 成佛者도 亦是如此라. 是故로 孔聖은 結一水晶集聖大洞天하시고 釋迦는 結一琉璃極樂靈山大洞天하시고 老子는 結一太淸虛無大洞天하시고 文昌은 結一無極總眞大洞天하시고 關帝는 結一神威統忠大洞天이라.

其餘一切得道한 文儒나 得道한 僧道나 得道한 隱士及一切得道한 忠孝神仙들도 皆莫不各有一洞天과 各有一靈山이라. 凡億宗萬祖와 歷劫生身한 父母與 一切內助眷屬이 皆得團聚於洞天靈山之內하여 以永亨億萬年을 家人과 父子之眞樂焉이라. 是以十二萬年에 天地死而하나 得道者는 獨生하

고 天地가 混沌而해도 得道者는 獨光明이라.

天地가 墮於輪廻而해도 得道者는 獨逍遙於無極宮中而하여 壞해도 無可懷라. 此固賴心燈普照而하여 生無量燭龍之光으로 實賴大道無形하여 而全我心靈犀之慧是道也라. 在儒謂之中庸하고 在釋謂之寶珠하고 在道謂之大藥이라. 其入門하는 下手工夫는 在儒則忠恕하고 在釋有慈悲하고 在道則有感應이라. 其總括而筆之於書하여 以敎天下萬世이니 在儒則有周易及大學과 中庸이고 在釋則有如此金剛及華嚴과 楞嚴이고 在道則有黃庭及道德과 參同,與一切丹經이라.

其得此金剛不壞眞炁也를 在儒則曰無聲無臭하며 至大至剛이고 在釋謂之法身이고 在道謂之嬰兒라. 而其成功之命名也를 在儒則曰聖人이고 在釋이나 道則曰仙佛인데 仙佛與聖人은 一而二이고 二而一也라. 故凡脚踏實地하여 以行此大道也라. 三敎는 皆有敦其君臣父子昆弟夫婦朋友之倫常하여 以立萬世名敎綱常之準則이라. 而同歸於天地位하여 萬物育하며 與天地參이라. 是以吾門中에 釋迦牟尼佛生有八子하고 老子與諸仙들도 皆各有宗嗣라. 並未出家修行이나 至於今之僧道에도 特別所設之方便法門耳라.

儒者能學孔聖하고 不必學仙佛而이니 窮神達化하면 卽是仙佛이라. 釋道之所學은 雖學仙佛이나 必無異於孔聖이라야 方成正果라. 總之三敎人等이 欲修此金剛不壞之眞炁는 使天地壞時라도 而我之眞炁가 不與之俱壞이니 務要窮理盡性하여 以至於命이라.

欲窮理盡性하려면 務要精硏大學과 中庸與周易及 黃庭과 道德등 諸經인데 而此 金剛은 尤爲窮理盡性之骨髓라. 夫窮理盡性도 亦非難事라. 在儒不過曰存心養性하고 在釋則曰明心見性하고 在道則曰修心煉性이라. 蓋人心에는 原各有一盞心燈이라. 卽盡性至命之眞種子이라.

儒者가 能存心養性하면 則可以明明德하여 而心燈不滅하고 僧道가 能明心見性하거나 修心煉性하면 則可以放大光明하여 而心燈長朗이라 而其傳에는 此心燈之法과 與續此心燈之訣은 無量度世佛께서 業已註明이니 有志者는 各宜潛心玩索이라. 況此經은 不但度盡凡夫와 凡一切幽魂과 滯魄 그리고 與一切의 邪魔나 妖怪 그리고 飛潛動植이나 皆可潛孚默化를 而一齊普渡焉이라.

人能日誦一遍하고 可以精心鑽硏하면 可以超拔祖父하며 可以超昇神鬼

하고 可以感化邪魔나 妖怪하여 以歸於正果이라. 而一切의 胎卵濕化가 罔
不沾被於無涯이니 眞是無量功德이라. 旣有功德하며 則凡欲盡性至命者는
自有神靈爲之護持하며 得遇聖師하여 而成此金剛不壞之法身이라. 法身旣
成이면 方算由格致誠正하여 以修了身이라.

身旣修하고 以之齊家하면 則萬禍가 雪消하며 千祥雲集하니 以之治國平
天下하면 則釀爲景星과 慶雲和風과 甘雨하여 自有以消劫運於無窮이라.
噫! 儒者는 不解仙佛之眞傳하고는 每因無我人衆生壽者相等語하여 便謂天
地萬物 一切를 都不管祇管하고 自家一箇心하니 豈知凡欲窮理盡性하여 以
至於命하려면 其心이 宜專精致一인가?

是以로 或問周子曰 聖可學乎요 應之曰可이라 問有要乎하니 曰一爲要이
니 一者란 無欲也라 無欲則靜虛하고 動直이라. 靜虛則明하고 明則通이라.
動直則公하고 公則溥하니 明通公溥라야 庶矣乎라. 盖人心이 當與太虛同
體라야 方能虛靈不昧이라 是以周子又有云心纔有所見이면 便是妄이라.

夫周子는 乃大宋承道統之人으로 是誠有見於心이 能專一하여 方能超凡
入聖하고 以至於天地位하여 萬物育하고 與天地參也라. 然則所謂不管者는
正其所管者大也라. 不然이면 不能明通公溥인 便是已之心燈不明이고 心燈
不明이면 必不能格致誠正以修身이고 不能修身하면 則志氣昏昧하니 安能
齊家治國하여 平天下하며 以救濟群生於苦海哉甚矣인가? 人之心燈은 不
可不常爲添油이니 以輯熙於光明也라 蓋日明於晝하고 月明於夜이나 惟燈
은 則晝夜長明하므로 是以此經名을 爲金剛傳燈眞解云이라. 是爲序하노라.

大淸嘉慶元年歲次丙辰臘月八日
西方古洞 然燈古佛序於傳燈閣

정비(頂批)에 의하면 : 하늘과 땅을 두루 한 글이며[蟠天際地],
이전에도 없었고 이 후에도 없는[空前絶後] 글이다.
【頂批 : 蟠天際地의 文이요, 空前絶後한 글[筆]이라】

기신(機神)은 광명세계(光明世界) 가운데 길을 따라오고, 한호(韓

湖)나 소해(蘇海)를 보니, 곧게 선 것은 태산(泰山)과 배루(培樓)일
뿐이라.

【機神은 從光明世界中하여 隨來이라. 視韓潮와 蘇海하니 直泰山
與培樓耳라】

경(經)의 이름은 전등진해(傳燈眞解)인데, 등(燈)이란 글자에서
이 한편의 안자(眼字 : 핵심)를 볼 수 있다. 그러므로 첫머리에 먼저
등(燈)이라는 글자가 나왔다.

【經名은 傳燈眞解인데 燈字는 自是一遍의 着眼字이다. 故首段에
先出燈字라】

여기서 말하는 심등(心燈)은 사람마다 스스로에게 있고, 저마다
완성(完成)된 것인데, 어찌하여 세상 사람들은 매일 움직이는 가운
데 있는 것을 스스로 깨닫지 못하는가?

【此言心燈은 人人이 自有하고, 個個가 完成인데 奈世人은 日在
動中에 不能自悟耳인가?】

이 단락은 계속해서 성현(聖賢)과 선불(仙佛)의 증과(證果)한 실
제의 경지를 들어서, 장차 동천(洞天)과 불지(佛地)를 권속(眷屬)이
누려서 쓰는 것을 역력히 비진(備陳 : 갖추어 진열함)하였는데, 이
심등(心燈)의 밝게 비춤이 무궁하니, 삼교(三敎)를 배우는 사람이
힘쓰지 않아서 되겠는가?

【此段은 歷擧聖賢과 仙佛의 證果之實地라. 將洞天과 佛地及眷屬
이 亨用으로 歷歷備陳이라. 此心燈之朗照無窮也니 三敎의 學人이
可不勉哉인가?】

이른바 "한 자식이 도(道)를 이루면 구조(九祖)가 승천(昇天)하게

된다"는 것이다.

【所謂一子가 成大道하면 九祖가 昇天이라】

　　상단(上段)에는, 삼교(三敎)에서 가르침을 베푼 것은, 이 등(燈)을
전하는 것으로 가르침을 삼은 것이고, 삼교(三敎)의 공부는 이 등
(燈)을 전하는데 일삼은 것이고, 삼교(三敎)의 서적은 이 등(燈)을
전하는 것으로 책을 지은 것이고, 삼교(三敎)에서 도(道)를 얻은 사
람은 이 등(燈)을 전하는 것으로 도를 삼았고, 삼교(三敎)의 공명(功
名)은 이 등(燈)을 전하는 것으로 극치(極致)를 삼았는데, 이 등(燈)
을 전하는 데는 반드시 착락(着落 : 떨어진 곳)이 있는데, 그 착락(着
落)을 찾으려면, 윤상(倫常 : 사람이 지켜야 할 도리)을 따라 항상
지어가야 하며 천지와 자리를 함께 하여, 만물을 기르며 함께 천지와
동참하는데 이르러야 한다.

　　【上段에는 言三敎之說敎는 以傳此燈爲敎이고 三敎之工夫는 以
傳此燈爲事이고 三敎之書는 以傳此爲書이고 三敎之得道는 以傳此
燈爲道이고 三敎之功名은 以傳此燈極致而인데 此燈之傳에는 必有
着落인데 尋其着落하려면 則從倫常하여 做起하며 以至於天地位하
여 萬物育하며 與天地參이라】

　　이 단락(段)은 즉 이 등(燈)은 윤상(倫常)을 통하여 증명(證明)해
야 함을 말한 것으로, 태상(太上)과 불조(佛祖)께서 심등(心燈)을
밝힌 것은, 다 이 윤상을 통하여 심성(心性)을 깨닫고 법신(法身)을
이루었음을 말한 것이다.

　　【此段은 卽是燈之由倫常者證之로 言太上佛祖之明心燈은 俱是
由倫常하여 以了心性하고 以成法身이라】

　　배우려는 사람은 반드시 대학, 중용, 주역 및 황정, 도덕, 및 모든

경(經)을 배우고 연구해야 하는데, 금강경(金剛經)은 더욱 전등(傳燈)의 골수(骨髓)가 됨을 보이셨다.

【示學者는 必由學庸,周易及黃庭, 道德과 諸經을 硏究하고 而金剛經이 尤爲傳燈之髓라】

이 부분(段)은 심등(心燈)을 전하는 것이, 또한 어려운 것이 아님을 말했는데, 저 삼교(三敎)의 천언만어(千言萬語)가 불과 이 심등을 전한 것일 뿐이다.

불조(佛祖)께서도 이 진해(眞解)를 주해[註]한 까닭은, 심등을 항상 잇고 늘 밝혀서 오래 이어가고자 함이었다.

【此段은 言心燈之傳亦非難事인데 彼三敎之千言萬語가 不過此心燈之傳而已이라. 此佛祖之所以必註此眞解는 而使心燈長續長明也라】

이 부분은 이 전등진해(傳燈眞解)의 공덕(功德)을 말한 것으로, 유명(幽冥 : 그윽하고 어두움)을 비추어 꿰뚫고, 신귀(神鬼)와 요마(妖魔)를 감화(感化)시키고, 아울러 효도를 다하여 하늘을 감격케 하는 것이 바로 이 경(經)을 읽는 공덕(功德)이니, 즉 이 경(經)을 행지(行持)함으로써 대도(大道)의 경지(境地)를 깨닫게 된다. 오히려 이것은 유가(儒家)의 그 성(性)을 다하고, 인물(人物)의 성(性)에까지 미치는 것과 같다.

【此段은 言此傳燈眞解之功德으로 可以照徹幽冥하고 感化神鬼와 妖魔하고 並可以盡孝格天이 是誦此經之功德이니 卽爲行持此經하여 以了大道之地步也이라. 猶佛家盡其性하고 以及人物之性之意라】

이 부분은 공덕이 하늘을 감격(感格)하면, 자연히 선불(仙佛)을 만나게 되어 전등(傳燈)을 전해 받는데, 전해 받게 되면 그 효과가 천하와 국가에 나타나는 것이 이와 같으니 이것은 바로 불조(佛祖)께서 중생(衆生)을 다 제도하는 홍원(洪願 : 큰 바람)과 같음이다.

【此段은 言功德格天하면 自遇佛仙하여 而傳可傳燈인데 旣傳이면 而其效가 見於天下國家如此이니 此正佛祖께서 度盡衆生之洪願也라】

만고(萬古)의 인심(人心)을 되찾고 겁운(劫運)을 소멸하니, 이 등(燈)의 공덕(功德)을 어찌 생각(思議)할 수 있겠는가?

【挽回萬古人心하고 以消劫運하니 此燈之功德을 豈可思議乎요?】

이 부분은 원래 속유(俗儒)들은 전등(傳燈)의 진리(眞理)를 이해하지 못하고, 불법(佛法)을 이단(異端)이라 하는데, 다만 선유(先儒)로 원류(源流)를 꿰뚫은 이의 증언을 살펴보면, "이 전등(傳燈)의 심법(心法)과 성학(聖學)과는 다름이 없다."고 하였으니, 저 속유(俗儒)의 말 많고 견해가 잘못된 이는 특히 관통(貫通)하여 하나로 돌아감을 알지 못한다.

【此段은 就俗儒들은 不解傳燈之眞하고 而以佛法爲異端하는데 就先儒之洞見源流者一證之見하면 此傳燈心法과 與聖學은 無異이니 彼俗儒饒舌而視爲岐途者는 特未能貫通而會其歸一耳이라】

지금에 불조(佛祖)께서 분명하게 윤상(倫常)의 일과 심성(心性)의 공(功)을 가리키셨으니, 배우는 사람은 이 심등(心燈)을 깨달아야 한다.

【今佛祖께서 明明指出倫常之事와 心性之功하니 學者는 可以悟此心燈矣라】

뒷부분은 오히려 심등(心燈)을 밝히지 못한 사람이, 어떻게 성학(聖學)을 전하여 계승할 수가 있겠는가? 하고 주의를 준 것이다.
【後段은 反接以惕人之不明心燈者가 何以繼聖學之傳乎인가?】

엮어서 낸 등(燈)이란 글자의 밝기가 일월(日月)과 같으나, 공용(功用)은 일월(日月)보다 뛰어나다.
【結出燈字의 明이 同日月이나 而功用은 超於日月이라】

이 글은 불조(佛祖)의 영기(靈氣)로 어둡지 않은 하늘을 결성(結成)한 것이니, 자연히 이 세계는 모두 불조(佛祖)의 광명세계(光明世界)인 것이다.
【此文은 卽佛祖之靈氣로 結成不夜天也니 自此世界는 皆佛祖之光明世界矣라】

金剛經傳燈眞解古佛註經總詞

無量度世古佛著

身은 披紫袈裟하고,
脚은 踏紅蓮花라.
西天의 梵響은 振中華하니,
吾道의 神通은 廣大하네.
法船으로 願普渡하니,
極樂은 眞無涯라.
灑來한 舍利가 恒河沙하니,
東土가 從今으로 開化하네.

몸에는 자색가사를 입으시고,
발은 붉은 연꽃을 밟으셨네.
서천의 범향 중화를 진동하니,
우리 도의 신통 한량없네.
법선으로 널리 건지기를 바라니,
극락이 진실로 가없네.
유포된 사리 항하사 하니,
동토가 비로소 개화하네.

然燈古佛 金剛經 眞解 譯者 序文

산다는 것은 살아있는 소가죽 벗기는 것과 같고, 죽는다는 것은 끓는 기름을 가슴팍에 붓는 것과 같다.

지구농원(地球農園) 과학문명은 달(月)을 오가나, 핵 공포의 살기는 하늘을 찌르고, 태어나면 죽는다는 것은 통설(通說)화이며, 윤리도는 세계가 차라리 바다로 추락된 지 오래다.

하지만 성인(聖人)들께선 일찍이 가르침을 주셨으니 우리들의 의식 감성(感性)속에 뚫지 못하고 막혀 있는 장벽을 뚫어내는 진중(眞中 : ◎)을 지켜 동물 세상을 떠나 살맛나는 사람세상으로 이르러, 죽음으로부터 탈피(脫皮)하는 길을 이르시사 묘법(妙法)을 내리셨으니, 천부경(天符經)에 팔만장경이며, 역경(易經)에 사성이경이자, 각종 단가(丹家) 도가(道家)의 경서가 이것이다.

이것이 참으로 진실이 아니라면 거짓이 되고 말 지어나, 진실불허이기에 천만 세가 흐른다 해도 불변(不變)의 진리가 되고 있음이 이 증빙으로 답하는 인사이다.

이와 같으므로 연등고불께서는 그 실체를 몸소 이루시사 만세 후세에 까지 전해지도록 친히 해설(解說)을 내리셨으니, 연등고불 금강경 진해(眞解)라는 것이 이것이다.

한 등블이 천년의 암흑을 밝히고 내 눈앞의 저개(這箇) ○의 광명(光明)이 천지를 밝히듯, 생명은 연습이 없는 것, 이 가르침을 따라, 이 절박함을 새겨 진실로 내 몸에다 신기(神炁) 성명쌍수(性命雙修)를 실행(實行)하여 쌓아 갈 때, 이 시대에 황금무량

세계보다 더욱 값진 것으로 인생에 있어 지극한 보배가 될 것이다.

　현관(玄關) 묘제로 투과(透過)되는 사리불광(舍利佛光)은 불불(佛)의 정신(精神)으로 금강경 묘법이 지은 비결이다. 행법(行法)으로 이르러 천하민이 당신과 똑같은 선불(仙佛)이 되어 동등 피안에 이르러가자는 당부는 장엄한 가르침의 말씀이시다. 이를 전하는 것으로 서문에 부친다.

　　　　　　　　　　　　　一空山人　金昌守

金剛經 眞解 譯者 序文

이 연등고불 "금강경진해"을 입수하게 될 때 느낀 점은 음부경에서 말한 "해로움은 은혜에서 생기고 은혜는 해로움에서 생긴다."는 구절이었다. 참으로 묘한 인연이었다. 읽어보니 나의 취향에 맞게 유, 불, 선의 상승법(上乘法)에 해당하는 주석으로 되어있었다.

연구해 볼 의도로 번역을 하기 시작하였다. 이때가 처음으로 금강경을 자세히 읽어보는 계기가 되었다.

그 후에 대만의 강미농거사의 "금강경주석"을 읽어보았고 그 밖에 중국과 대만의 주석서를 틈나는 데로 읽어보면서 관심을 갖게 되었다.

금강경을 읽으면서 느낀 점은 이 금강경이 선사상(禪思想))의 요체임을 확신하게 된 점이다.

불교가 인도에서 쇠퇴하면서 한쪽으로는 인도고유의 풍토에서 태어난 힌두교에 뿌리를 내리면서 밀교로 꽃을 피우면서 지금에 티벳 불교로 발전하였고, 또 하나는 중국으로 전해지면서 중국고유의 풍토에서 태어난 유교와 도가 그리고 선도(仙道)에 뿌리를 내리면서 조사선을 탄생시키게 된 것이다.

仙道에도 그 갈래가 기본적으로 남파(南派)와 북파(北派)로 전개하면서 중파(中派), 동파(東派) 그리고 서파(西派)로 나뉘어 졌으나 큰 갈래는 남파와 북파로 이것을 청정파(淸淨派)와 쌍수파(雙修派)로 나눈다. 이것은 조사선이 북파의 청정파와 비슷하고 티벳불교가 남파의 쌍수파와 비슷하다고 하겠다.

이제는 티벳불교와 조사들의 선불교(禪佛敎)가 하나로 합해서 새로운 불교를 태동하려는 시대의 조류을 맞고 있다. 이번에 연등고불의 "금강경진해"를 출판하게 되면서 이 금강경 진해가 그러한 조류에 조금이라도 보탬이 되었으면 하는 마음이다.

이 "금강경진해"는 주해가 특이하여 지금까지 이렇게 주해를 한 사람이 없다고 하겠다.

그러나 너무 명공(命功)에 치우친 점이 있어 다시 이전에 대만에서 구했던 오정우(吳靜宇)선생의 금강경석밀(金剛經釋密)이 성공(性功)에 대한 주석이 잘 되어 보태게 되었다. 오정우 선생의 말과 같이 이 금강경석의는 유명한 "제공활불"의 주해통속집의본(註解通俗集義本)을 근거로 하여 강의한 것이다. 이 두 주석으로 性功과 命功에 대한 기본을 갖추게 되었다.

性功은 먼저 명사(明師)를 방문하여 "般若實相"의 체(體)가 있는 곳을 밝혀야 비로소 본경에서 특별히 중요한 "云何應住, 云何降伏其心" "應如是住, 應如是降伏其心"의 사구게(四句偈)를 이해할 수 있으며 이 "여시(如是)"處가 바로 우리들의 眞心이 머물러 있는 곳이다. 이것이 바로 위파사나에서 말하는 "싸티"에 해당한다고 하겠다.

命功은 바로 중용(中庸)에서 말한 "부부가 더불어 알고 더불어 능한 것이라"고 하면서 먼저 四相이 空하여야만 이러한 命功을 비로소 실행할 수가 있다고 하였다. 이처럼 性과 命을 모두 닦아야만 윤회를 면할 수 있다고 본다.

이미 금강경에 대한 서적이 많이 나와 있으므로 자세한 것은 함께 참조하면 도움이 될 것이다. 불교에 대한 깊은 지식도 없으면서 이러한 금강경을 번역한다는 것이 부끄러운 일이지만 그러나 다시 불교를 공부한다는 입장에서 너그럽게 보아주셨으면 한다.

삼선동 낙산자락에서
法空 합장

性命雙修로 풀이하는 金剛經 眞解 차례 1

性命雙修로 풀이하는 金剛經 眞解 차례 2

金剛般若波羅密經註解

"금(金)"은 곧 하락(河洛 : 하도와 낙서)의 4, 9 금(金)으로, 선천(先天)의 의기(義炁)이다.

【金은 卽 河洛의 四九之金으로 先天義炁也라】

"강(剛)"이란, 그 기(炁)가 지극히 강(剛)하여 만겁(萬劫)을 지난 다해도 항상 존재하며, 12만년 후(後)에 천지(天地)가 부서진다 해도, 저개(這個 : 이것)는 부서지지 않는다.

그러므로 금강(金剛)1)이라 말한다.

---

1) 금강 : 인도나 호주의 곳곳에 실제로 금강석(金剛石)이 있는데, 아주 귀한 보석이다. 만물 중에서 가장 굳세고 예리하므로 금강석이라고 한다. 金은 변하지 않고 剛은 굳세고 예리함을 말한다. 굳세면 百劫이나 千生에 六道를 유전(流轉)해도 각성(覺性)이 부서지지 않고, 예리하면 비추어 모든 법을 공(空)하게 하며 무명(無明)의 장애를 깨부수고 은미한 데라도 비추지 않음이 없다. 바꾸어 말하면, 금강의 굳셈은 반야(般若)의 체(體)에, 금강의 예리함은 반야(般若)의 용(用)에 비유한다.

전기가 허무에 펼쳐있으나 알 수가 없네.
선과 불을 수행하여 증명함이 어찌 이를 벗어나랴.
장대를 세우면 그림자가 보이듯이 꽃을 드니 웃음 짓네.
현빈의문이야 말로 바로 도에 기본이 되네.

【剛者란 其炁가 至剛하여 萬劫을 常存하며 十二萬年後에 天地가 有壞하여도, 這箇는 不壞이라. 故로 曰金剛이라】

유(儒)에서는 호연(浩然)이라 이름하고, 도(道)에서는 금단(金丹) 또는 일명(一名) 수중금(水中金)이라고 하는데, 어찌 선천(先天)의 6, 1 수(水)가운데를 따라, 진음(眞陰)과 진양(眞陽)이 묘합(妙合)하여 응결(凝結)된 것이 아니겠는가?
【儒名은 浩然이요. 道名은 金丹인데 一名 水中金이라. 蓋由先天의 六一 水中하여 眞陰과 眞陽이 妙合而凝也라】

그러나 집의(集義 : 의를 모음)하는 실제적인 공[實功]과 궁행(躬行 : 몸소 실행함)하는 실제적인 일[實事]이 있다.
【然이나 有集義하는 實功과 躬行하는 實事라】

그러므로 반드시 윤상(倫常)을 돈독(敦篤)히 하고, 부지런히 심성(心性)을 닦아, 한 터럭 인욕(人慾)의 사(私)가 없어야 천지(天地)와 더불어 덕(德)을 합하는 것이니, 무심(無心)으로 화(化)의 신묘(神妙)함을 이루는 사람이라야, 비로소 이 금강(金剛)같이 부서지지 않음을 얻어 만겁(萬劫)을 상존(常存)할 수가 있다.
【故로 必敦篤倫常하고 勤修心性하여 無一毫人慾之事하면 與天地로 合德하고, 人於無心하여 成化之神妙하면 方能得此

電布虛無不可知
修仙証佛豈離茲
立竿見影拈花笑
玄牝之門是道基

金剛不壞하여 而萬劫常存이라】

　소자(邵子 : 소강절)의 시(詩)에 말하기를

　　　무심(無心)한 마음이 곧 진심(眞心)이니,
　　　마음이 무심(無心)의 상태에 이르면 찾을 곳이 없네.
　　　만일 무심(無心)으로 무사(無事)라 한다면,
　　　물 속[水中]에서는 무슨 까닭으로 오히려 금(金)이 생기는가?

　　　　無心한 心이 卽是眞心이니,
　　　　心到無時하면 沒處尋이네.
　　　　若謂無心으로 便無事라면,
　　　　如水中에서 何故로 卻生金인가.

　라고 하였다.

　이것은 진실로 궁행실천(躬行實踐 : 몸소 행하여 실천함)
하여 자신이 직접 그와 같은 경지를 체험한 것이다.
　【是誠躬行實踐하여 親歷其境也오】

　"반(般)"이란 환(還)이다. 왼 쪽[左]에는 "주(舟)"라는 글자
가 있는데, 수중금(水中金)을 반환(返還)[2]하고자 하면, 마치
물 위로 배가 다녀야 함을 말함이고, 오른쪽[右]에는 수(殳)[3]
라는 글자가 있는데, 칼날이 없는 병기(兵器)로, 후천(後天)의
건상(乾象)을 말한다.

─────────────
　2) 반환 : 원래의 상태로 되돌아감.
　3) 수(殳) : 고대에 죽간(竹竿)으로 만든 끝이 모가 나고 날이 없는 병기의 일종.

【般이란 還也라. 左에는 從舟로, 言欲返還水中金으로 如水上行舟라. 右에는 從殳로 無刃之兵器인데 後天乾象이라】

대개 배가 물위로 다니려면 많은 위험이 따르므로, 오직 건(乾)의 무용(武勇 : 용맹스러움)에 의지하여야 비로소 방향키를 역전(逆轉 : 형세를 뒤집음)시켜, 고해(苦海)를 건너 피안(彼岸)으로 오를 수 있다.

【蓋水上行舟에는 事多危險하니 全賴乾之武猛이라야 方能逆轉舵兒하고 度苦海하여 以超彼岸也라】

"야(若)"란 순(順)이다. 순행(順行 : 따라서 감)하여 곧 바로 새어 나가는 진금(眞金)을, 역회(逆回 : 거꾸로 돌이킴)시켜 다시 돌아오게 하는 것을 말한다. 그러므로 말하기를 반야(般若)라 한다.

단경(丹經)에 말하기를 "순(順)하면 범부(凡夫)가 되고, 역(逆)하면 신선(神仙)이 되는데, 단지 중간(中間)에서 거꾸로 뒤집는데 있다."고 하였다.

【若란 順也라. 言順行하는 直洩之眞金을 須逆回하여 以還之也라. 故로 曰般若라. 丹經에 云하되 順爲凡이요, 逆爲仙이니 只在中間에서 顚倒顚이라】

무엇을 순역(順逆)이라 하는가? 사람의 태어남이란 무(無)로부터 유(有)가 된 것인데, 무극(無極)에서 태극(太極)이 되고, 태극에서 양의(兩儀)가 생(生)하고, 양의에서 사상(四象)이 생(生)하고, 사상에서 팔괘(八卦)가 생(生)하고, 팔괘로 길

흉(吉凶)을 정(定)하는데, 길흉(吉凶)이란 잃거나 얻는 모습
[失得之象]을 말한다.

　【何爲順逆인가? 人之生也란 自無而有하여 無極而太極이
니 太極生兩儀하고, 兩儀生四象하고, 四象生八卦이니 八卦로
定吉凶이라. 吉凶者는 失得之象也라】

　세상 사람들은 욕심이 발동(發動)하면 정욕(情慾)이 이겨서,
항상 홍(汞)4)을 쥐어 연(鉛)5)에게로 가서 던진다. 또한 종자
(種子)외에도 온갖 모양으로 박상(剝喪 : 벗겨서 없어짐)함을
달갑게 여기므로, 생문(生門)6)을 거슬러 귀호(鬼戶)가 되니,
이것이 순(順)으로, 즉 그 금강진기(金剛眞炁)를 잃어버리게
되니 흉(凶)이 된다.

　【世人은 慾動하면 情勝하니 常把汞去하여 投鉛하고, 且於
種子外百般剝喪甘하니 將生門을 逆하여 爲鬼戶이니 是順則
失其金剛眞炁하여 而凶이라】

---

　4) 홍(汞) : 참동계에 말하기를 "하상차녀(河上奼女)는 신령하여 가장 神秘로우
니 火를 얻으면 나르고 보이지 않아 있는 곳을 알지 못한다."고 하였는데 "장차
그것을 다스리려면 황아(黃芽)가 근본이 된다."고 하였다. 여기서 하상차녀가 곧
汞이다.
　5) 연(鉛) : 참동계에 말하기를 "연(鉛)은 밖은 검으나 안에는 금화(金花)를 품
고 있다."고 하였고, 대단연홍론에서는 "大丹의 術은 鉛汞에서 나온다고 했고 鉛
汞의 藥은 바로 大丹의 기본이 된다."고 하였다.
　6) 생문(生門) : 오진편 62번째의 시(詩)에 "사호(死戶)로 하여금 생호(生戶)가
되게 하고 生門을 가지고 死門이라고 집착하지 말라. 만약 살기(殺機)를 깨달아
반대로 뒤집어야 함을 안다면 비로소 해로움 속에서 오히려 은혜가 생겨남을 알리
라."라고 하였다.

선불(仙佛)과 성현(聖賢)께서는 청심과욕(淸心寡慾 : 마음을 깨끗이 하고 욕심을 삼가 함)하므로, 비록 생육(生育 : 자식을 낳고 기름)함이 있어도, 오히려 초목(草木)이 그 지엽(枝葉 : 가지와 잎)이 잘려도 명근(命根)은 상(傷)하지 않는 것과 같다.

　【仙佛과 賢聖은　淸心寡慾하여　雖有生育이나　猶草木에 伐其枝葉하여도　命根은　未傷이라】

　그리고 남은 종자(種子)로 천강(天罡)[7])을 뉴전(扭轉 : 전환시킴)하여, 연(鉛)을 불러 홍(汞)에 던지게 하면, 8괘(卦)가 사상(四象)으로 돌아오고, 사상이 양의(兩儀)로 돌아오고, 양의가 태극(太極)으로 돌아오고, 태극이 오히려 무극(無極)으로 돌아가게 되니, 이것이 역(逆)하면, 즉 그 금강진기(金剛眞炁)를 얻어 길(吉)하다는 것이다. 이것이 즉 유(儒)의 극기복례(克己復禮)이고, 도(道)의 구전대환(九轉大還)이다.

　【種子之餘를　便軸轉天罡하여　使鉛來로　投汞하니　由八卦還四象이요, 四象還兩儀요, 兩儀還太極이요, 太極仍還無極이니 是逆하면　則得其金剛眞炁하여　而吉이라. 此卽儒之　克己復禮요, 道之九轉大還丹也라】

---

　7) 천강(天罡) : 원래 北斗의 7번 째 별인데 丹家에서는 사람의 "心"으로 비유한다. 유일명은 "수진변란참증"에서 "사람은 천지의 正氣를 얻어 태어났으니 또한 이 天罡의 氣를 갖추고 있으며 生死를 주재하고 性命을 장악하고 있다. 그 움직임과 天上의 斗罡과 다름이 없다. 이것을 아는 사람은 살고 이것에 어두운 사람은 죽는다. 그러나 이 罡星에는 선천과 후천의 나뉨이 있으니 알지 않으면 안 된다." 라고 하였다.

"파(波)"란 고해(苦海)의 홍파(洪波 : 큰 물결)이다. 즉 백호(白虎)는 홍파(興波)하면 동방(洞房)에서 나온다는 뜻이다. 또 이른바 "호(虎)는 뛰고, 용(龍)이 나니 풍랑(風浪)이 거세다"는 것이다.

【波란 苦海의 洪波라. 卽白虎가 興波하면 出洞房之意라. 又所謂虎躍하고, 龍騰하니 風浪粗也라】

세상 사람들은 강룡(降龍)하고 복호(伏虎)[8]하는 수단이 없으니, 틀림없이 애하(愛河)의 흐름에 빠져 망망(茫茫 : 넓고 넓어 아득한 모양)한 얼해(孼海 : 재앙의 바다)를 양성(釀成 : 재앙 등이 일어나는 원인을 만듦)하게 되는 것이니, 그 탁한 물결과 풍파(風波)에는 어떤 영웅(英雄)이나 호걸(豪傑)이라도 모두 빠지게 된다.

【世人이 無降龍하고 伏虎하는 手段이면 良由愛河滾滾하고, 釀成孼海茫茫하니 其濁浪風波를 任你英雄이나 豪傑이라도 皆被沈溺이라】

---

8) 강룡복호(降龍伏虎) : 용을 항복받고 호랑이를 굴복시키는 것을 말하는데, 벽암록의 제3측인 "일면불 월면불"에 내용으로, 마조도일화상이 병환으로 몸이 편치 않았다.

원주스님은 마조화상에게 물었다. "화상께서는 요즈음 상태가 어떠하십니까?" 마조화상이 대답했다. "일면불 월면불(日面佛 月面佛)이네"라고 하였는데, (擧 馬大師不安. 院主問, 和尙近日, 尊候如何. 日面佛月面佛.)라고 하였는데 원오스님의 평창에서 "만약 본분인이 이 자리에서 밭을 가는 농부의 소를 빼앗고 배고픈 사람이 먹고 있는 음식을 빼앗을 수 있는 수단이 있다면 비로소 마대사가 사람을 위한 곳을 보리라."(若是本分人到這裏須 是有驅耕夫之牛奪 飢人之食底手脚 方見馬大師爲人處)고 하였다. 여기서 降龍과 伏虎의 뜻을 알 수 있다.

그러나 고해(苦海)가 비록 쉽게 사람을 빠지게 한다 해도, 도안(道岸)을 찾아 함께 오를 수 있으니, 능히 도심(道心)으로 그 인심(人心)을 변화시키고, 이 반야(般若)의 진실한 공(功)을 행하는 것으로, 즉 북해(北海) 가운데를 향하여 청룡보검(靑龍寶劍)을 써서, 천하(天河 : 銀河)를 거꾸로 당겨서, 저 홍파(興波)속의 백호(白虎)를 이끌어, 나의 남명(南冥)으로 들어가게 하는 것이다.

【然이나 苦海가 雖易溺人하나 而道岸을 原可同登이니 能以道心으로 化其人心하고, 行此般若實功하여 向北海中하여서 用靑龍寶劍하고 逆挽天河하여 牽那興波白虎하고 入我南冥이라】

용(龍)과 호(虎)가 풍운(風雲)속에서 만날 즈음에, 흉험(凶險)한 홍파(洪波) 속에 자연히 한 척의 법선(法船)이 있어 무량(無量)한 사람을 건네는 것을 깨달아야 한다.

이에 희성(希聖)과 희천(希天)을 따르는 데는, 즉 파도(波)속을 포라(包羅 : 그물로 싸는 것)하는 비밀(秘密)스런 천기(天機)가 있다. 그러므로 "바라밀(波羅密)"9)이라 말한다.

---

9) 하도와 낙서(河洛)에 말하기를 "五行의 逆數는 오히려 水가 金을 生한다. 이른바 母가 子胎에 숨으면 이는 先天의 無形眞氣인데 實事가 있고 헛된 비유가 아니다. 만약 능히 하나를 얻으면 만사를 모두 마치게 된다."는 것이다.
하늘의 규율이 삼엄하여 口訣을 대나무나 비단에 쓰기가 어려운데 누구라도 鐵骨같은 굳건한 마음이면 비로소 불 속에서 연꽃을 심을 수 있다. 신선은 본래 범인이며 범인이 無欲하면 신선을 바랄 수 있다. 金丹大道는 사람들도 모두 할 수 있으나 順逆이 다를 뿐이다. 生門과 死戶를 자기가 操持할 수 있으면 臨爐할 즈음에 석가나 노자께서 자리를 함께 하고 있어도 털끝만한 도움도 되지 않고 自修와 自證하는 것이 귀하다. 訣을 얻고 口를 닫으며 세속에 섞여 살며 無中에

【做箇龍虎風雲에 會覺凶險한 洪波裏에 自有一隻法船하여 渡人無量이라. 可從此로 希聖希天에는 則波中에 包羅하는 有秘密天機也라. 故로 曰波羅密이라】

"라(羅)"란 만상(萬象)을 포라(包羅)하는 것으로, 마치 하늘로 하늘에 그물 치는 것과 같다.
【羅者란 包羅萬象으로 如天으로 羅天也라】

"밀(密)"이란 신밀(愼密 : 은밀히 하여 삼감)을 말한다. 기사(機事)를 은밀히 하지 않으면, 해(害)가 발생한다.
【密이란 愼密로 機事를 不密하면 害가 成也라】

"경(經)"이란 곧 일용(日用)하여 늘 쓰는 경(經)이다. 이른바 "백성(百姓)이 날마다 쓰고 있으나 알지 못한다."는 것이다.
【經이란 卽日用하는 常經이라. 所謂百姓이 日用하나 不知也라】

사람이 수련하여 금강(金剛)처럼 부서지지 않고자 하면, 마땅히 성(誠)으로 들어가고, 부드러움(柔)을 쓰고, 침묵(默)으로 지켜야만,10) 비로소 서천(西天)의 태궁(兌宮)쪽으로 돌이켜 대면하여 묘경(妙經)을 받아 취하여야 지강(至剛)한 진금(眞金)을 비로소 얻게 된다. 대체로 진금(眞金)은 곧 일용(日用)하여 늘 쓰는 경(經) 가운데 있는 것이다.

有를 妙持해야 한다. 眞鉛은 원래 산이나 숲에 있지 않으며 離汞으로 제압하여 감히 달아나지 않게 해야 한다.
10) "옥추보경"에 나오는 글을 인용한 것이다.

【人이 欲修成金剛不壞이면 則當以誠而入하고, 以柔而用하고, 以默而守하여야 方能面向西天兌宮하여 取被妙經이라야 而至剛한 眞金을 始得이라. 蓋眞金은 卽在日用常經中也라】

오호라! 이 경(經)은 지극한 보물로 집집마다 있는데, 유감스럽게도 범부(凡夫)는 아는 것이 온전치 못함이라.
【咦! 此經은 至寶로 家家에 有하나 無奈凡夫는 識不全이라】

의단(疑團 : 의심의 뭉치)을 잡아 타파(打破 : 쳐서 깨뜨림)할 때라야, 천불(千佛)의 심화(心花)가 다 여기에 있게 된다.
백척간두(百尺竿頭)에서 다시 한 걸음 더 나아가야 허공(虛空)을 주재(主宰)하는 천인사(天人師)인 것이다.
【拖箇疑團打破時라야 千佛의 心花가 盡在玆라. 百尺竿頭에서 重進步라야 虛空을 眞宰하는天人師라】

4, 9란 지사(地四)로 금(金)을 생(生)하고, 천구(天九)로 이루어지고, 1, 6이란 천일(天一)에서 수(水)를 생(生)하고, 지육(地六)으로 이루어진다.
후천(後天)의 오행(五行)은 본래 금(金)이 수(水)를 생(生)하고, 선천(先天)의 오행(五行)은 반대로 수(水)가 금(金)을 생(生)하는 것이니, 즉 역(易)에서 말하는 역수(易數)이다.
이것이 바로 선천(先天)의 무형(無形)인 진수(眞水)로, 원정(元精), 원기(元氣), 원신(元神)이다.

그러므로 금(金)을 생(生)하는 데는 다만 실사(實事)와 구결 (口訣)이 있다.

【四九者란 地四生金하고 九成之라. 一六者는 天一生水와 地六成之라. 後天五行은 本是金生水이고 先天五行은 反是水 生金이라. 即易의 所謂逆數也라. 此乃先天의 無形眞水인 元精 과 元氣와 元神也라. 故로 生金에는 但有實事와 有口訣이라】

송유(宋儒)중에서 역도(易道)의 진전(眞傳)을 얻은 사람은, 주자(周子)이외에 오직 소자(邵子 : 소강절)뿐이다. 이 경(經) 에서 말하는 성명(性命)의 실공(實功)은 모두 역(易)의 골수 (骨髓)이다. 그러므로 그 시(詩)를 인용(引用)하여 증명한 것 이다.

【宋儒에서 得易道의 眞傳者는 周子而外외 惟邵子라. 此經 에서 所言한 性命實功은 皆易之骨髓라. 故로 引其詩하여 證之 라】

장수(匠手 : 장인의 수완)가 뛰어나서 굳게 방향키를 붙잡으 니, 전적으로 맡기어 홍파(洪波)의 해저(海底)를 뒤집는다.

【匠手가 高强하여 牢把舵하니 一任하여 洪波의 海底를 翻 이라】

언(諺)이 말하기를 "바다를 지나갈 수 있다면, 곧 이것이 신 선(神仙)이다."고 하였다.

【諺云 過得海이면 便是神仙이라】

나를 살리는 문이요, 나를 죽이는 구멍이라.
몇몇이나 깨어 있으며 몇몇이나 깨닫겠는가?
한 밤중에 철한이 오면 세밀히 사량하라.
장생불사는 사람이 힘쓰는 데에 있음이라.

生我之門, 死我之戶요.
幾個가 惺惺하며 幾個가 悟한가!
夜來하는 鐵漢을 細思量하라.
長生不死는 由人做라

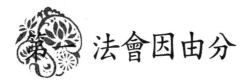

第一 法會因由分

說法聚會 由此起因
설법의 모임은 이로 인해 기인함

如是我聞¹⁾하사오니
一時에 佛이
在舍衛國²⁾ 祇樹給孤獨園³⁾하사
與大比丘衆⁴⁾ 千二百五十人으로 俱러시니
爾時에 世尊⁵⁾이 食時에
着衣持鉢⁶⁾하시고
入舍衛大城하사 乞食⁷⁾하실새
於其城中에 次第乞已⁸⁾하고
還至本處하사
飯食訖하시고 收衣鉢하시며
洗足已하시고 敷座而坐⁹⁾하시다.

原文解釋

이와 같이 나는 들었다.
한 때 부처님께서
사위국의 기수급고독원에서
큰 비구들 천 이백 오십 명과 함께 계셨다.

그 때 세존께서 공양하실 때라
옷을 입으시고 발우를 가지시어
사위대성으로 들어가시어 걸식하실 때
그 성안에서 차례대로 걸식하시고
본래의 처서로 돌아오시어,
공양을 마치시고 옷과 발우를 거두시며
발을 씻으신 뒤 자리를 펴고 앉으셨다.

---

1) 여시아문(如是我聞) : "나는 이와 같이 들었다."는 말로 모든 불교경전에서 첫 머리에 나오는 말이다. 여기서 개운화상의 능엄경에 있는, 단하(丹霞)의 송(頌)을 살펴보면 깊은 의미를 깨닫게 될 것이다.

뭇 꽃이 피기 전에 매화가 먼저 피고
온갖 나무 잎이 떨어져도 잣나무는 더욱 싱그럽네
가을 달 봄바람의 무한한 뜻은,
마음을 가라 앉혀 살아나는 양을 세밀히 듣는 때라네

群花未發梅先坼
萬木凋零栢轉奇
秋月春風無限意
潛心細聽活陽時

라고 하였다.

2) 사위국(舍衛國) : 고인도(古印度)에 있었던 나라의 이름으로, 석가모니불께서 성불(成佛)한 후에 25년을 여기에서 머무셨다. 성(城)안에는 지금도 급고독장자(給孤獨長者)가 보시한 기원정사의 유적지가 아직도 있다.

3) 기수급고독원(祇樹給孤獨園) : 기원정사라고도 하며, 인도 불교성지의 하나이다.

4) 대비구(大比丘) : 고승대덕(高僧大德)을 가리킨다.

5) 세존(世尊) : 원래 바라문교의 장자(長者)에 대한 존칭인데, 불교가 차용하여 불조(佛祖)인 석가모니를 존칭한 것으로 불(佛)의 10가지 존호 중에 하나이다.

6) 발우(鉢) : 스님들이 식사할 때 늘 쓰는 식기(食器)로, 목기(木器)나 철기(鐵器)로 되어있다.

7) 걸식(乞食) : 스님들이 육신을 유지하기 위하여 사람들에게 먹을 것을 구걸하는 일종의 행위이다.

8) 차제걸(次第乞) : 빈부(貧富)를 가리지 않고 차례로 탁발하여 먹을 것을 구걸하는 것으로, 수행자(修行者)는 이러한 행(行)을 통하여 평등심을 배양하여 번뇌를 제거한다. "발우를 가지고"에서 "발을 씻으셨다."는 것은 반야의 묘용을 보이신 것으로 불께서 갑자기 食時에 이르러 일어나서 城으로 들어가서서 걸식하시는 이러한 모습은 고의로 行持할 것을 표현하신 것이다.

이것에 의지하여 修道에 반드시 실천해야 할 것이 바로 日常에서의 행동거지와 밥 먹고 옷을 입는 사이에 있음을 보여주셨고 여기에는 다함이 없는 道義가 갈무리되어 있는 까닭에 비록 小事라도 또한 大義을 소홀히 하면 안 된다.

이것은 중용에 "도라는 것은 잠시라도 떨어지면 안 된다."는 것이고, 공자에 "군자는 밥 먹는 사이라도 仁을 어기지 않는다."는 것과 비슷한 것이니 이로 볼 때 출세간법은 반드시 세간법으로 가서 精修해야 원만해진다고 할 수 있다.

9) 부좌이좌(敷坐而坐) : 자리를 깔고 앉는 것으로, 좌(坐)는 불교의 사위의(四威儀)중의 하나이다. 이 一句는 바로 반야의 실상을 암시한 것으로 全經의 定章處이다. 여기에 밝은 사람은 "無上法"을 이곳으로부터 시작하고, 밝지 못한 사람은 곧 이 곳에서 滅하게 된다. 표면상으로 볼 때는 단지 자리를 펴고 앉으셨다는 것이지만, 그러나 실제로 佛의 用意는 이 같이 간단하지 않으니 一言, 一語, 一擧, 一動이 모두 분명한 점을 암시한다.

고로 불께서 "敷坐而坐"하는 찰나의 순간은 당연히 숨은 속뜻이 있는데 곧 禪定으로 不動하는데 있어 두 눈을 微合하는 때가 곧 반야 실상의 所在가 됨을 이미 밝게 드러내셨지만 그러나 大根, 大智한 사람이 아니면 이곳을 주의하여 깨달을 수 없다.

뜻밖에 수보리가 오히려 이때에 竅妙를 보았다. (당연히 佛의 乞食 전후에 이미 마음에 유의했던 것이다.) 놀람을 금할 수 없어 곧 바로 제 2分에 기틀에 합당한 질문을 하니 이로 인해 마침내 全經의 開端[금강경의 실마리]이 이루어지게 된 것이다. 고로 全經에서 가장 중요한 곳이 전부 이 一句에 있다.

"여(如)"란 진여(眞如)이다.

"시(是)"란 여(如)와 상대적인 말이 아니다.

"여시(如是)"란 이와 같으면 옳고, 그 나머지는 다 아니니, 3600방문(旁門)10)을 모두 쓸어버리고, 96종(種)의 외도(外道)11)를 쪼개 버린다.

【如란 眞如也라. 是는 對非言이라. 如是者란 如此則是요. 其餘는 皆非이니 掃盡 3千6百旁門과 劈開九十六種外道也라】

"여(如)"라는 글자에서 여(女)라는 글자가 왼쪽에 있으므로, 여자가 반대로 남자가 되는 뜻이 있다. 곧 팔괘(八卦)12) 중에 태괘(兌卦 : 소녀)를 말한다.

태(兌)는 후천(後天)에서는 감남(坎男)의 자리에 머물렀고, 그 안에 묘법연화경(妙法蓮華經 : 불교의 경전)을 갈무리하였다. 즉 서천(西天)의 무자진경(無字眞經)13)이다.

【如字는 女居左하니 有女가 反作男之意라. 卽八卦中의 兌

---

10) 방문(旁門) : 人道에 온전하면 仙道는 자연히 멀지 않다고 하였는데, 旁門이란 곁문으로 正法이 아닌 것으로 御女하여 採陰하거나 三黃같은 돌을 원료로 하여 약재를 만드는 것 등으로 셀 수 없이 많다.

11) 외도(外道) : 正道가 아닌 법을 말함.

12) 팔괘(八卦) : 주역(周易)에서 사용하는 기본적인 괘(卦)로 건(乾), 태(兌), 리(離), 진(震), 손(巽), 감(坎), 간(艮), 곤(坤)을 말한다.

13) 무자진경(無字眞經) : 진경(眞經)은 글자로 된 것이 아니라는 것으로, 여기서 선천기(先天炁)를 가리킨다.

卦也라. 兌는 居先天의 坎男位하여 內藏妙法蓮華經이니 卽 西
天의 無字眞經也라】

구(口)라는 글자는 오른쪽에 있는데, 즉 서천(西天)을 향하
여 경(經)을 취하는 것으로, 진음(眞陰)과 진양(眞陽)이 왕래
(往來)하는 현묘한 구멍[玄竅]이다.
【口는 居右하니 卽 向西天하여 取經者로 眞陰과 眞陽이
往來하는 玄竅也라】

"시(是)"라는 글자의 위에는 일(日)이라는 글자와 일(一)이
라는 글자가 있는데, 일(日)은 리(離)에 속하고 일(一)은 즉
감(坎)중에 있는 일양(一陽)이다. 이른바 "태양이 옮겨져 밝은
달 아래에 있다."는 것이다.
【是字는 上에 從日과 從一인데 日은 屬離 하고, 一은 卽坎
中之陽이라. 所謂 太陽이 移在月明下也라】

아래로는 인(人)이라는 글자와 복(卜)이라는 글자가 있는데,
위대하도다! 성인(聖人)의 도(道)는 그 사람을 기다린 후에야
행(行)해진다.
그런 까닭에 성신(聖神)과 선불(仙佛)은 나날이 천상(天上)
에서 선재(仙材)14)를 점찍어 가려서 감리(坎離)의 정법(正法)
으로 사람을 제도하시고자 한다. 유감스럽게도 사람은 자기
스스로를 제도할 수가 없기 때문이다.

---

14) 선재(仙才) : 신선이 될 수 있는 자질로 먼저 만권 이상의 단경(丹經)을
보고, 신선이 되려는 높은 이상을 지니고 훌륭한 선생을 만나야 신선이 될 수 있다.

【下에는 從人과 從卜이라. 大哉라! 聖人之道는 待其人한
而後行이라. 故로 聖神과 仙佛은 日爲天上에서 卜選仙材하여
欲以坎離正法으로 度人이라. 無如人은 不能自度也라】

　오호라! 여시여시(如是如是)여! 진실로 여시(如是)15)에 있
으니, 상천(上天)에서 비밀로 하는 것도 실제로 여시에 있고,
세상을 통틀어도 밝히기 어려운 것도 진실로 여시에 있다.
　바다나 산에서 맹서하여 감히 가볍게 누설하지 않은 것도,
진실로 여시(如是)에 있고, 여래세존(如來世尊)도 여시에 지
나지 않고, 공성(孔聖)이나 노군(老君)도 여시에 지나지 않으
며, 대학(大學)과 중용(中庸) 그리고 주역(周易)의 오묘(奧妙)
함도 여시에 지나지 않고, 도덕(道德)과 황정(黃庭) 그리고 참
동(參同)의 현묘(玄妙)함도 여시에 지나지 않고, 능엄(楞嚴)과
화엄(華嚴) 그리고 이 금강(金剛)의 신묘(神妙)함도 여시에 지
나지 않는다.
　여시여시(如是如是)란 진실로 여시(如是)에 있음이다.
　【噫!라 如是如是는 實在如是이고, 上天所秘者도 實在如是
이고, 擧世難明者도 實在如是라. 海誓山盟하여 不敢輕洩者도
實在如是요. 如來世尊도 不過如是요, 孔聖과 老君도 不過如是
요, 大學과 中庸與周易의 奧妙함도 不過如是요, 道德과 黃庭
與參同의 玄妙함도 不過如是요, 楞嚴과 華嚴與此金剛의 神妙

---

　15) 여시(如是) : 이 두 글자는 달리 깊은 뜻이 있는데, 금강경의 강령(綱領)이
다. 옛적에 법화회상(法華會上)에서 용녀(龍女)가 구슬을 바치고 남방(南方)으로
가니, 여자가 남자의 몸으로 바뀌므로, 세존(世尊)께서 불위(佛位)를 인증(因證)하
셨으니, 즉 여(如)라는 글자의 뜻이다. 화엄경(華嚴經)에 말하기를 "이 묘법(妙法)
을 구하지 않으면 끝내 보리(菩提)를 이룰 수 없다."고 하였다.

함도 不過如是로 如是如是도 實在如是라】

"아(我)"란 사람과의 짝을 가리킨다.
【我者는 人之對이라】

"문(聞)"이란 귀(耳)가 문(門)안에 들어가 있는 글자로, 반드시 이 문(門)으로 들어가야 비로소 들어서 앎[聞知]을 얻게 된다.
【聞者는 耳가 在門中이니 必入此門하여사 方得聞知也라】

"일(一)"이란 불이법문(不二法門)으로, 유(儒)에서는 정일(精一)이라 하고, 도(道)에서는 포일(抱一)이라 한다. 즉 세존(世尊)의 이른바 "오직 이 하나만 사실(事實)이고, 그 나머지는 즉 진실이 아니다"는 것이다.
【一者란 不二法門으로 儒曰 精一이요, 道曰 抱一이니 卽世尊의 所謂惟此一事實일뿐 餘二하면 卽非眞也라】

"시(時)"16)란 천기(天機)가 활발(活潑)한 때로, 시(時)가 행(行)하면 곧 행(行)하고, 시(時)가 멈추면 곧 멈추는 것이다.
【時者란 天機活潑로 時行則行하고, 時止則止也라】

---

16) 시(時) : 보이는 것은 쓸 수가 없다고 하였는데 이때는 水源이 지극히 맑아 氣만 있고 質이 없는 때로 一日에 단지 한 때만 있다. 입약경에 말하기를 "一日內 12時중에 뜻[意]이 이르면 곧 행할 수 있다"는 바로 이때를 말한다. 他家에 爻가 動하는 眞意로 자기의 念이 動하여 임의로 할 수 있는 것이 아니다.

"불(佛)"이란 즉 심등(心燈)이다. 인(人)과 불(弗)이라는 두 글자가 합해서 된 글자인데, 성불(成佛)하고자 하면 인심(人心)이 있어서는 안 되고, 순전히 도심(道心)으로 주인을 삼아야 한다는 것을 말한다.

　인심(人心)은 움직임을 만나면 등(燈)이 곧 꺼지고, 도심(道心)이 항상 나타나면 등(燈)이 늘 밝다.

　【佛은 卽心燈也라　從人從弗로 言欲成佛에는 不可有人心이니 純以道心으로 爲主也라. 人心은 偶動하면 燈卽滅하고, 道心常現하면 燈長明이라】

　사람이 능히 청심과욕(淸心寡慾)하여 심등을 늘 밝게 할 수 있다면, 곧 이것이 명명덕(明明德 : 밝은 덕을 밝힘)이며, 하늘의 명명(明命 : 밝은 목숨)을 고시(顧諟 : 돌아보아 시정함)하는 가르침은, 광명(光明)을 집희(緝熙 : 모아서 넓힘)하는 데 있다.

　【人能淸心寡慾하여 使心燈으로 長明하면 便是明明德이라. 顧諟天之明命하고, 學有緝熙于光明也라】

　"사(舍)"란 안택(安宅 : 편안한 집)이고, "위(衛)"란 정도(正道)이고, "국(國)"이란 신(身)으로 즉 나라가 된다.

　오진편(悟眞篇)의 이른바 "대(大)와 소(少)가 다침이 없으면 두 나라가 편안하다"는 것이다.

　【舍란 安宅也라. 衛는 正道也라. 國은 身으로 爲邦國이니 卽悟眞所謂大小가 無傷하면 兩國이 全也라】

"불께서 사위국에 계시다는 것[佛在舍衛國]"은 심등(心燈)의 광명(光明)이, 항상 인(仁)에 머물면서 의(義)가운데를 지나가기 때문에, 신(神)이 온전하고 기(氣)가 충분하게 길러지게 되니, 곧 이것이 "나라가 부유해지고 백성이 편안하다"는 것이다.

【佛在舍衛國이란 言心燈光明이 常在居仁하고, 由義中하여 養到神完氣足하면 便是國富民安也라】

"기(祇)"란 지기(地祇)이다. 하늘은 신(神)이라 말하고, 땅은 기(祇)라 말한다. "기수(祇樹)"란 땅이 우뢰를 만나는 곳에서 천근(天根)을 본다는 것으로, 곧 무근수(無根樹 : 뿌리 없는 나무)이다.

【祇란 地祇也라. 天曰神이요, 地曰祇라. 祇樹者란 地逢雷處에 見天根이니 卽無根樹也라】

"급(給)"이란 교(交 : 사귀다)라는 뜻이다. 이것은 사(絲)와 합(合)이라는 두 글자가 합해진 것으로, 음양화합(陰陽和合)으로 서로 전면(纏綿 : 서로 얽혀 있음)하고 있음을 말한다.

【給이란 交也라. 從絲從合으로 言陰陽和合하여 纏綿也라】

"고(孤)"란 고음(孤陰 : 외로운 음)이다.
【孤란 孤陰이라】

"독(獨)"이란 독양(獨陽 : 홀로인 양)이다. 외로운 음[孤陰]은 낳지 못하고, 홀로인 양[獨陽]은 기르지 못하므로, 이에 급(給 : 사귀다)하면, 즉 외로운 음(陰)은 외롭지 않고, 홀로인 양(陽)은 홀로가 아니게 된다.

【獨이란 獨陽이라. 孤陰은 不生하고 獨陽은 不育하니 有以給之하면 則 孤者가 不孤하고, 獨者는 不獨이라】

"원(園)"이란 화원(花園)으로, 천녀가 꽃을 흩어버리는 장소[天女散花之地]17)이다.

【園이란 花園也요, 天女가 獻花之地也라】

"대비구중(大比丘衆)"이란 오히려 아직 희천(希天 : 천선을 희망함) 할 수 있는 구릉(丘陵 : 언덕)이 아니다. 오직 불(佛)은 일월(日月)을 얻지 않아도 넘을 수 있는 것이다.

【大比丘衆은 尙未希天丘陵也라. 惟佛則日月也라도 無得而踰焉이라】

"천이백오십(千二百五十)"은 천수(天數)인 25를 거듭 곱한 것으로, 가득 찬 대연수(大衍數)이다.

이것은 사람에게 매달 지수(地數)인 30을 역전(逆轉 : 거꾸로 옮김)시켜 5수(五數)식 덜어, 선경(先庚)과 후경(後庚)18)을

---

17) 천녀산화지지(天女散花之地) : 유마경에서 나오는데 천녀가 꽃을 흩어 버리는 장소에는 오직 육근(六根)이 청정(淸淨)하고 팔풍(八風)에 부동(不動)한 사람이라야만 비로소 보호되어 고해(苦海)에 떨어지지 않고 피안(彼岸)에 오르게 된다.

18) 선경(先庚)과 후경(後庚) : 이것은 주역(周易)의 중풍손괘(重風巽卦)의 구

잘 분별하여, 서천(西天)을 향하여 저(彼) 묘경(妙經)을 취해
야함을 보인 것이다.

【千二百五十이란 蓋以天數二十五를 重疊하여 而滿大衍數
也이라. 示人每月에 當以地數三十을 逆轉시켜 減去五數하여
辨別 先庚後庚하여서 好向西天에서 取妙經也라】

"중(衆)"과 "인(人)"과 "여구(與俱)"라고 말한 것은, 은밀히
금단대도(金丹大道)가 각 사람마다 몫이 있음을 보인 것이다.

【曰衆과 曰人과 曰與俱는 隱示金丹大道는 人人有分也
라】

"이시(爾時 : 이때)"란 음(陰)중에 있는 진양(眞陽)이 발동
(發動)하는 때로, 즉 선경(先庚)과 후경(後庚)을 가리킨다.

【爾時란 陰中有陽으로 眞陽이 發動之時이니 卽 先庚과 後
庚也라】

선경(先庚)은 2일반(二日半)인 30시간에, 후경(後庚)도 또
한 2일반(二日半)인 30시간에 매여 있다.

【先庚은 係兩日半인 三十時요, 後庚도 亦兩日半으로 三十
時라】

선경(先庚)의 제일시(第一時)는 자(子)가 되고, 후경(後庚)
의 제일시(第一時)는 오(午)가 된다. 이 이시(二時)가 합삭(合
朔 : 초하루에 합함)하게 되면, 기(氣)가 사귀는 때이다.

오효(九五爻)에서 나오는 효사(爻辭)이다.

【先庚의 第一時는 爲子요, 後庚의 第一時는 爲午로, 此二時가 爲合朔하면 氣交時也라】

선경(先庚)의 제십 육시(第十六時)는 묘(卯)가 되고, 후경(後庚)의 제십 육시(第十六時)는 유(酉)가 된다. 이 이시(二時)가 기망(旣望 : 보름)이 되면, 신(神)이 사귀는 때이다.

단, 시(時)는 살아있는 시(時)여야 하는데, 반드시 전월(前月)의 부신(符信)에 의거해야 하며, 터럭이라도 어긋나면 단(丹)을 이룰 수가 없게 된다.

【先庚의 第十六時는 爲卯요, 後庚의 第十六時는 爲酉라. 此二時가 爲旣望하면 神交時也라. 但時는 係活的이고, 須以前月의 符信으로 爲憑하여 毫髮差殊하면 不能成丹이라】

주역(周易)은 55로 살펴서 부신(符信)을 증험하는데, 이것은 2달(60일)에서 5일이 적은 것이다. 이 경(經)은 오직 천수(天數)인 25를 살펴서 부신(符信)을 증험하는 것인데, 지수(地數)와 배합(配合)하는 뜻은 은밀하여 언외(言外 : 말 밖)에 있고, 이것은 1달보다 5일이 적은데, 이것은 모두 곤궁(坤宮)에 기(氣)만 있고, 질(質)이 없는 선천(先天)의 때를 가리킨다.

【周易은 以五十五로 考驗符信하니 是兩月少五日也라. 此經은 專以天數二十五로 探驗符信인데 配合地數하는 意는 隱在言外로 一月에서 少五日也라. 此는 皆坤宮에 有氣하고 無質之先天也라】

"세존(世尊)"이란 불(佛)을 달리 부른 것인데, 대개 출세(出世 : 세상을 벗어남)하는 도(道)는, 즉 인세(人世) 가운데 있으니, 오직 그것은 인세에서 출세는 것이다. 그러므로 능히 성불(成佛)하여 존귀함이 비할 데가 없다.

【世尊이란 佛之別號이라. 蓋出世之道는 卽在人世中으로 惟其以人世로 爲出世인 故로 能成佛하여 而尊貴가 無比라】

"존(尊)"이란 팔월(八月)에는 유금(酉金)이 바야흐로 왕성하게 되면, 섭취(攝取 : 끌어당겨 취함)는 오직 촌구 간(寸口間)에 있다., 이른바 "촌구(寸口)에 건곤(乾坤)을 다 싣는다"는 것이다. 존(尊)이란 글자의 모양을 잘 음미해보면 곧 알 수 있다.

【尊이란 八月의 金이 正旺에 攝取는 只在寸口間이라. 所謂 寸口에 乾坤을 都裝了也라 玩尊字形하면 便見이라】

"식시(食時)"란 선천기(先天氣)를 먹는 때로, 즉 세존(世尊)의 이른바 "선열(禪悅)로 음식을 삼는다"는 것이다. 또한 음부(陰符)의 이른바 "그 때에 먹으면 온갖 뼈마디가 다스려진다"는 것이다.

【食時란 食先天氣時이니 卽世尊의 所謂禪悅로 爲食也라. 又卽陰符의 所謂食其時하면 百骸理也라】

"착의19)(着衣 : 옷을 입음)"란 몸을 보호하는 것이고, "지발20)(持鉢 : 바리때를 지님)"이란 식사를 하려는 것을 말한다.

---

19) 착의(着衣) : 보리심의 用을 표현한 것으로 뜻은 인욕(忍辱)에 있다.

【着衣란 所以護體이고 持鉢이란 所以進食이라】

사람은 후천(後天)의 거짓된 몸을 튼튼히 해야 하는 것은
알고 있으나, 선천(先天)의 참된 몸을 보전하는 것은 알지 못
하고, 후천의 환명(幻命 : 거짓된 목숨)을 기르는 것은 알고
있으나, 선천의 원명(元命 : 원래의 목숨)을 잇는 것은 알지
못한다.
【人은 知固後天僞體하나 不知保先天眞體하고, 知養後天
幻命하나 不知接先天元命이라】

또 이 옷의 이름은 인욕(忍辱)이라 하는데, 상도(相道)로 행
도(行道)할 때는, 수컷을 알고 암컷을 지키고[知雄守雌], 유
(柔)로 강(剛)을 이겨야 한다. 그러므로 마땅히 인욕(忍辱)해
야 한다.
【又此衣名은 爲忍辱이니 相道와 行道時에 知雄守雌하여
以柔剋剛하니 故宜忍辱이라】

음(陰)과 양(陽)은 호근(互根 : 서로 뿌리가 됨)하니 합하여
한 몸이 된다. 그런 까닭에 마땅히 화완(和緩)해야 한다.
【陰陽互根으로 合成一體이니 故로 宜和緩이라】

또 "착의(着衣)"에는 또 관의(寬衣 : 옷을 벗음)하지 않고,
허리띠를 풀지 않는 것을 은밀히 보이셨다.
【且着衣者는 又隱示以弗寬衣하고 弗解帶也라】

---

20) 지발(持鉢) : 보리심의 용(用)을 표현한 것으로 뜻은 계탐(戒貪)에 있다.

"바리때(鉢)"란 법기(法器)21)로 평소에는 몸에 그릇을 감추고 있다가, 때를 기다려 움직이는 것으로, 이 움직일 즈음에 음양(陰陽)을 장악하여야 하며, 조정(操縱)은 나로 말미암는다.

【鉢者는 法器로 平日에는 藏器於身하다가 待時而動으로, 此際에 掌握陰陽이니 操縱由我라】

"바리때를 지닌다는 것[持鉢]"은 즉 음부(陰符)의 이른바 "우주(宇宙)가 손안에 있다"는 뜻이다. 또 단경(丹經)의 이른바 "태극(太極)의 자루를 잡는다"는 것이다.

【持鉢者란 卽陰符의 所謂宇宙가 在手也라. 又卽丹經의 所謂太極을 把柄也라】

또 "옷을 입고 바리때를 지닌다는 것[着衣持鉢]"에 두 가지 뜻이 있는데, 첫째는, 사람은 마땅히 편안하게 평상시처럼 입고 먹어야 하는 것으로, 옷 모양을 꾸미거나, 벽곡(辟穀)22)하여 양식을 끊을 필요가 없음을 보이신 것이고,

둘째는, 사람은 스스로의 노력이 필요한 것으로, 각 사람이 옷을 입으면, 각 사람이 따뜻하고, 각 사람이 음식을 먹으면 각 사람이 배가 부른 것이니, 다른 사람이 대신하여 옷을 입고, 먹을 수는 없음을 보이신 것이다.

---

21) 법기(法器) : 스님들께서 식사 때에 쓰는 그릇인데, 여기서는 활자시(活字時)에 발동하는 양기(陽氣)를 채취하는 기구를 말한다.

22) 벽곡(辟穀) : 화식(火食)을 위주로 하는 음식을 먹지 않고 생식(生食)을 위주로 함.

【且着衣와 持鉢에 更有二義하니 一은 以示人宜安服食之
常으로 不必裝模做樣하고 辟穀絶粒也라. 一은 以示人要自己
努力으로 各人穿衣하고, 各人縕하며, 各人乞飯하여 各人飽이
니 他人이 不能代爲穿乞也라】

아주 가련한 것은 세상에 구금(九琴)과 구검(九劍)을 전도
(傳道)하는 것으로 의발(衣鉢)을 삼는 사람이 있는데, 이름을
날조하여 새로 지어 말하기를 "개관검(開關劍), 자웅검(雌雄
劍), 백호검(白虎劍), 통천검(通天劍), 비령검(飛翎劍), 곤오검
(昆吾劍), 폐유검(閉幽劍), 쇄관검(鎖關劍), 삼족금(三足琴),
반계금(攀桂琴), 춘화금(春花琴), 태괘금(泰卦琴), 천제금(天
梯琴), 차수금(遮羞琴), 와운금(臥雲琴), 도화금(桃花琴), 외유
통관검(外有通關劍), 무공적(無孔笛), 용의식(龍衣式)등 가지
가지의 이름과 아울러 팔선(八仙)[23]과 제선(諸仙)께서 손에
들고 있는 물건으로 증거를 삼고 있다. 이것을 얻은 사람은
지극한 보물을 획득한 것과 같아, 비록 명사(明師)를 만난다
해도 굳세어서 부술 수가 없다"고 한다.

【所可憐者하니 世有以九琴九劍으로 爲傳道衣鉢하여 捏名
創造曰 開關劍, 雌劍, 雄劍, 白虎劍, 通天劍, 飛銅劍, 昆吾劍,
閉幽劍, 鎖關劍, 三足琴, 攀桂琴, 玉屏琴, 春花琴, 泰卦琴, 天梯
琴, 遮羞琴, 臥雲琴, 桃花琴, 外有通關劍, 無孔笛, 龍衣式, 種種
名目과 幷擧八仙과 與諸仙의 手中物로 以爲證據이니 得者는
如獲至寶로 雖遇明師해도 牢不可破라】

---

23) 팔선(八仙) : 도교(道敎) 선인(仙人)의 명칭인데, 종리권, 이철필, 장과노,
여동빈, 한상자, 하선고등의 여덟 분이다.

대개 인심(人心)은 오히려 명주(明珠)와 같다하나, 사욕(私欲)과 사곡(邪曲)으로 가려져 있다. 명주(明珠)가 모래나 진흙 속에 있으면, 오히려 쉽게 씻어서 장애가 되지 않으나, 오히려 명주(明珠)를 금(金)과 은(銀)으로 장식한 것이 가장 해탈(解脫)하기가 어렵다.

어찌 구금(九琴)과 구검(九劍)으로 사람이 구전공부(九轉工夫)를 행해야 함을 보이신 것을 알겠는가?

【蓋人心은 猶明珠이나 以私欲으로 邪曲蔽之하니 如明珠裏에 以砂泥한데 尙易洗滌로 以是似而非障之라. 猶明珠飾以金銀하면 最難解脫이라. 豈知九琴과 九劍으로 示人行九轉工夫하랴?】

"검(劍)"24)이란 혜검(慧劍)과 신검(神劍)이다. 왼 쪽에는 첨(僉 : 모두 전부)이란 글자로 곧 중(衆)이란 뜻이고, 오른쪽에는 도(刂)라는 글자로 리인(利刃 : 날카로운 칼)이다.

이 검(劍)은 모든 사람이 다 가지고 있는 것인데, 보통 사람은 이 검(劍)으로 그 몸을 죽이고, 성인(聖人)은 이 검(劍)으로 범인(凡人)을 뛰어 넘는다.

【劍者란 慧劍과 神劍也라. 從僉으로 衆也라. 從刂로 利刃也

---

24) 검(劍) : 유일명 조사의 50개의 통관문(通關門)중에 첫 번째 관문으로 색욕관(色慾關)이 있는데, 여조(呂祖)께서 말하기를 "16세 가인(佳人)의 몸 수(酥;부드럽고 윤이남)같은데, 허리에 칼을 차서 어리석은 지아비를 베네. 비록 사람의 머리가 떨어지는 것을 못 본다 해도 암암리에 그대의 골수를 메마르게 한다네"라고 하였다. 慈受頌에 云 "豊城의 보검이 매몰된 지 오래였는데, 한 줄기 靈光이 斗牛를 찌르네. 張華의 밝은 視力이 아니었다면 다만 千古에 헛되이 淹留되었으리라"고 하였다.

라. 言此劍은 衆人이 皆有하나 常人은 以此劍으로 殺其身하고, 聖人은 以此劍으로 超其凡이라】

"금(琴 : 비파)"이란 조화(調和)의 뜻으로, 황정경(黃庭經)에 말하기를 "금심(琴心)이 세 번 겹치니 태선(胎仙)이 춤춘다"고 하였다.
【琴者란 調和之意로 黃庭經云하되 琴心三疊하니 舞胎仙이라】

"금(琴)"이란 글자의 위에는 이왕(二王)이 있는데, 왕(王)이란 심군(心君)을 말한다. 이왕(二王)에는 도(道)를 행할 때에 심심상인(心心相印)하는 구결(口訣)이 있다.
【琴은 從二王인데 王者란 心君也라. 二王者란 行道時에 有心心相印하는 口訣也라】

아래에 있는 금(今)이란 글자는, 바로 금인(今人 : 지금의 사람)과 심심상인(心心相印)하는 것이지, 옛날의 사람과 심심상인(心心相印) 하는 것이 아님을 말한다.
【從今으로 是는 與今人으로 心心相印이요, 非與古人과 相印也라】

만약 금은(金銀)이나 목기(木器)로 만든 것을 가지고 금(琴)이나 검(劍)으로 삼아, 그것을 의발(衣鉢)이라 말한다면 그것은 선불(仙佛)에 대한 비방이 아주 심한 것이다.
【若以金銀이나 或木器로 制한것으로 爲琴劍하여 謂之衣鉢

함은 其誣仙佛也實甚이라】

하물며 오문(吾門 : 우리집안)의 교외별전(敎外別傳)의 가
르침은, 원래 이것이 불이법문(不二法門)으로, 삼교(三敎)가
이 도(道)와 같고, 이 법(法)과 같다.
일찍이 공성(孔聖 : 공자)께서는 증자(曾子)에게 전하고, 노
자(老子)께서는 관윤(關尹)에게 전할 때에 어찌 의발(衣鉢)이
있었겠는가?
틀림없이 성(性)과 천도(天道)를 전하신 것뿐이니 그 사람
이 아니라면 듣기가 어려운 것이다.

【況차 吾門의 敎外別傳之旨는 原是不二法門으로 三敎가
同此道로 卽同此法이라. 昔孔聖은 傳曾子하고, 老子는 傳關尹
인데 有何衣鉢이랴. 良以性與天道는 非其人이면 難聞이라】

그러므로 단경(丹經)도 대부분은 비유적인 말로 하였다.
그래서 오진(悟眞)에 말하기를 "먼저 건곤(乾坤)을 파악하
여 정기(鼎器 : 솥과 그릇)를 삼으라."고 하였고, 순양(純陽)의
백구장(百句章)에 말하기를 "절대로 기계(器械)를 쓰는 것이
아니요, 전도(顚倒)는 건곤(乾坤)을 본받으라."고 하여 이미
밝게 말씀 하셨는데, 어찌하여 사람들 대부분이 여기에 어두
워 속고 있는가?

【故로 丹經은 多譬語이라. 然으로 悟眞에 云하되 先把乾坤
하여 爲鼎器하라. 純陽의 百句章에 云하되 絶不用器械로 顚倒
는 法乾坤이라. 業已明說한데 奈何人多昧昧也인가?】

단, 도(道)를 전하는 데는 삼 단계가 있는데, 상등(上等 : 상
근기)은 태어날 때 알므로 편하게 행하고[生地安行], 중등(中
等 : 중근기)은 배워 알아서 이롭게 행하고[學知利行], 하등(下
等 : 하근기)은 힘써 배워 알고, 힘써 닦아 행하는[困知勉行]것
이다.

【但傳道에 有三等하니 上等은 生知로 安行하고, 中等은 學
知로 利行하고, 下等은 困知로 勉行이라】

무릇 상등(上等)과 중등(中等)에게 전하는 것은 아주 간결
한데, 이른바 "상덕(上德)은 무위법(無爲法)을 행하는 것이지,
살펴서 구하는 것[察求]이 아니다"는 것이고, 하등(下等)에게
전하는 것은 아주 복잡하고 까다로운데, 즉 부록(符籙)과 부절
(符節)을 가지고 증거를 삼는 것이 있어야, 비로소 대약(大藥)
의 비요(秘要)를 꿰뚫어 다 알 수 있게 된다.

【凡傳上等과 中等은 最簡要로 所謂上德은 無爲로 不以察
求也라. 傳下等에는 甚繁難이니 則有符籙과 符節로 爲憑하여
야 始得洞悉大藥秘要이라】

충효(忠孝)와 렴절(廉節 : 청렴한 절개)을 겸비한 사(士 : 선
비)가, 정성을 쌓아 감격(感格)하여, 천선(天仙)께서 친히 전수
(傳授)해 주심이 아니라면 전해 받을 수가 없다.

【非忠孝와 廉節之士가 積誠感格하여 天仙이 親授하면 不
能得傳이라】

부록(符籙)을 깨달아야 비로소 소주천(少周天)을 행할 수 있고, 부절(符節)을 깨달아야 비로소 대주천(大周天)을 행할 수 있다.

그렇지 않으면 설령 명사(明師)를 만나 음양(陰陽)을 깨친다 해도, 단지 후천(後天)을 먹어 수명만 늘일 뿐이니, 오히려 부지런히 공(功)과 선(善)은 닦고, 공경한 마음으로 하늘의 인연을 기다림이 마땅하다.

【得了符籙하여야 方可行少周天하고, 得了符節하여야 方可行大周天이라. 不然이면 縱遇明師하여 指明陰陽이라도 只可服後天으로 以延年이니 尙宜勤修功善으로 敬待天緣이라】

만약 억지로 힘써서 결(訣)을 행한다면 반드시 온갖 마장(魔障)이 있어, 그 도(道)를 패(敗)하려고 할 것이다.

그러므로 말하기를 "만약 공행(功行)이 없다면 견뎌내기 어려워, 걸핏하면 모든 마귀가 장연(障緣 : 장애가 되는 인연)만 지을 뿐이다"고 하였다.

의발(衣鉢)에 미혹된 사람은 마땅히 황연히(恍然: 문득) 깨달아야 할 것이다.

【若勉强하여 行訣한다면 必有百般魔障하여 以敗其道라. 故로 曰若無功行하면 難消受이니 動有羣摩하여 作障緣이라. 惑於衣鉢者는 應恍然悟矣라】

"사위대성에 들어간다[入舍衛大城]"는 것은, 즉 깊이 인의(仁義)의 소혈(巢穴 : 새나 짐승의 집)로 들어간다는 것이다. 곧, 유(儒)에서는 말하기를 "인(仁)과 의(義)함께 갖춘다"고 하였고, 도(道)에서는 말하기를 "금(金)과 목(木)이 사귀어 아우른다"고 하였다.

【入舍衛大城이란 卽深入乎仁義巢穴也라. 儒曰仁義兼該요, 道曰金木交幷이라】

"걸식(乞食 : 밥을 빌다)"이란 선천기(先天氣)를 구한다는 것이다. 즉 단경(壇經)의 이른바 "정(情)이 오면 아래로 심는다"는 것이고, 또 이른바 "북쪽으로 가서 접도(接度 : 가까이 가서 제도함)한다."는 것이다.

【乞食이란 求先天氣也라. 卽 壇經의 所謂有情이라야 來下種이라. 又卽所謂 往北接度也라】

"그 성 가운데서[於其城中]"란 이 사이(間)에는 한 가닥의 정대(正大)한 광명(光明)의 길이 있어 한 쪽으로 치우치거나 기울지 않은 것이다.

【於其城中者란 此間에 有一條正大光明之路하여 不偏不倚也라】

"순서대로 탁발을 마치시고[次第乞已]"란 즉 이른바 이후(二候)에 모니(牟尼)를 채취(採取)함과 사후(四候)에 묘용(妙用)과 육후(六候)에 특별한 신공(神功)이 있다는 것이다.

【次第乞已란 卽所謂 二候에 採牟尼하고, 四候에 有妙用하고, 六候에 別神功也라】

처음에는 피(彼 : 상대방)의 진양(眞陽)이 발동(發動)하는 것을 틈타서, 진화(進火)하여 채취(採取)하는데, 진식(眞息)이 왕래(往來)하는 것을 이용하여 산택통기(山澤通氣)하는 것으로, 혹 10식(息)이나 수 십식(數十息)하여 간산(艮山 : 남근)의 형체가 엎어지는 것으로 기준을 삼는다.

즉 달마(達摩)가 갈대를 꺾어 강(江)을 건너는 비결(秘訣)로, 이것이 일후(一候)가 된다.

【始則乘彼眞陽之動하여 進火採取인데 用眞息往來하여 山澤通氣로 或 十息이나, 數十息하여 以艮山의 形이 倒로 爲準이라. 卽 達摩의 折蘆渡江也이니 爲一候이라】

이로부터 모니(牟尼)가 화로(火爐)로 돌아가게 되면, 면면 약존(綿綿若存)케 한다. 즉 세존(世尊)께서 용궁(龍宮)에서 설법(說法)하는 비결(秘訣)로, 이것이 일후(一候)가 되는데, 이 것을 이후(二候)에 모니(牟尼)를 채취(採取)한다는 것이다.

【由是牟尼가 歸爐하면 綿綿若存이니 卽世尊의 龍宮說法訣也로 爲一候이니 是謂二候에 採牟尼라】

이로부터 항하(恒河)를 역전(逆轉)하여, 부드럽게 조계(漕溪)를 운행(運行)하는 것을, 세존(世尊)께서 갈대 싹으로 무릎을 꿰뚫는 비결(秘訣)을 행하시는 것이고, 위의 취령(鷲嶺)으로 올라가 수미(須彌)에서 반선(盤旋 : 빙빙 돎)하는 것을, 세존(世尊)께서 정수리에서 작소(鵲巢)하는 비결로 일후가 된다.

【由是逆轉恒河하여 柔運漕溪이니 行世尊의 蘆芽穿膝訣로

升上鷲嶺하여 盤旋須彌이니 行世尊鵲巢於頂訣로 爲一候이
라】

두 눈을 모으고, 숨 쉬는 구멍을 막아서, 금교(金橋)로 내려
와서 중루(重樓)로 내려와 남화세계(南華世界)로 가서 불광보
전(佛光寶殿)으로 들어가면 일후가 된다.
　【注雙目하고 塞息竅하여 降金橋하여 下重樓하여 往南華
世界하여 入佛光寶殿하면 爲一候이라】

득약(得藥)할 그 때가 바로 덕(德)에 임하는 문(門)으로, 정
신이 조금이라도 나태해지면 약(藥)을 잃어버리게 되니, 오로
지 괴로움을 구제하시는 관음(觀音)에 의지하여 정섭(靜攝 :
고요함을 굳게 지킴)하고 엄밀(嚴密)해야 한다. 이것이 묘목욕
(卯沐浴)에 속하고, 일후가 된다.
　【當得藥時는 是德臨門으로 神稍馳하면 則藥失이니 全憑
求苦觀音하여 靜攝嚴密이니 屬卯沐浴으로 爲一候이라】

합단(合丹)할 그 때가 바로 형(刑)에 임하는 문(門)으로, 정
신이 조금이라도 게을러지면 단(丹)이 흩어지게 되니, 오로지
토덕(土德)의 대왕(大王)에 의지하여 진정(鎭定)하고 안한(安
閒)해야 한다.
　이것이 유목욕(酉沐浴)에 속하고, 일후(一候)가 된다.
　【當合丹時는 是刑臨門으로 神稍倦하면 則丹散이니 全憑
土德大王하여 鎭定安閒이니 屬酉沐浴으로 爲一候이라】

이것을 일컬어 사후(四候)에 묘용(妙用)이 있다는 것으로, 앞에 있는 이후(二候)와 합하면 모두 육후(六候)25)가 된다.

【是謂四候에 有妙用이라. 合前二候하면 爲六候이라】

특별한 신공(神功)이란 자(子), 오(午), 묘(卯), 유(酉)의 경계를 명석(明晰)하게 분별하는 것인데, 세미(細微)한 규묘(竅妙)는 오히려 구전(口傳)을 기다려야 할 것이다.

【別神功者는 子午卯酉界限을 分別明晰也라. 細微한 竅妙는 尙待口傳이라】

"식사를 마치시고 의발을 거두어들인다[飯食訖收衣鉢]"함은 선천기(先天氣)를 먹는 것을 이미 마치시고 황정신실(黃庭神室)로 거두어 돌아오게 한 다음, 편안하게 선정(禪定)에 든 것을 말한다.

【飯食訖하고 收衣鉢은 服食先天已畢하여 收歸黃庭神室하여 而安禪定也라】

"발을 씻었다[洗足已]"함은, 이때는 마땅히 곤원(坤元)을 세척(洗滌 : 씻음)하여, 반드시 젖어서 배지 않게 하여야 한다. 대개 발의 방향은 땅으로 향해 있어, 곤(坤)이라 말하지 않고, 발이라 말하였다.

또 화후(火候)가 충분한 때에는, 다시 화후를 행하여 단(丹)을 상하지 않게 해야 함을 보인 것이다.

【洗足已은 此時에는 宜洗滌坤元하여 不必沾染이라. 蓋足

---

25) 육후(六候) : 혜명경의 법륜 六候圖에 자세히 설명되었으니 참고할 것.

은 方向地인데 不曰坤하고而曰足者는 又示火候足時에는 休
再行火候하여 以傷丹也라】

　"자리를 펴고 앉으셨다[敷坐而坐]"함은, 올좌(兀坐 : 꼼작
않고 앉아 있음)하여 정양(靜養)하는 것으로, 이른바 좌망(坐
忘)을 가리킨다. 다시 때를 기다려 폭주(輻輳 : 한곳으로 모임)
하면 순환(循環)하고, 끝나면 다시 시작하는 것을 말한다.
　【敷坐而坐하여 兀坐로 靜養은 所謂坐忘하여 言更待時이
니 輻輳循環하여 終하면 復始也라】

頂 批

　삼봉조사(三丰祖師)께서 말하기를 "천하(天下)에는 다만 두 가지 가르
침이 있을 뿐, 세 가지 가르침은 없다. 두 가지 가르침이란 정교(正敎)와
사교(邪敎)이다. 유(儒)와 석(釋)과 도(道)는 다 정교(正敎)로, 삼교(三敎)
가 실제로는 하나의 교(敎)일 뿐이다"고 하였다.
　그러므로 문창제군(文昌帝君)께서도 사람들에게 널리 삼교(三敎)를 행
하도록 보이셨다.
　속(俗)에 말하기를 "신선(神仙)은 신선이라야 되는 것이지, 어떻게 범인
(凡人)으로 될 수가 있겠는가?" 하는데, 선(仙)에 말하기를 "신선(神仙)이
란 원래 범인(凡人)이 되는 것인데, 다만 범인(凡人)의 마음이 굳세지 못함
이 걱정이라"고 하였다.
　【三丰祖師께서 云하되 天下에는 只有兩敎라. 並無三敎라. 兩敎者란 正
敎와 邪敎也라. 儒, 釋, 道는 皆正敎로 三敎가 實一敎也라. 故로 文昌帝君께
서 示人以廣行三敎라. 俗云神仙은 還是神仙이 做이지 那有凡人이 做인가?
神仙云神仙은 本是凡人이 做이나. 只怕凡人의 心이 不堅이라】

보검(寶劍)이 쌍하안(雙河岸)에 꽂아 있으니, 찰(札 : 배를 젓는 막대기)을 끊는다면, 황하수(黃河水)가 거꾸로 흐르리라.

【寶劍이 揷在雙河岸하니 札斷하면 黃河水가 倒流이라】

지현편(指玄篇)[26]에 말하기를 털이 없는 맹호(猛虎)를 잘 붙잡아 끌어당긴다"고 하였고, 고효가(敲爻歌)에 말하기를 "해저(海底 : 바다 밑)의 홍파(洪波 : 큰 물결)에서 법선(法船)을 탄다"고 하였다. 진실로 이 삼구(三句)는 행공(行功)할 때의 절실한 구결(口訣)이다.

【指玄篇에 云하되 好把無毛猛虎牽하고 敲爻歌에 云하되 海底洪波에 駕法船이라. 以誠三句는 行功時에 吃緊口訣이라】

"여시"라는 이 두 글자는 금강경의 골수이다. 옛적에 법화회상에서 용녀(龍女)가 구슬을 바치고 남방으로 가니, 여자 몸인 용녀가 남자의 몸으로 바뀌므로, 세존(世尊)께서 불위(佛位)를 인증(因證)하셨으니, 즉 여(如)라는 글자의 뜻이다.

【如是라는 二字는 金剛經之綱領이라. 昔日에 法華會上에서 龍女가 獻珠하고 往南方하니 女轉男身이라, 世尊께서 因證佛位하니 卽如字之意也라】

화엄경(華嚴經)에 말하기를 "이 묘법(妙法)을 구하지 않으면 끝내 보리(菩提)를 이룰 수 없다"고 하였고, 달마(達摩)께서 말하기를 "진경(眞經)은 원래 한 글자도 없으나, 능히 중생(衆生)을 제도하여 대라(大羅)에 오르게 한다"고 하였다.

【華嚴經에 云不求此妙法하면 終不成菩提라. 達摩께서 云 眞經은 原來 無一字이나 能度衆生하여 上大羅라】

---

26) 지현편(指玄篇) : 여순양 진인께서 도를 이루신 다음 이 비결을 석굴에 남긴 것으로 남파의 백옥섬진인과 창해노인 두 분의 주석이 있다. 그리고 "내경도"를 이해하려면 반드시 읽어야 할 丹經이다.

순양조사(純陽祖師)께서 말하기를 "천하(天下)에 나를 찾지 않는 사람이 없으나, 천하(天下)를 두루 찾아도 한 사람도 없다"고 하였고, 종리조사(鐘離祖師)께서 말하기를 "내가 사람을 찾는 것보다, 사람이 나를 찾는 것이 더하다"고 하였다.

대개 상천(上天)에서는 수진(修眞)하는 사람을, 자모(慈母)가 아이를 사랑하는 것보다 더 사랑하시니, 과연 진심(眞心)으로 도(道)를 향한다면 어찌 스승을 만나지 못할까 걱정하랴!

학자(學者)는 급히 부지런히 공(功)을 쌓고 고선(苦善 : 행하기 힘든 착한 일)한다면, 사람을 찾는 것이 자기에게서 구하니 만 못한 것이다.

【純陽祖師께서 云天下에 無人不求我하나 尋徧天下해도 無一人이라. 鐘離祖師께서 云吾之求人이 甚於人之求吾也라. 蓋上天에서 愛修眞之士함이 甚於慈母愛兒라. 果能眞心으로 向道한다면 何患不能遇師하랴! 學者는 急宜勤功하고 苦善이니 求人함이 不如求己이라】

경(經)가운데 누차 말한 여시(如是)는 그 끽긴(喫緊 : 아주 긴요함)함이 오직 이분(二分)과, 삼분(三分)의 여시주(如是住)와 여시항복(如是降伏), 사분(四分)의 여시보시(如是布施)와 십분(十分)의 여시생청정(如是生淸淨)과 십사분(十四分), 십칠분(十七分), 이십이분(二十二分)의 여시여시(如是如是)로, 그 나머지는 글을 따라 번갈아 지나면서 나오는 말이다.

【經中에 屢言한 如是에 其喫緊은 惟二分과 三分이고, 如是住와 如是降伏은 四分이고, 如是布施는 十分이고, 如是生淸淨은 十四分과 十七分과 二十二分이라.   如是如是한 餘는 皆隨文하는 過遞語라】

명덕(明德)하는 공부(工夫)는 모름지기 사려(思慮)하는 식신(識神 : 알음알이)을 막아 버리고, 선천(先天)의 활발(活潑)한 원신(元神)을 기르는 것이다. 대개 식신(識神)이란 순전히 음마(陰魔)이다.

【明德하는 工夫는 須屛去思慮識神하고, 養先天活潑元神이라. 蓋識神이란 純是陰魔也라】

 善現起請分

時에 長老須菩提[1]가

在大衆中이라가

卽從座起하사

偏袒右肩하시며

右膝着地하시고 合掌恭敬하사

而白佛言하사대

希有[2]世尊하

如來가 善護念[3]諸菩薩하시며

善付囑[4]諸菩薩하시나니

世尊하 善男子善女人이

發阿耨多羅三藐三菩提心[5]하나는

應云何住며

云何降伏其心[6]하리잇고

佛言하사대 善哉善哉라

須菩提야 如汝所說하야

如來가 善護念諸菩薩[7]하며

善付囑諸菩薩하노니

汝今諦聽하라
當爲汝說[8]하리라
善男子 善女人이
發阿耨多羅三藐三菩提心하나는
應如是住하며
如是降伏其心이니라
唯然[9]世尊하
願樂欲聞하노이다

原文解釋

그 때에 장로 수보리가
대중 가운데 있다가
자리에서 일어나,
오른쪽 어깨에 옷을 벗어 메고,
오른쪽 무릎을 땅에 꿇으며, 합장하고
공경히 부처님께 사뢰었다.
"희유하십니다. 세존이시여,
여래께서는 모든 보살들을 잘 호념하시며,
모든 보살들에게 잘 부촉하십니다.
세존이시여, 선남자나 선 여인이
아뇩다라삼먁삼보리심을 내었으면,
마땅히 어떻게 머물러야 하며,
어떻게 그 마음을 항복받으오리까?"
부처님께서 말씀하시되 "착하고 착하구나!
수보리야, 네 말과 같이
여래는 모든 보살들을 잘 호념하며,

모든 보살들을 잘 부촉하느니라.
너희는 이제 분명히 들어라.
마땅히 너희를 위해 말해 주리라.
선남자 선여인이
아뇩다라삼먁삼보리심을 내었으면
마땅히 이와 같이 머물며,
이와 같이 마음을 항복 받아야 하느니라.".
"그렇습니다. 세존이시여"
바라옵건대 듣고자 하옵니다.

---

1) 장로수보리 : 석가모니의 10대 제자의 한 분으로 解空 제일로 칭하며 또 善現, 妙生, 善見등으로 불린다. 그는 위의 分에서 불께서 乞食하시는 前後의 광경과 또 "敷坐而坐"의 一句에서 竅妙를 보고 마음이 마치 꿈에서 처음 깨어난 것 같아, 고로 위의 分의 "敷坐而坐"를 따라서 곧 기틀에 합당한 가르침을 청하여 불께서 般若의 正法을 指授해주기를 바랬다.

2) 희유(稀有) : 불을 찬탄한 말이다. 이곳에는 4가지 희유한 일이 있다. 첫 째는 時 稀有이고, 둘째는 處 稀有이고 셋째는 德 稀有이고 넷째는 事 稀有인데, 이 四稀有중에 수보리는 특별히 事 稀有에 중점을 두었다.
수보리의 주의가 그 중의 奧妙에 이른 까닭에 비로소 불을 찬탄하여 "稀有"하다고 하였고, 불께서 수보리가 묻는 것이 기틀에 합당한 것을 보고 바로 불의 心事에 접한 까닭에 아름답게 수보리를 칭하면서 말하기를 "착하고 착하구나! 하셨다. 이 "稀有"와 "善哉"라는 二句를 보면 그 師徒 二人의 心意가 이미 합하여 일치한 것이다.

3) 선 호념 : 세존께서 제자들을 잘 감싸주고 거두어 주시는 것을 말한다.

4) 선 부촉 : 근기가 미숙한 보살이 혹 물러설까 걱정되어 성숙한 보살에게 붙여 주는 것을 말한다.

5) 아뇩다라삼먁삼보리심 : 나의 眞性으로 이 性은 理天으로부터 받은 것으로
三界를 곧 바로 뛰어 넘는 까닭에 無上이라 말하고, 또 諸佛과 중생이 평등한 까닭
에 正等이라 말하고, 또 우주의 진리에 대하여 알지 못하는 것이 없고 圓明하고
普照하는 까닭에 正覺이라 말한다. 心이란 곧 이 性의 體이다. 간단하게 보리심이
라 하고 옛날에는 道나 眞道의 心이라 번역했는데 즉 보리심이 된다.

6) 응운하주(應云何住) 운하항복기심(云何降伏其心) : 應云何住는 보리심을 가
리키고, 云何降伏其心은 망상심을 가리킨다. 만약 보리심이 住하는 곳을 안다면
곧 점점 망상심을 항복받을 수 있는데, 보리심의 소재를 알지 못한다면 즉 망상심
은 당연히 항복받을 수 없게 된다. 고로 이 二句는 곧 "人心惟危"와 "道心惟微"의
관계이다. 만일 道心이 常住하게 하면 즉 惟危한 人心이 당연히 멋대로 妄動하지
못하게 된다.

7) 보살(菩薩) : 보살이란 이미 如是住降에 명백하여 이미 得道한 제자이거나
혹은 이미 成道한 제자들을 말한다.

8) 汝今諦聽하라 當爲汝說하리라 : 이 二句는 指點하는 때이다. 그런 까닭에
수보리에게 명령하여 가까이 오라고 하여 "諦聽"하라는 찰나에 이미 指傳을 마쳤
다. 곧이어 "만일 선남자 선여인이 보리심을 發하고자 할 때에는 응당 如是住하며
如是處로 그 妄想心을 항복받아야 한다."고 하셨는데 이 "如是"處가 곧 이 "指傳"
한 곳을 말한 것이다.
　이미 "如是"處에 住하는 것을 알았다면 당연히 보리심이 곧 常住하여 물러서지
않게 된다. 망상심을 능히 이곳에서 觀照한다면 당연히 또한 항복시켜 일어나지
못할 것이다. 이곳에서 "心猿意馬"를 항복받는 뜻을 말했다. 고로 불께서 몇 마디
말씀하시는 순간이 바로 수보리가 得道하는 때이다.

9) 唯然 世尊 : 心中에 이미 豁然하였지만 그러나 감히 드러내 말할 수 없는
까닭에 "그렇습니다. 세존이시여"라고 말했을 뿐이다. 왜냐하면 1250人중에 다른
사람은 불께서 正法을 이미 수보리에게 전하신 것을 알지 못하므로 수보리는 다른
사람이 견해를 지어 결점을 찾아내려는 것을 방지하려고 오히려 비밀로 保持하였
다.

"시(時)"란 수시(隨時 : 때를 따름)이다.
【時란 隨時也라】

"장로(長老)"란 치덕(齒德 : 많은 나이와 뛰어난 덕)이 출중(出衆)한 이를 말한다.
【長老란 齒德이 出衆也라】

"수보리(須菩提)"는 비록 청경(請經 : 경을 청함)하는 제자인데, 또한 숨겨진 뜻이 있다.
【須菩提는 雖是請經弟子이나 亦有寓意라】

"수(須)"라는 글자의 왼쪽에는 삼(彡)이 있는데, 정(精)과 기(氣)와 신(神)을 상징하고, 오른쪽으로부터 왼쪽으로 돌아간다. 또 오른쪽에는 혈(頁)로, 머리(頭)이며, 건(乾)으로 머리가 둥근 것을 상징한다.
【須字는 從彡인데 象精氣神하고 自右還左也라 從頁은 頭也이며 象乾首之圓이라】

또 무녀성(婺女星)과 관련된 이름을 가진, 하늘의 소부(少府 : 작은 고을)이다.
【又合之系婺女星名인 天之少府이라】

또 수(須)는 수(需 : 공급)를 뜻한다. 특별히 불문(佛門)에서만 급히 구할 것이 아니라, 도가(道家)나 유가(儒家)에도 급히 구해야 한다.

【又須는 需也라. 不特佛門所需이며 亦道家나 儒家에서도 所急需也라】

"보리(菩提)"[10]란 나무의 이름이다. 마가타국(摩伽陀國)에서 나오는데 그 나무의 모양은 네모나서 지도(地道)를 상징하며, 또한 매달 꽃이 피는데, 꽃이 지극히 엄숙(嚴肅 : 장엄하고 엄숙함)하여 복식(服食 : 복용)하는 법(法)을 얻은 사람이 그것을 먹으면 사람의 정신(精神)을 북돋으나 그 법(法)을 얻지 못한 사람이 그것을 먹게 되면 곧 바로 죽게 된다.

---

10) 보리(菩提) : 날마다 피나 정한 때가 있으니 때에 의지하면 곧 상천제(上天梯 : 하늘로 오르는 사다리)이나 털끝 하나라도 어긋나면 中毒되니 수보리에게 이같이 경계하라고 가르치셨다. "조주록"에 남방에 있던 스님이 雪峰에게 와서 물은 것을 거론하였다.
"옛 寒泉에 다시 물이 솟을 때는 어떠합니까?" 하니
설봉이 말하기를 "눈을 크게 뜨고 보아도 바닥이 보이지 않는다"고 하였다.
스님이 말하기를 "마시게 되면 어떠합니까?" 물으니
설봉이 말하기를 "입으로 마시지 않는다"고하였다.
師께서 그 말을 듣고 말하기를 "입으로 먹지 않는다면 鼻孔(콧구멍)으로 마시는가?" 하니
그 스님이 오히려 師에게 묻기를 "옛 寒泉에서 다시 물이 솟을 때는 어떠합니까?"
師가 말하기를 "쓰다[苦]"고 하니,
스님이 말하기를 "마시는 사람은 어떠합니까?"
師는 "죽는다[死]"고 하였다.
설봉이 師의 이 말을 듣고 찬탄하며 말하기를 "古佛 古佛"이라고 하였다.
설봉은 이 후에 和答을 하지 않았다. (조주록)

이것이 오문(吾門)의 능엄(楞嚴), 화엄(華嚴)을 지은 연고이다.

또 보(菩)란 보(普)이고, 리(提)란 발(拔 : 뽑아내다)이니, 능히 보리과(菩提果)를 증험하여, 곧 모든 생명을 빠짐없이 제도하여 고해(苦海)에서 구해내는 것이다.

【菩提란 樹名也라. 出摩伽陀國인데 其樹形은 方하니 象地道也라. 且月月開花인데 花極嚴肅하여 得服食法者食之하면 益人精神이나 不得其法者食之하면 立死라. 此吾門《楞嚴》과《華嚴》所由作也라. 又菩란 普也요 提란 拔也니 能證菩提果하여 便能普渡群生하여 拔出苦海也라】

"대중가운데 계시다[在大衆中]"함은 도(道)는 사람과 멀리 있지 않음을 말한 것이다.

【在大衆中이란 言道不遠人之意이라】

"곧 바로 자리에서 일어나시다[卽從坐起]"는 연화대(蓮花臺)를 향하여 일어난다는 뜻이다.

【卽從坐起는 向蓮花台而起也라】

웃옷을 바른쪽 어깨에 벗어 멘다[偏袒右肩]는 것은, 사람들에게 좌도(左道)로 대중을 미혹시켜서는 안 되며, 또 그 같은 책임을 짊어질 필요가 있음을 보인 것이다.

【偏袒右肩은 示人不可左道惑衆이며 又要擔得起也라】

바른쪽 무릎을 땅에 댄다[右膝着地]함은 곤궁(坤宮)에 공(工)을 베풀 때에는, 마땅히 각답실지(脚踏實地)해야 함과 또 놓아서 아래에 있게 하는 것이 필요함을 보인 것이다.

【右膝着地란 示人於坤宮用用工時에는 宜脚踏實地와 又要放得下也라】

"합장(合掌)"이란 은밀히 이오(二五)의 정(精)이 묘합(妙合)하여 엉기는 것을 보인 것이다.

【合掌은 隱示二五之精이 妙合而凝也라】

"공경(恭敬)"이란 마땅히 엄숙(嚴肅)하고 근신(勤愼)해야 함을 보인 것이다.

【恭敬이란 宜嚴肅謹愼也라】

"부처님께 사뢴다[而白佛言]"함은 불(佛)께 구결(口訣)11)을 청하는 것이다.

【而白佛言은 請佛口訣也라】

"희유(希有)"란 세상에 드물게 있다는 것이다. 즉 백성들로 하게는 하나, 까닭을 알지 못하게 하니, 이른바 나를 아는 사람이 드물므로 곧 내가 귀하게 된다.

【希有란 世所罕有라. 蓋民可使由이나 不可使知이니 所謂

---

11) 구결(口訣) : 불(佛)의 口訣로 龍牙禪師가 말한 "人情은 농후하나 道情은 은미한데, 도정으로 인정을 활용함을 세상에 뉘라서 알랴? 공연히 人情만 있고 道의 씀이 없다면 그 人情이 얼마나 갈 수 있으랴?고 하였다.

知我者希하니 則我貴也라】

"여래(如來)"란 진양(眞陽)이 쫓아오는 곳이 있다는 것인데,
두 사람(二人)을 쫓아온다는 뜻이다. 또 목(木 : 나무)을 쫓아
오는데, 즉 하락(河洛 : 하도와 낙서)의 삼팔(三八)의 목(木)으
로, 오상(五常)으로는 인(仁)에 속하고, 인(仁)은 마음의 덕
(德)이다.
　이른바 "두 사람이 한 마음[二人同心]이면 그 예리함이 금
(金)도 자른다."는 것이다.
　【如來者는 眞陽이 有所從來인데 來從二人이라. 又從木인
데 卽河洛三八之木으로 在五常屬仁하고 仁爲心之德이라.所
謂二人同心이면 其利可斷金也라】

　또한 일체의 중생(衆生)은 모두 여래(如來)와 한 맥(脈)을
통하여, 맥(脈)을 일으켰으므로, 수도(修道)하는 사람은 반드
시 여래(如來)를 보아야만 비로소 반본환원(返本還元)할 수가
있다.
　어찌하여 그러한가?
　천지가 처음 열릴 때에는 일월(日月)의 빛이 없어 인물이
생겨나기가 어려웠는데, 여래께서 일도(一道)인 금광(金光)을
놓아서 삼천세계(三天世界)를 두루 비추니, 제불(諸佛)과 제
선(諸仙)도 따라서 보광(寶光)을 놓아 여래의 사리광(舍利光)
을 도왔다. 이로 말미암아 천지가 광명(光明)하고 인물이 비로
소 태어나게 되었다.
　【且一切衆生은 皆系如來一脈發派하니 修道者는 必要見了

如來라야 方爲返本還元이라. 何也? 天地가 初開時에는 日月
이 無光하여 人物難生인데 如來께서 因放一道金光하여 遍照
三千世界하니 諸佛諸仙도 隨放寶光하여 助如來舍利光이라.
由是天地光明하고 人物始生이라】

　이리하여 중생은 모든 여래로부터 온 것이다. 이 같이 중생
이 이미 여래로부터 왔다면, 중생도 모두 여래광명(如來光明)
의 성(性)이 있는 것이다.
　비록 여래의 광명(光明)한 성품이 있다 해도, 늘 방종과 정욕
으로 인해 그 여래의 광명한 성품을 잃어버리니, 이에 다시
그 여래12)의 광명한 성품을 회복하려면 할 수 없이 서천(西天)
의 태궁(兌宮)을 향하여서 저 묘경(妙經)을 취해야만, 여래의
광명한 성품을 비로소 회복할 수가 있다.
　【是衆生은 皆自如來而來이라. 衆生旣自如來而來라면 卽
衆生도 皆有如來光明之性이라. 然衆生이 雖有如來光明之性
이라도 每因肆情과 縱欲으로 失其如來光明之性하니 於此而
欲復其如來光明之性하려면 不得不向西天兌宮하여 取彼妙經
이라야 而如來光明之性始可復이라】

　무릇 여래가 머무는 곳은 태괘(兌卦)인데, 태(兌)란 기쁨이
다.
　만물은 모두 태(兌)를 얻어 환열(歡悅：기뻐함)하는 것이니,
오행(五行)으로는, 그릇을 만드는 금(金)이 되고, 사시(四時)

─────────────────────

　12) 여래(如來)：여래는 즉 이와 같이 온다는 것이다. 원시전자(元始電子)를
쌓아야 이에 返本하여 光明한 性을 보게 된다.

로는 만보(萬寶)가 이루어지는 가을이다. 그러므로 극락세계(極樂世界)가 된다.

【蓋如來所居者兌卦인데 兌란 悅也이다. 萬物은 皆以得兌
而歡悅也니 于五行爲成器之金이고 于西時爲萬寶告成之秋이
라. 故爲極樂世界이라】

팔괘(八卦)와 관련지어 말한다면, 노군(老君)은 건(乾)에 속하여, 만물의 아버지가 되고, 왕모(王母)는 곤(坤)에 속하여, 만물의 어머니가 되고, 공성(孔聖)은 감(坎)에 속하여, 오행(五行)의 첫째가 되며, 만물이 의지하여 윤택하게 되니 로괘(勞卦)이다. 관음(觀音)은 리(離)에 속하여, 두루 비추므로 만물이 의지한다.

왕소양(王少陽)은 간(艮)에 속하고, 간(艮)은 생문(生門)이 되고, 또 귀호(鬼戶)가 되는데 만물이 끝을 이루고, 시작을 이루는 곳이다.

동화대제(東華大帝)는 진(震)에 속하며, 만물이 따라 나오는 곳이다.

일체의 신장(神將)과 충효신선(忠孝神仙)은 손(巽)에 속한다, 손(巽)이란 들어간다[入]는 것이다. 늘 세상으로 들어가 선악(善惡)을 규찰(糾察 : 죄과를 조사하여 사실을 밝힘)하는데, 그 덕(德)이 큰 분은, 아울러 선불(仙佛)과 모든 신(神)을 감찰(鑒察)한다. 그러므로 서천(西天)보다는 못하여 안한(安閒 : 편안하고 한가함)하기는 어렵다.

【合八卦而論하면 老君屬乾하여 萬物之父하고, 王母는 屬
坤하여 萬物之母하고, 孔聖은 屬坎하여 五行之首하며 萬物賴

以潤澤하니 勞卦也라. 觀音은 屬難離하여 萬物賴以普照이라. 王少陽은 屬艮하고 艮爲生門하고 又爲鬼戶인데 萬物之所成終而成始이라. 東華大帝은 屬震하여 萬物所從出이라. 一切神將與忠孝神仙은 屬巽이라. 巽은 入也라, 常入世以糾察善惡인데 其德大者는 竝鑒察仙佛與諸神이라. 故難安間俱遜西天이라】

대개 서천(西天)은 태(兌)에 속하며, 오히려 시집을 안간 처녀와 같아, 청정(淸淨)한 무위극락(無爲極樂)과 비교할 것은 없다. 그러나 쾌(卦)가 여덟 개가 있다 해도 실제로는 통체(統體 : 통일된 바탕)로 하나의 태극(太極)이다. 태극(太極)은 원래 무극(無極)으로, 즉 팔쾌(八卦)의 중궁(中宮)이 된다.

증과(證果)한 쾌위(卦位 : 쾌의 자리)가 비록 달라도, 증과(證果)는 다 중(中)에서 말미암는다.

그것을 유(儒)에서는 말하기를 집중(執中)이라 하고, 도(道)에서는 말하기를 황정(黃庭)이라 하고, 석(釋)에서는 말하기를 정토(淨土)라고 한다.

【蓋西天屬兌하며 猶未字處女하여 所以淸淨한 無爲極樂과 無比也라. 然卦雖有八이라도 實統體一太極이라. 太極原無極으로 卽八卦中宮也라. 證果卦位雖異라도 得果皆由於中이라. 儒曰執中이고, 道曰黃庭이고 釋曰淨土이라】

무릇 서천(西天)을 향하여 경(經)을 취한다는 것은, 모두 중궁(中宮)을 의지하여 극(極)을 세우는 것이다. 그러므로 중(中)이라 말한다. 중(中)이란 복중(復中)으로 만물(萬物)은 이

곳을 따라 나오는데 곧 바로 상천(上天)과도 통한다.

중(中)이란 허무규(虛無竅)인데, 조금이라도 기욕(嗜慾 : 욕심으로 즐김)하면 즉 닫히고, 조금이라도 방치(放馳)하면 즉 흩어진다.

수심(收心)이 태긴(太緊 : 너무 긴장함)하게 되면 활활발발(活活潑潑)해지지 못하고 구멍(竅)도 또한 막히게 된다. 무릇 지청(至淸)하고 지허(至虛)하여야 한 티끌도 물들지 않게 된다.

【凡向西天取經者는 憑中宮立極이라. 故曰中이라 中은 復中으로 萬物은 從此出인데 直與上天通이라. 中者는 虛無竅也로 稍有嗜欲則閉하고 稍有放馳則散이라. 收心太緊하면 不能活活潑潑하고 竅亦塞이라. 蓋至淸至虛라야 不染一塵也라】

이 구멍[竅]은 인신(人身)가운데 있는데, 앞으로는 배꼽과 마주하고, 뒤로는 명문(命門)과 마주한다. 마음을 내어[有心] 구해서도 안 되고, 무심(無心)으로 취하려 해도 안 된다. 기(炁)가 이르면 바로 나타나고, 기틀[機]이 멈추면 오히려 사라진다.

그러므로 말하기를 "이 구멍은 보통의 구멍이 아니고, 건(乾)과 곤(坤)이 함께 합하여 이루어진 것으로 이름을 신기혈(神炁穴)이라 하며 그 안에 감리정(坎離精)이 있다."고 하였다.

【此竅는 在人身中인데 前對臍하고 後對命門인데 不可以有心求하고 不可以無心取라. 炁至乃現하고 機息仍滅이라. 故曰 此竅非凡竅이고 乾坤共合成으로 名爲神炁穴인데 中有坎離精이라】

하늘과 땅의 거리가 팔만 사천 리(八萬四千里)이고, 심장(心臟)과 신장(腎臟)의 거리가 팔촌사분(八寸四分)인데, 그 중간의 일촌 이분(一寸二分)의 이름을 방촌지(方寸地)라 하며, 여기서 위로 심장(心臟)까지는 삼촌 육분(三寸六分)이고, 아래로 신장(腎臟)까지는 삼촌 육분(三寸六分)으로 즉 도심(道心)인 것이다.

이것은 혈육심(血肉心)과는 비교할 수가 없다. 혈육심은 화(火)에 속하며, 후천(後天)의 오행(五行)에 하나일 뿐이니, 어떻게 선천(先天)의 오행(五行)을 거느릴 수가 있겠는가?

【天與地의 相去는 八萬四千里이고 心與腎의 相去가 八寸四分인데 中一寸二分의 名을 方寸地라 하며, 上至心三寸六分이고 下至腎三寸六分으로 卽道心也라. 非血肉心可比라. 血肉心屬火하여 後天五行之一이니 何以能統先天五行하랴?】

오직 이 도심(道心)만이 신묘(神妙)하고 무궁(無窮)하여 비록 방촌(方寸)에 불과하나, 그 크기로는 밖이 없고, 그 작기로는 안이 없다. 그것을 펼치면 육합(六合)에 두루 하고, 그것을 거두면 즉 물러나 은밀한데 감추어진다.

사람이 능히 항상 도심(道心)가운데 신(神)이 있게 되면, 곧 열매 속에 씨가 있는 것과 같아서 안으로 무한(無限)한 생의(生意)를 머금게 된다.

【惟此道心만이 神妙無窮이라. 雖僅方寸이나 其大無外하고 其小無內하다. 放之則彌六合하고 卷之則退藏於密이라. 人能常常存神於道心中하면 便如果之有仁하여 內含無限生意라】

논어(論語)에 말하기를 "군자(君子)는 밥 먹는 사이에라도 인(仁)을 어기지 않는다."고 하였고, 단경(丹經)에 말하기를 "행(行), 주(住), 좌(坐), 와(臥)에 이 저개(這箇)를 여의지 않아야 하고, 저개(這箇)를 깨달아야만 비로소 나개(那箇)를 말할 수 있다."고 하였다.

나개(那箇)와 저개(這箇)를 모두 합하여 한 개를 이루어야, 여래(如來)의 불생불멸(不生不滅)에 이를 수 있다.

마침내 천지(天地)가 부서지더라도 저개(這箇)는 부서지지 않는다.

【論語云 君子는 無終食之間에도 違仁이라. 丹經云 : 行住坐臥에 不離這個하고 有了這個라야 方可言那個라. 那個와 這個를 總須合成一個라야 造到如來之不生不滅이라, 才算天地有壞라도 這個不壞라】

그러나 또한 료도(了道)는 하였으나 여래(如來)를 보지 못한 사람은, 단지 연신환허(煉神還虛)는 안다하나, 련허합도(煉虛合道)라는 다시 한 단계의 무상공부(無上工夫)가 있는 것을 알지 못한다.

【然亦有了道이나 不得見如來者는 只知練神還虛인 不知練虛合道라는 更有一層無上工夫라】

그 호연진기(浩然眞炁)가 비록 이미 천지(天地)사이에 충만(充滿)하며, 또 삼천세계(三天世界)에 가득 차고, 아울러 제선(諸仙)과 성진(聖眞)들을 상견(相見)함을 얻었다 해도, 능히 서천(西天)의 극락세계(極樂世界)에 충만하지 못하였으면, 이 것은 나의 진기(眞炁)가 오히려 모자란 것이니, 다시 신광(神光)을 함양(涵養 : 기름)하는 것이 필요하다.

【其浩然眞炁가 雖已充滿兩間하며 塡滿三千世界하고 得與諸仙聖眞相見해도 未能充滿西天極樂世界면 是我之眞炁가 尙有缺陷이니 更要涵養神光이라】

고요하고 또 고요하며, 고요해도 고요한 바가 없어야, 몸 안의 아홉 개의 큰 구멍의 신광(神光)과 팔만사천(八萬四千)의 작은 구멍의 신광이 하나하나 변하여 사리광(舍利光)을 이루는 것이 마치 백천억만(百千億萬)의 밝은 태양과 다를 바가 없다.

【寂之又寂하며 寂無所寂하여야 使身中九大竅之神光과 與八萬四千小竅神光이 一一化成舍利光함이 如百千億萬杲日光明無比라】

무릇 하늘, 땅, 사람과 만물, 그리고 귀신(鬼神), 선불(仙佛), 성현(聖賢)이 일제히 나의 사리광(舍利光)중에 함께 나타나는데, 오래 되면 억만 무량(億萬無量)의 사리광과 여래(如來)의 억만 무량(億萬無量)한 사리광과 합하여 일체(一體)가 된다.

개벽(開闢)한 이래로부터 여래와 떨어진 것이 지금에야 비로소 앞에서 볼 수 있게 되니, 이에 이르러야 비로소 진정(眞正)한 반본환원(返本還元)이라 할 수 있다.

【凡天地人物鬼神仙佛聖賢이 一齊並現於我舍利光中인데 久之而億萬無量舍利光이 與如來億萬無量舍利光과 合爲一體

라. 自從開闢時에 與如來分別이 今始見面하니 至此才算眞正
返本還元이라】

　그러나 사람이 여래를 보고자 하나, 여래는 오히려 날마다
윤상(倫常)하는 가운데 있으니 수도(修道)하는 사람이 이미
집중(執中)하는 심법(心法)을 얻었다면 무릇 강상(綱常)과 윤
기(倫紀)을 통하여 하나하나 중궁(中宮)을 따라 지성(至誠)으
로 해내야 한다.
　【但人欲見如來이나 而如來仍在日用倫常中이니 修道者가
旣獲執中心法이면 凡綱常과 倫紀로 一一從中宮至誠做出이
라】

　여래의 법신(法身)을 닦고자 한다면 자연히 성사(聖師)의
전도(傳度)가 있어야 한다.
　설혹 성사(聖師)를 만나지 못하고 죽는다 해도, 윤상(倫常)
에 힘쓴 증과(證果)과 지극한 곳에 이르렀다면, 반드시 신단
(神丹)을 하사하시는 선불(仙佛)이 계시어, 혼백(魂魄)을 두우
궁(斗牛宮)으로 이끌어 원래대로 음양(陰陽)을 혼합(混合)하
여 대도(大道)를 성취하여 그 금강(金剛)같이 부서지지 않는
몸을 이루어 만겁(萬劫)을 장존(長存)하게 된다.
　이 생(生)에서 진실로 여래를 보았다면 죽어서도 또한 여래
를 보게 된다.
　【欲修如來法身이면 自有聖師傳度이라. 卽或未遇聖師而死
라도 倫常果做到極處라면 必有仙佛賜以神丹하니 攝魂魄于鬥
牛宮하여 仍然混合陰陽하여서 以了大道하여 成其金剛不壞而

萬劫長存이라. 是生固得見如來하면 死亦得見如來也라】

"모든 보살을 잘 호념하신다[善護念諸菩薩]"는 말에는 미묘
(微妙)한 심인(心印)이 있는데 사람의 망념(妄念)을 전부 소멸
하여 함께 정념(正念)으로 돌아가게 한다.
　　【善護念諸菩薩에는 有微妙心印인데 使人妄念全消하여 同
歸正念也라】

"보(菩)"란 보(普)이고, "살(薩)"이란 제(濟 : 건지다)이다.
　　【菩란 普也요 薩이란 濟也라】

보리(菩提)라 하지 않고 보살(菩薩)이라 한 것은, 불법(佛法)
이 비록 중생(衆生)을 널리 건진다고 하지만 바라밀묘경(波羅
密妙經)은 집집마다에 다 있기 때문이다.
　　【不曰菩提而曰菩薩者는 佛法이 雖普渡衆生이나 而波羅密
妙經은 家家皆有이라】

"살(薩)"이란 글자의 위에는 초(草)가 있는데 화초(花草)의
모습이고, 부(阝 : 阜언덕)는 곤토(坤土)에서 볼록 나온 곳을
뜻하고, 아래의 산(産)은 이른바 "생산은 곤(坤)에 있고, 심는
곳은 건(乾)에 있다."는 것이다.
　　【薩字에 從草는 花草之象이고 從阜는 坤土之凸處이고 從
産은 所謂産在坤하고 種在乾也라】

"모든 보살에게 잘 부촉하신다[善付囑諸菩薩]"는 말은 성성(聖聖)께서 서로 전하시는, 밀제13)(密諦 : 비밀스런 가르침)의 구결(口訣)이 있음을 말한다.

【善付囑諸菩薩은 聖聖相傳하는 有密諦口訣也라】

"선남자(善男子)와 선여인(善女人)"이란 둘로, 둘이 서로 상대가 되는 것을 말한다. 반드시 성명쌍수(性命雙修)에는 남녀(男女)에 구애를 받지 않아야 비로소 성불(成佛)할 수가 있다.

【善男子善女人者는 兩兩對言이라. 蓋必性命雙修에는 不拘男女라야 始可成佛也라】

"아(阿)"란 호(護 : 보호)이다.

【阿란 護也라】

"누(耨)"란 즉 성자(聖子)의 이른바 운전(芸田 : 김을 매는 밭)을 말한다.

사람이 그 밭을 버리면 병(病)이 나므로 사람의 밭을 김매는 것이다.

【耨란 卽聖子로 所謂芸田이라.人病舍其田하므로 而芸人之田이라】

"아누(阿耨)"란 그 마음이 자기의 단전(丹田)을 아호(阿護)14)하고 늘 김매는 공(功)을 써서, 후천(後天)의 식신(識神

---

13) 밀제(密諦) : 密妙의 뜻은 가장 은밀한데 生産은 坤에 있고 심는 곳은 乾에 있다. 이것은 방석에 외롭게 앉아 일을 완성할 수 있는 것이 아니다.

14) 아호(阿護) : 이와 같은 阿護로 담수(潭水)가 澄淸하여 三田이 충실하게

: 알음알이)인 망념(妄念)과 사념(私念) 그리고 욕념(欲念)과 잡념(雜念)을 김매는 것과 같다.

싹과 뿌리가 점점 뽑혀서 다하면, 즉 노자(老子)의 이른바 "도(道)를 하면 날마다 덜어진다."는 것으로, 덜어서 오래 되면 선천(先天)의 진종(眞種)이 자연히 생겨난다.

【阿耨란 阿護其心으로 將已之丹田하고 常常用耨功하여 使後天識神之妄念과 私念, 欲念, 雜念如耘苗然이라. 根株漸漸 拔盡하면 卽老子所謂爲道日損也로 損之久하면 而先天眞種自 生이라】

"다라(多羅)"란 누공(耨功)을 마땅히 많이 하면 방대(方大) 하여져서 크게 포라(包羅)함이 있음을 말하다.
【多羅란 言耨功宜多하면 方大有包羅라】

"삼막(三藐)"이란 즉 삼전(三田)이다. 무엇을 막(藐)이라 하는가?
자초(茈草)이니, 붉게 물들어서 단전(丹田)의 본래 색(色)과 닮았기 때문이다.
【三藐卽三田이라. 何謂藐？ 此草也요. 可以染紫하여 像丹 田本色이라】

"삼보리(三菩提)"란 아누다라(阿耨多羅)로 삼전(三田)을 닦 아, 삼전(三田)이 모두 보리(菩提)를 이룬 것이다.

되면 어찌 佛道를 성취하지 못할 까 걱정하겠는가? 만약 靜坐로 孤修한다면 천년 이 지나더라도 끝내 문 밖에 있게 될 뿐이다.

삼전(三田)은 불문(佛門)에도 있는데,　첫째는 비로사(毘盧舍)라 말하고, 둘째는 로사나(盧次那)라 하고, 셋째는 석가(釋迦)라 한다.

사람에 있어서는 삼원(三元)이 되고, 하늘에 있어서는 삼청(三淸)이 된다. 그러나 이름이 비록 셋이 있다하나, 실제로는 일기(一氣)로 서로 연결되어 있다. 그러므로 일기(一氣)가 삼청(三淸)으로 변하였다고 말하는 것이다.

【三菩提란 言阿耨多羅러 以修三田하여 三田皆可成菩提이라.三田在佛門인데, 一曰 : 毗盧요. 次曰 : 盧次那요. 三曰 : 釋迦라. 在人爲三元이고 在天爲三淸이라. 然名雖有三이나, 而實一氣相聯이라. 故曰一氣化三淸이라】

"심(心)"이란 천군(天君)이다. 이것은 사람에 있어 한 몸의 주인으로, 이 보리심(菩提心)을 발(發)한 것이 곧 도심(道心)이다.

【心者는 天君也라. 乃人一身之主로 發此菩提心者가 便是道心矣라】

"어떻게 마땅히　머물러야 하는가?[云何應住]" 라고 말한 것은 그 상응(常應)과 상정(常靜)15)을 구하고자 함이다.

---

15) 常應과 常靜 : 마조의 직계인 태전선사께서 한퇴지가 佛法의 핵심을 지점해 주기를 바라니 선사께서 침묵하고 아무 말도 하지 않자, 옆에 있던 三平제자가 禪床에 주장자를 3번 치자, 선사께서 "무슨 뜻인고?" 하니 삼평이 말하기를 "定하면 움직이니[動], 지혜(慧)로 뽑아냅니다[拔]"라고 하였다. 이에 한퇴지가 선사의 침묵에 앞이 캄캄하더니 "이제야 알겠습니다."고 하였다. 常靜은 곧 定이고, 常應은 곧 動에 응하는 것이다.

【云何應住者란 欲求其常應常靜也라】

어떻게 그 마음을 항복 받아야 하는가[云何降伏其心]? 라고 말한 것은 그 마음(心)속에서 강룡(降龍)과 복호(伏虎)16)하는 것을 구하고자 함이다.
【云何降伏其心者란 乃欲求其心之降龍伏虎也라】

"불께서 착하고 착하다고 말씀하신 것[佛言善哉善哉]"은 "일음(一陰)과 일양(一陽)을 도(道)라 하고, 그것을 잇는 것을 선(善)이 된다"고 한 것으로 매우 칭찬한 것이다.
【佛言善哉善哉者는 蓋一陰一陽之謂道하고 繼之者爲善으로 深嘉之也라】

"수보리(須菩提)"라고 그 이름을 불러 말한 것으로 바로 사람들마다 성불(成佛)케 하시고자 하여 귀머거리와 소경을 떨쳐 일어나게 하는 뜻이 있다.
【須菩提者하여呼其名以告之는 正欲人人成佛로 有發聾振瞶之意라】

"여여소설(如汝所說)"과 "여금제청(汝今諦聽)" 그리고 "당위여설(當爲汝說)"은 바로 천하후세(天下後世) 사람들을 위하여 말씀하신 것이다.

---

16) 降龍과 伏虎 : 항복이란 말에는 미묘한 心印이 있으니 口口相傳이 아니라면 心心相印할 수가 없으니 배우는 사람은 덕을 닦아 하늘에 감응하는 것이 마땅하다.

【如汝所說云云과 如今諦聽과 當爲汝說者는 正爲天下後世
人說也라】

"선남자(善男子)와 선여인(善女人)이 이 도심(道心)을 발
(發)하였으면, 마땅히 이와 같이 머물며 이와 같이 항복(降伏)
받아야 한다."는 것은 마땅히 진양(眞陽)이 발동(發動)하는 때
에 머물고, 진양이 발동하는 때에 항복(降伏)받아야 함을 말씀
하신 것이다.

【善男子와 善女人이 發此道心이면 應如是住하며 如是降
伏者는 當于眞陽이 發動時에 住하며于眞陽이 發動時에 降伏
也라】

대개 평일(平日)에 조존(操存)하여 비록 지극히 순숙(純熟:
익음)하여도, 마침내 때가 임하는 것을 알지 못한다면, 과연
머무를 수가 있으며, 과연 항복(降伏)받을 수 있겠는가?
그러므로 반드시 이때에 능히 머물며 능히 항복(降伏)받아
야 비로소 공부(工夫)17)라 할 수가 있다.

【蓋平日操存하여 雖極純熟하여도 究未知臨時하면 果能住
이며, 果能降伏否也인가? 故必於此時에 能住하며 能降伏하
여야 方算工夫也라】

---

17) 병사를 단련하는 사람은 연병장에서 훈련을 할 때는 모두 군령을 따라서
어지럽게 하지 않아야 한다. 만일 큰 적을 만나게 되면 이 같이 진실로 고요해야
(誠靜)해야 "善住"할 수 있는 心印을 얻게 된다.

"유연(唯然)"이란 마음(心)으로 깨닫고, 정신(神)으로 이해하는 것이다.

【唯然者란 心領神會也라】

"원락욕문(願樂欲聞)"이란 이 성(性)과 천도(天道)를 듣고자 바라는 것이다.

【願樂欲聞者는 願聞此性與天道也라】

頂批

천녀(天女)가 꽃을 흩날리는 땅은 오직 육근(六根)이 청정(淸淨)한 사람이라야 바야흐로 첨체(沾滯 : 빠져서 젖음)하지 않는다.

【天女散華之地는 惟六根淸淨者라야 方不沾滯라】

어떤 사람이 나에게 서래의(西來意)를 묻는다면, 멀리 하늘가에 달이 경(庚 : 서남쪽)에서 나오는 것을 가리킬 뿐이라.

【有人이 問我西天意한다면 遙指天邊月出庚이라】

하늘가를 향하여 자(子)와 오(午)를 찾지 말 것이라. 사람 몸 가운데에 자연한 살아 있는 천기(天機)가 있다. 자(子)와 오(午)가 이와 같으니 묘(卯)와 유(酉)도 가히 알 수 있을 것이다.

【莫向天邊尋子午하라. 人身에 自有活天機라. 子午가 如此하니 卯酉도 可知矣라】

자(子), 오(午), 묘(卯), 유(酉)는 사정(四正)이 된다. 입약경(入藥經)의 이른바 "사정(四正)을 본다."는 것이다.

이것은 모두 칠일(七日)만에야 다시 돌아온다는 것으로 안에는 기(氣)가 있고, 질(質)이 없는 때이다.

【子午卯酉는 爲四正이라. 入藥經에 所謂看四正也라. 此皆謂七日來復으로 內有氣하고 無質時也라】

임로(臨爐)에는 오히려 일각(一刻)의 자(子), 오(午), 묘(卯), 유(酉)가 있으니, 약(藥)이 생기는 때[藥生]가 자(子)가 되고, 동지(冬至)가 되며, 약을 얻는 때[得藥]가 덕임문(德臨門)이 되고, 묘(卯)가 되고, 춘분(春分)이 되며, 약(藥)이 니환(泥丸)으로 올라가는 때가 오(午)가 되고, 하지(夏至)가 되며, 단(丹)을 합하는 때가 바로 형림문(刑臨門)으로, 유(酉)가 되고, 추분(秋分)이 된다.

그러나 그 가운데의 작용이 아주 많으니 배우는 사람은 급히 덕(德)을 닦아 결(訣)을 구할 것이다.

【臨爐에는 常有一刻之子午卯酉하니 藥生爲子며 爲冬至이며, 得藥時가 爲德臨門이고 爲卯이고 爲春分이며, 藥升泥丸爲午이며 夏至이며, 合丹時가 是刑臨門으로 爲酉이고 爲秋分이라. 其中의 作用이 尤多하니 學者는 急宜修德하여 求訣이라】

용아선사(龍芽禪師)가 말하기를

"인정(人情)은 농후(濃厚)하고, 도(道)의 정(情)은 미약(微弱)한데, 도(道)가 사람의 정(情)을 이용함을 어찌 알랴! 공연히 인정(人情)만 있고, 도(道)의 씀이 없다면, 인정(人情)이 얼마나 갈 수 있겠는가?"라고 하였다.

【龍芽禪師云 人情은 濃厚하나 道情은 微한데, 道가 用人情함을 世豈知하랴! 空有人情하고 無道用하면 人情이 能得幾多時하랴?】

의발(衣鉢)의 가르침을 살펴보면 또한 근거가 있는데, 일찍이 오조(五祖)께서 삼경(三更) 때에 육조(六祖)에게 전할 때에 가사(袈裟)로 주위를 가리어 사람들로 보지 못하게 하고 비밀로 구결(口訣)을 전하시고 아울러 의발(衣鉢)을 건네시니, 이로써 의덕(衣德)의 뜻을 소개한 것을 들을 수 있다.

【按衣鉢之說하면 亦有因인데 昔五祖께서 傳六祖三更時에 以袈裟로 遮圍하여 不令人見하고 密授口訣하시고 並付衣鉢하니 以爲紹聞衣德之意이

라】

또한 부촉하여 말씀하시기를 "일찍이 달마사(達摩師)께서 처음 동토(東土)에 오셔서 사람들이 믿기가 어려운 것을 걱정하신 까닭에 이 옷을 전하여 믿음의 바탕을 삼아 여러 세대를 서로 이어 왔으나 그러나 불(佛)과 불(佛)께서 진실로 전하시고 조사(祖師)와 조사(祖師)께서 은밀하게 전해 왔던 것은 이 옷에 있는 것은 아니다. 이것은 쟁단(爭端 : 다툼의 실마리)만 야기할 뿐이니 너의 대(代)에서 그치고 전하지 말라. 만약 이 옷을 전한다면 너의 목숨이 실 날 같으리라."

후에 육조(六祖)께서 귀적(歸寂 : 입적)하실 때 명(命)을 따라 불의(佛衣)를 함께 묻어 잃게 되었다. 하나의 옷도 오히려 화(禍)를 초래하는 것이 두려운데, 하물며 구금(九琴)과 구검(九劍)과 같은 괴탄(怪誕 : 괴이하고 허망한 소리)한 것이랴?

【且囑云昔達磨師께서 初來東土하여 恐人難信故로 傳此衣하여 以爲信體하여 因數代相承이나 然自來佛佛眞傳하고 師師密付함은 原不在此衣이라. 惹爭端이니 汝今止而勿傳하라. 若傳此衣하면 命若懸絲하리라. 後에 六祖께서 歸寂할 때 遂命하여 佛衣를 同葬失이라. 一衣도 尙恐招禍인데 況凡琴과 九劍之怪誕乎랴?】

또 석가(釋迦)의 열반회상(涅槃會上)에 있던 대범천왕(大梵天王)이 금색바라(金色鉢羅)를 불(佛)께 공양하고 몸이 자리에 앉기도 전에 제불(諸佛)께서 법(法)을 말씀하셨다.

불(佛)께서 염화시중(拈花示衆)하니 백만(百萬)의 사람이 알지 못하나, 오직 가섭(迦葉)만이 미소(微笑)하니 이에 의발(衣鉢)을 건네고 정법안장(正法眼藏)을 전해 주셨다하니, 이것은 순전히 비유한 뜻으로 열반회(涅槃會)란 불생불멸(不生不滅)의 법회(法會)이고, 대범천왕(大梵天王)은 도심(道心)이다.

"바라화(鉢羅花)를 바친다."에서 "설법(說法)"을 말한 데 까지는 내반려(內伴侶)의 소리에 응하여 기(氣)를 구함을 말한 것이다.

【又接釋迦於涅槃會上有大梵天王이 以金色鉢羅를 化供佛捨하고 身爲

未坐에 諸佛說法이라. 佛께서 拈花示衆 하니 百萬人이 罔知이나 惟迦葉만이 微笑하니 因付衣鉢하고 傳正法眼藏이니 此純是喩意로 涅槃會란 不生不滅之法會也요 大梵天王은 道心이라. 獻鉢羅花에서 至說法云은 云內伴侶之聲應하여 氣求也라】

염화시중(拈花示衆)이란 금단대도(金丹大道)이며 일관대도(一貫大道)이다.
　【拈花示衆은 金丹大道요 一貫의 道也라】

가섭미소(迦葉微笑)란 즉 성문(聖門)의 증자(曾子)께서 말하기를 "오직 그러한 뜻일 뿐이니 무릇 불(佛)이나 단경(丹經)을 보더라도 이와 같이 보아야 할 것이다."고 하였다.
　【迦葉微笑란 卽聖門曾子曰 惟之意이니 凡看佛與丹經中이라도 作如是觀이라】

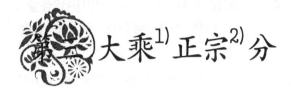

大乘¹⁾正宗²⁾分

最大之乘 至正之宗
최대의 승이 지극히 바른 종임

佛告須菩提하사되
諸菩薩 摩訶薩³⁾이
應如是 降伏⁴⁾其心이니
所有一切衆生之類에
若卵生 若胎生 若濕生
若化生若有色 若無色
若有想 若無想
若非有想 非無想을
我皆令入無餘涅槃⁵⁾하야 而滅度之⁶⁾하리라하라
如是滅度 無量無數無邊衆生하되
實無衆生이 得滅度者니라
何以故오 須菩提야
若菩薩이 有我相⁷⁾, 人相⁸⁾, 衆生相⁹⁾, 壽者相¹⁰⁾이면
則非菩薩이니라

부처님께서 수보리에게 말씀하시되
"모든 보살마하살은
마땅히 이와 같이 그 마음을 항복받을지니라.
있는바 일체중생의 종류인,
알에서 태어난 것, 태에서 태어난 것, 습기에서 태어난 것,
변화(變化)로 태어난 것, 형색이 있는 것, 형색이 없는 것,
생각이 있는 것, 생각이 없는 것,
생각이 있는 것도 아니고 생각이 없는 것도 아닌 것들을,
내가 다 무여열반에 들게 하고 멸도하리라.
이와 같이 한량없고, 셀 수 없고, 가없는 중생들을 멸도 하되
실은 멸도를 받은 중생은 없느니라."
왜냐하면, 수보리야,
만약 보살이 아상, 인상, 중생상, 수자상이 있으면
보살이 아니기 때문이니라.

---

1) 대승 : 성문은 四諦法을 깨닫는 것이고, 연각은 12因緣法을 깨닫는 것이고,
대승보살은 6바라밀을 깨달아야 하는데 이것이 佛果를 성취하는 眞諦이다.

2) 정종(正宗) : 바로 대승을 가리키고 별종(別宗)은 中, 小의 乘을 말한다. 이
3分의 "대승정종분"은 성경의 바울 사도의 "히브리서 제 4장 12-13절"의 내용과
비슷하다.
"하나님의 말씀(아뇩다라삼먁삼보리심)은 살아 있고 활력이 있어 양 날이 있는
어떤 칼보다 예리하여 魂과 靈, 그리고 관절과 골수를 찔러 가르고 마음의 생각과
의도를 판별하느니라. 지음 받은 것이 그 앞에 나타나지 않는 것이 하나도 없나니,
오직 만물이 눈앞에 벌거벗은 채로 드러나게 되느니라"고 하였다.

逍遙頌에 云 "금강반야를 보호할 사람이 없어, 말과 행동 중에 버려두었네. 如意光明을 형용하기 어려운 곳에, 丹霄에 홀로 거닐다 實中에 쭈그리고 앉았네"라고 하였다.

3) 마하살(摩訶薩) : 보리살타라고도 하는데, 마하란 광대하다는 뜻이며, 마하살은 大有情이 된다. 보살행을 행하고 일체중생을 제도하며 아울러 보살 중에서도 上位가 된다.

4) 항복 : 앞에서 수보리는 2개의 일을 제시하여 물었는데 지금에 불께서는 단지 "降心"하는 법만 말씀하시고 "住心"에 관해서는 말씀하시지 않았다. 2개의 질문은 곧 하나의 질문으로 능히 "如是降伏"을 알면 곧 "如是住心"인 것이다. 왜냐하면 "住心"의 장소가 곧 "以心傳心"하는 秘竅이니 귀뜸해주는 것으로 그칠 뿐이고 이것은 분명하게 누설하면 안 된다. 단지 수보리가 "心領神會"하여 "如是降伏"을 알게 될 때가 "如是住"인 것이다. 고로 "如是" 住處를 알고 또 "降心" 방면으로 가서 그 菩薩障을 제거하는 것이 바로 修道에 있어 제 일의 요체가 된다.

5) 무여열반 : 舊譯은 寂滅, 不生, 無爲, 安樂이라 하였고, 新譯은 圓寂이라 하여 物形을 소멸하고 迷妄을 여의어 진리의 경지로 들어가고, 이 迷界인 生死의 因果를 소멸하여 法身 본래의 不生不滅로 돌아가는 것이다. 또 열반에는 유여열반과 무여열반이 있다. 소승의 열반은 유여열반이고 대승의 열반은 무여열반이다. 본경에서 말한 무여열반은 變易 生死 因果를 了盡하여 본래 無生無滅한 淨土에 도달하는 것이다.

6) 멸도(滅度) : 滅이란 이 妄相을 멸하는 것이고, 度란 이 覺性을 회복하여 영원히 大患(生, 老, 病, 死)를 멸하여 四類를 超度한다.

7) 아상(我相) : 상(相)은 형적(形迹)이다. 나의 형적에 집착하는 것은 我相이다. 여래장 중에는 본래 나라는 실체가 없는데 그러나 중생은 오히려 妄想에 의지하여 나의 몸이라 계산하여 妄相인 나에게 집착하여 實我로 삼는 것이다.

8) 인상(人相) : 중생이 人我를 妄計하여 나는 다른 사람과 다르다고 하여 너와 나를 분별하는 것을 말한다. 아상은 나에게 집착하는 것이고, 인상은 나는 나이고 너는 너라고 분별하는 것이다.

9) 중생상 : 우주의 본체와 萬有의 실상을 徹見하지 못하고 단지 이 몸의 色受 想 行 識의 거짓으로 화합한 것에 妄計하여 거짓을 참으로 잘못 아는 것이다.

10) 수자상 : 중생이 五陰法중에 수명의 長短을 妄計하는 것을 말한다. 이 四象은 현실이 움직이는 원리와 마음이 움직이는 원리로 작용하는데, 잘 관찰하게 되면 안과 밖, 일체의 모든 것이 이 사상으로 움직이게 되는 것을 알 수 있다.

然燈古佛眞解

"불께서 말씀하신다[佛告]"함은 즉 선천기(先天氣)가 발생하는 징후(徵候)를 말한 것으로, 부절(符節)이 있어야 인신(印信)이 된다.
【佛告者란 卽告先天炁發生之候로 有符節爲印信也라.】

"수보리와 모든 보살[須菩提 諸菩薩]"은 제휴(提携 : 이끌다)하여 보제(普濟 : 널리 건지다)하는 뜻을 나타낸 것이다. 이 뒤에도 이를 따른다.
【須菩提諸菩薩者는 顯示以提攜하여 普濟之意라.后仿此라.】

"마하살(摩訶薩)"에서 무엇을 마(摩)라고 하는가?
즉 역경(易經)에 강유(剛柔)가 상마[11](相摩 : 서로 문지름)

---

11) 강유상마(剛柔相摩) : "오진편구의"의 주석에 음양의 二電이 마찰할 때 우주간의 靈電子를 끌어당기게 되는데 사람이 이를 주재해야 한다고 하였다. 古德頌에 말하기를 "情이 없으면 어떻게 우유 같은 경지를 그리워하랴! 色과 空을 다 잊어야 참다운 장부라. 만약 剛과 柔를 相濟하는 법을 얻는다면 一陽의 봄기운이 마른 나무에서 숨 쉬리라."고 하였다. 이 강유가 상마한다는 뜻은 참으로 충격적이

한다는 것으로. 음양(陰陽)이 서로 마찰하는 도(道)12)를 기억하여 즐긴다.

【摩訶薩에서 何爲之摩요? 卽易經의 剛柔相摩로 樂記陰陽相摩之道也라.】

'하(訶)"란 말할 수 있다는 뜻이다.

이 도(道)가 비록 사람을 구제하는 것에 대해 밝게 말하였으나, 끝내는 다 말 할 수 없는 것이 있다. 그러므로 하(訶)라는 글자에는 말할 수도 있고 말할 수도 없는 뜻을 은괄(隱括 : 은밀히 포괄함)한 것인데, 그 진정(眞正)한 기관(機關 : 어떤 목적을 달성시키기 위한 시설)은 또한 진양(眞陽)이 발동(發動)하는 때(時)13)에 능히 그 마음을 항복(降伏)받는 것에 불과하다.

【訶란 可言也라.此道가 雖可明言以濟人이나 究竟有不可盡言者라.故以訶字에 隱括之하여 以示可言而不可言之意라. 而其眞正机關은 亦不過于眞陽發動時에 能降伏其心而已이라.】

그러나 이 일음(一陰)과 일양(一陽)의 도(道)를 갖추지 않은 사람이 없고, 지니지 않은 만물도 없다.

다.

12) 마찰하는 도 : 보살은 "內觸妙樂"한다고 하였다. 안으로 眞氣가 사귀면 호흡이 있게 되고 (內交眞氣存呼吸) 자연스런 조화로 동안으로 돌아간다 (自然調和返童顔)."고 하였다.

13) 이 氣는 陽가운데의 火로 無形한 元始子이다. 사람이 當面錯過하면 안 됨을 가르쳐야 하며, 만약 이 기가 발동할 때에는 이와 같이 그 마음을 항복받아야 한다.

그러므로 무릇 일체(一切)의 태(胎)14), 란(卵)15), 습(濕)16), 화(化)17)인 생물의 종류와 일체의 유색(有色)18)과 무색(無色)19), 유상(有想)20)과 무상(無想)21), 그리고 비유상(非有想)22)과 비무상(非無想)23), 그리고 천상(天上)과 지하(地下)

14) 태생(胎生) : 兩性의 交合으로 이루어진 것으로 母腹중에 胎를 이룬 후에 출생하는 것이다. 예를 들면 인류와 축생 등이 이에 속한다.

15) 난생(卵生) : 알의 껍질에 의지하여 몸을 이룬 후에 태어나는 것으로 예를 들면 나는 새, 거북이 뱀 등이 이에 속한다.

16) 습생(濕生) : 음양의 인온(氤氳)에 따르고 寒熱의 화합을 거치고 습기에 의지하여 태어난다. 예를 들면 어류와 貝類가 이에 속한다.

17) 화생(化生) : 의탁하는 것이 없이 업력(業力)에 의지하여 홀연히 生起하거나 혹은 부모의 인연을 빌리지 않고 태어난다. 예를 들면 모기나 파리가 이에 속한다.

18) 유색(有色) : 일체 色體와 色相이 있는 생물이다. 예를 들면 일체의 동물이 이에 속한다.

19) 무색(無色) : 일체 色體와 色相이 없는 것으로 단지 靈性이 있는 생물이다. 예를 들면 鬼, 魂, 精明 등이다.

20) 유상(有想) : 想이란 心所法의 이름으로 객관에 모든 相에서 認取한 것을 다시 의식 중에 다시 떠 올리거나 혹은 다시 인식하는 心의 작용을 통칭하여 想이라 한다. 고로 思想과 觀想하는 동물이나 혹은 중생은 모두 有想이라 한다. 예를 들면 일체의 상등동물이나 혹은 神鬼등이 이것이다.

21) 무상(無想) : 思想이나 觀想의 작용이 없는 중생이다. 예를 들면 일체의 하등동물인데 육축이나 곤충등과 같은 것이다.

22) 비유상(非有想) : 想은 없으나 生機가 있는 중생이다. 예를 들면 동충하초 같은 類이다.

23) 비무상(非無想) : 想은 있으나 건전하지 않은 중생이다. 예를 들면 土 木 金石이 化한 精靈등이 이것이다. 이 10가지 중생은 불과 보살을 제외한 이 외에 일체 10方 중생을 포괄한다. 이 10종 중생은 世法으로 말한 데 불과하다. 만약 六祖께서 말씀한 것에 의지하면 이 중생을 "心"으로 말한 것으로 이 10종 중생은 당연히 모두 心內에 있는 것이니 모두 妄心이 된다. 이른바 "마땅히 이와 같이 그 마음을 항복받아야 한다."는 것은 곧 이 10종 중생의 心을 항복받아야 한다는 것이다.

이래에 간략하게 기술하면 ;

① 마음이 쉽게 輕擧하여 날아올라 멀리 가는 것을 卵生이라 하고,

의 사람들을 내가 모두 능히 무여열반(無餘涅槃)에 들게 하여 멸도(滅度)한다.

【然此一陰一陽之道를 無人不具하고 無物不有이라.故凡一切卵胎濕化之物類와 与一切有色, 無色, 有想, 無想, 非無想非有想, 그리고 天上地下之人을 我皆能令入無余涅槃而滅度

---

② 마음이 항상 流轉하고 습기가 깊고 두터운 것을 胎生이라 하고,

③ 마음이 邪見을 따라 沈淪해도 깨닫지 못하니 濕生이라 하고,

④ 마음이 景趣(풍경에 흥미가 있음)하여 변화와 幻을 일으키므로 化生이라 하고,

⑤ 相에 집착하는 것으로 닦는 因을 삼아 갑자기 삿된 생각이 일어나는 것을 有色이라 하고,

⑥ 안으로 頑空을 지키고 福慧를 닦지 않는 것을 無色이라 하고,

⑦ 모든 聞見에 막히고 생각에 묶여 물드는 것을 有想이라 하고,

⑧ 고요한 死水에 가라 앉아 오히려 木石과 같은 것을 無想이라 하고,

⑨ 生滅見을 일으켜 兩頭機에 떨어지는 것을 非有想, 非無想이라 한다.

이 上의 10종 중생심은 모두 菩提眞心이 아니고 覺性을 가로 막으므로 지극히 항복받기가 어렵다. 고로 불께서 "如是住心"의 법으로 중생의 妄心을 모두 다 菩提眞心의 안에 納入하여 그 찌꺼기를 녹여내어 그 물들은 것에서 度脫하니 마치 紅爐點雪과 같다. 반드시 人欲을 다 맑게 하여 한 터럭도 머물지 않게 되면 이것이 또한 "내가 모두 무여열반에 들어가게 하여 滅度한다는 것이다."

이것으로 비추어보면 菩提眞心이 일체의 妄心을 모두 거두어 般若知慧로 종종의 邪見과 번뇌를 타파하여 일체 중생의 마음을 완전히 滅度하여 남음이 없게 될 때인데 이것은 불께서 능력으로 무여열반에 들어가게 하시는 것이 아니고 실제로는 모두 自性으로 自入하는 것이다. 왜냐 하면 각각의 범인은 원래 이 무상보리심은 있으나 단지 明師의 指點을 만나지 못함으로 어리석어 깨닫지 못하기 때문이다. 만일 스스로 본성을 보아 활연히 開朗하면 즉 일체 중생의 心을 각기 自性自度할 수 있다.

고로 불께서 "이와 같이 무량 무수 무변 중생을 滅度하였지만 실제로는 중생이 멸도를 얻은 이는 없다."고 하였다. 이것이 곧 心要로 말한 것이니 10종의 중생심을 滅度한다는 뜻이다.

之라.】

"무여(無餘)"란 지극하여 더할 것이 없다는 뜻이고,
【無余란 至極無加이고,】

"열반(涅槃)"이란 불생불멸(不生不滅)이다.
또 열(涅)이란 오염(汚染)의 뜻이 있는데, 수도(修道)하는
사람이 티끌 세상에 있으면서 티끌세상을 벗어나고, 욕망 속
에 있으면 욕망을 벗어나기가 어려움을 말한다.
진실로 평일(平日)에 심성(心性)을 단련하여, 지극히 청정
(淸淨)하고, 지극히 순숙(純熟)하고, 지극히 허령(虛靈)하고,
지극한 진정(鎭定)이 아니면, 열(涅 : 오염)에 물들지 않기가
어렵다.
【涅槃이란 不生不滅이라. 又涅者란 汚染之意인데 言修道
者가難以在塵出塵하고 在欲出欲이라. 苟非平日心性煉하여
得淸淨하고 極純熟하고 極虛靈하고 極鎭定이면 難以涅而不
緇也라】

"반(槃)"이란 세척(洗滌 : 깨끗이 씻음)된 물건으로, 사람이
오탁(五濁)한 세계(世界)가운데서도 마땅히 연꽃이 더러운 진
흙에서 나오나 물들지 않는 것과 같아야 한다.24)

---

24) 유마경의 "佛道品"에 如來種이라는 말이 나오는데 유마경에서는 이 "如來
種"에 관하여 身이 여래종이고 無明有愛가 여래종이며 貪, 瞋, 癡가 여래종이라고
설하고 번뇌 속에 바로 여래종이 있다고 설하고 있다. 더구나 그것을 고원의 육지
에서는 연꽃이 피지 않고 지저분한 연못 속에서만 연꽃이 피는 것에 비유하여
설하고 있다. 여기서는 분명 연꽃을 번뇌 속에서 나타나는 불성 법신에 비유하고

그러므로 말하기를 "나의 수행(修行)은 실로 오탁(五濁)한 세계가운데서 얻은 것이지, 단지 적멸(寂滅)하여 외롭게 닦은 것이 아니다."고 하였다.

【槃者는 洗滌之物로 言人在五濁世界中에도當如蓮花之出污泥而不染也라. 故曰吾之修行은 實于五濁世界中得之로 非僅寂滅孤修也라.】

"멸도(滅度)"란 오온계(五蘊界)중에서는 윤회(輪廻)의 과보(果報)가 있으나, 하나인 진체(眞體)상에는 원래 생멸(生滅)의 문(門)이 없으니, 사람이 능히 정연(情緣)을 적멸(寂滅)하고, 이로써 대도(大道)를 닦는다면 자연히 멸(滅)해도 멸(滅)하지 않는 것이니, 장차 군생(群生)을 한꺼번에 제도하여 대라(大羅)에 오르게 된다.

그러나 이와 같이 무량무변(無量無邊)의 중생(衆生)을 멸도(滅度)하였어도, 나의 마음에는 실제로 중생(衆生)을 멸도(滅度)하였다는 마음이 없다.

【度滅者란 蓋五蘊界中에서는 乃有輪回之果이나 而一眞体上에는 原無生滅之門이니, 人能寂滅情緣하고 以修此大道면 自能滅而不滅이니 將群生一齊度上大羅也라. 然如是滅度無量無邊衆生이라도 而我心에는 實無衆生滅度之心이라.】

있는 것이다.

이 "지저분한 연못 속에서 연꽃이 핀다."는 구절은 最古譯인"遺日 摩尼寶經"에도 그대로 나오는데 이 경에는 계속해서 "愛欲으로부터 보살법이 생긴다."고 설해져 있다.

어찌하여 그러한가?

나의 마음은 곧게 태허(太虛)와 더불어 동체(同體)여서, 일체의 아(我), 인(人), 중생(衆生) 그리고 수자상(壽者相)이 없기 때문이다.

무릇 심(心)에 이러한 상(相)이 있다는 것은 그 마음이 즉 탐(貪), 진(嗔), 치(癡), 애(愛)에 집착하는 것이니 반드시 진성(盡性)하고 지명(至命)하여 이 대도(大道)를 이룰 수가 없다.

만약 얻는 것이 있다면 보살(菩薩)이라 하겠는가?

【何以故? 蓋我心直与太虛同体여서 無一切人我衆生壽者相也라. 凡心에 有此相者는 其心卽著于貪、淪、痴、愛이니 必不能盡性至命以成此大道라 尙得謂之菩薩乎?】

★ 無我相하려면 窮理盡性이라. 즉 아상(我相)을 없애려면 궁리진성(窮理盡性)하여야 한다.

> 본래면목(本來面目)이 바로 허공(虛空)이니,
> 불생불멸(不生不滅)이 가운데 있네.
> 진아(眞我)는 무형(無形)인데 어찌 형상(形相)이 있으랴?
> 반관(返觀 : 돌이켜 봄)하여 주인옹(主人翁)을 비추어 보면,
> 무성무취(無聲無臭)한 중용(中庸)에 합하리라.
> 성해(性海)가 징청(澄淸 : 맑음)하니 도종(道宗)을 보고,
> 한 티끌도 물들지 않아 극락(極樂)에 오르니,
> 연화세계(連花世界)가 가슴 속에 머무네.

> > 本來面目이 是虛空이니
> > 不生不滅 在此中이라.
> > 眞我는 無形인데 安有相하랴?
> > 返觀하여 照見主人翁하면
> > 無聲無臭한 合中庸하리라.

性海가 澄淸하니 見道宗하고
不染一塵하여 登極樂이니
蓮花世界가 住心胸이네.

★ 無人相아라야 以至于命이라, 인상(人相)이 없어야 명(命)에 이
른다.

색신(色身)의 지보(至寶)는 원래 무색(無色)이니,
대좌(對坐 : 마주 앉음)하나 망형(忘形)하니 진성(眞性)을 보네.
저 허공(虛空)과 합하여 일체(一體)가 되니,
비로소 주인도 없고 손님도 없음을 아네.
인자(人字)는 음양(陰陽)이 섞여 이루어져,
모습의 뜻을 헤아리니 양변(兩邊)을 지탱하네.
선천(先天)의 교구(交媾)는 본래 무질(無質)이고,
원기(元炁)가 인온(氤氳)하니 태청(太淸)으로 돌아가네.

色身의 至寶는 原無色이니
對坐하나 忘形하니 見眞性이네.
合彼虛空하여 成一體하니
方知無主하고 也無賓이네.
人字는 陰陽이 混合하여 成하니
像形會意하니 兩邊ㅁ이네.
先天의 交媾는 本無質이고
元炁가 氤氳하니 返太淸이네.

★ 無衆生相하여야 天地位하며 万物育이라, 중생상(衆生相)이 없
어야 천지위(天地位)하며 만물육(萬物育)이라.

두루 자항(慈航)을 타고 중생(衆生)을 제도하니,
성현(聖賢)과 선불(仙佛)이 본래 같은 정(情)일세.
무심(無心)으로 화(化)를 이루면 천지(天地)와 합하니,
곧 바로 영소(靈霄)의 백옥경(白玉京)에 오른다.
자운(紫雲)의 법우(法雨)가 건곤(乾坤)에 두루 하여,
저 군생(群生)을 적시나 은혜를 못 보네.

비민(悲憫 : 슬프고 가련함)이 늘 있으나 신(神)은 부동(不動)한데, 한가로이 지수(止水 : 흐르지 않는 물)에 임(臨)하니 못이 깊음을 깨닫네.

　　　普駕慈航하고 度衆生하니
　　　聖賢과 仙佛이 本同情일세.
　　　無心으로 成化하면 合天地하니
　　　直上靈霄의 白玉京이라.
　　　慈雲의 法雨가 遍乾坤하여
　　　沾被群生하나 不見恩이네.
　　　悲憫이 常存하나 神은 不動한데,
　　　閒臨止水하니 悟淵深이네.

★ 無壽者相이면 贊天地之化育하고 与天地参이라. 수자상(壽者相)이 없으면 천지(天地)의 화육(化育)을 돕고 아울러 천지(天地)와 함께 한다.

늘 밝아 꺼지지 않는 모니주(牟尼珠)가
제천(諸天 : 모든 하늘)의 조화로(造化爐)를 밝게 비춘다.
만일 형해(形骸)에 집착하여 자취를 남긴다면,
수명이 천지(天地)와 같아도 하나의 어리석은 사내 일뿐!
수명을 늘여 세상에 천여 년을 머물러 있었던,
팽조(彭祖)가 당년(當年)에 후천(後天)을 채취하였고,
어녀(御女)하다가 죽어서는 하늘의 꾸지람을 받았으니,
내생(來生)에야 비로소 금선(金仙)이 있음을 깨달았네.

　　　長明하여 不滅하는 牟尼珠가
　　　朗照諸天造化爐라.
　　　倘執形하여 骸留跡象이면
　　　壽同天地라도 一遇夫일 뿐,
　　　延年하여 住世千余年하던
　　　彭祖가 當年에 采后天하고
　　　御女하다가 而亡해서는 天所譴이니
　　　來生에야 方悟有金仙이네.

고불원비(古佛原批)에 의하면 부록(符籙)은 즉 관리(官吏)의 문빙(文憑
: 증거가 될 만한 서류)이고, 부절(符節)은 즉 인수(印綬 : 벼슬아치로 임명
되어 임금에게 받는 포장)이다.

수도(修道)에 있어 부록을 얻지 못한 것은 마치 관(官)에 인수(印綬)가
없는 것과 같으니 어떻게 부임(赴任 : 직장으로 감)할 수가 있겠는가?

【古佛原批에 符籙은 卽官吏之文憑이고 符節은 卽印綬라. 修道에 不
得符籙은 如管에 無文憑이니何以赴任인가?】

부절(符節)을 얻지 못함은 마치 관(官)에 인수(印綬)가 없는 것과 같으니
어떻게 백성을 다스리겠는가?

그러나 부록(符籙)과 부절(符節)은 오히려 공덕(功德)의 대소(大小)를
보아 기준을 삼고, 진정(眞正)한 구결(口訣)도 그 같은 공덕에 따른다.

선직(仙職)의 고하(高下)도 또한 그 가운데 도(道)를 이룸에 따라 맡겨진
다.

부록(符籙)를 증험하면 원직(原職 : 천상의 직책)으로 돌아가고, 부절(符
節)을 증험하면 천선(天仙)의 일을 맡게 된다.

【不得符節은 如管無印綬이니 何以管民하랴? 然이나 符籙과 符節은 仍
視功德大小하여 以爲準하고 眞正한 口訣도 因在其中이라. 仙職의 高下도
亦寓其中의 道成이라. 驗符籙하면 則歸原職하고 驗符節하면 則司天仙之
事이라.】

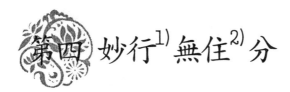

第四 妙行[1] 無住[2] 分

奧妙之行 本無住著
오묘한 행은 머묾이 없음

復次須菩提야
菩薩은 於法에
應無所住하야 行於布施[3]니
所謂不住色布施[4]며
不住聲香味觸法布施니라
須菩提야 菩薩은 應如是布施하야
不住於相이니
何以故오
若菩薩이 不住相布施하면
其福德을 不可思量이니라
須菩提야 於意云何오
東方虛空을 可思量不아
不也니이다 世尊하
須菩提야 南西北方과 四維上下虛空을
可思量不아
不也니다 世尊하
須菩提야 菩薩의 無住相布施하는 福德도

亦復如是하야 不可思量이니라
須菩提야 菩薩은 但應如所敎住니라

다시 수보리야,
보살은 법에
마땅히 머문바 없이 보시를 행할지니
"이른바 색에 머물지 않고 보시를 하며,
성, 향. 미, 촉, 법에도 머물지 않고 보시를 해야 하느니라.
수보리야, 보살은 마땅히 이와 같이 보시하여
상에 머물지 않아야 되느니라.
무슨 까닭인가,
만약 보살이 상에 머물지 않고 보시를 하면
그 복덕은 가히 헤아릴 수 없느니라.
수보리야, 너의 어떻게 생각하느냐.
동쪽의 허공을 가히 생각으로 헤아릴 수 있겠느냐
　헤아릴 수 없습니다. 세존이시여.
　수보리야, 남쪽과 서쪽과 북쪽과 사유와 상하의 허공을
가히 생각으로 헤아릴 수 있느냐?
　헤아릴 수 없습니다. 세존이시여.
　수보리야, 보살이 상에 머물지 않고 보시한 복덕도
또한 이와 같아서 가히 생각으로 헤아릴 수 없느니라.
수보리야, 보살은 다만 마땅히 가르쳐 준 바와 같이 머물지니라."

1) 묘행(妙行) : 行해도 行에 묶이지 않는 것으로 妄境에 움직이지 않는 것이다. 이것은 노자의 "무위의 일에 처하고 不言의 가르침을 행한다"는 것이다. 妙行의 行字에는 본래 身 口 意의 동작이나 작용인데 또 內心과 外境이 서로 접촉하는 중간 행위이다. 이 行이 발생하면 본래 또 그것을 主持하는 것이 있는데 主持하는 것은 누구인가? 識과 智, 이 두 가지 일 뿐이다.

2) 무주(無住) : 무주는 虛妄을 여의고 명상(名相)이 끊어진 것을 말한다. 허망에 비록 住한면 안 되지만 般若 性體의 處에는 다시 眞住해야 한다. 만일 이 곳에 住함이 없다면 결단코 의지할 데가 없어 頑空으로 돌아가 斷滅하게 된다. 妙行의 귀함은 無住에 있는데 이것이 곧 無行한 行이다. 無住라야 비로소 妙行이 생한다. 이것이 곧 無住한 住이니 이것이 妙行無住의 근본 뜻이다.

3) 보시(布施) : 육바라밀의 하나이다. 보시에는 3가지가 있는데 첫째 財布施이고 둘째는 法布施이고 셋째는 無畏布施이다.

4) 부주색보시(不住色布施) : 六塵相 布施는 비록 보시라 하지만 그러나 心이 虛空이 안 되면 막혀서 化하지 못하고 四相에 住하게 된다. 고로 이러한 보시는 곧 불께서 수보리에게 고한 "如是布施"가 아니다. 이것은 비록 세속의 善行이나 그러나 진리에 의지하여 말한다면 오히려 대승법에서는 菩薩障이 된다. 불께서는 眼根의 장애가 두터운 것을 중시하신 까닭에 色布施와 聲, 香, 味, 觸, 法의 보시로 나누어 말씀하셨다.
노자께서도 일찍이 말하기를 "聖人은 배를 위하지 눈을 위하지 않는다."고 하여 六根중에 단지 眼根하나만 제시하고 그 밖의 五根은 제외하셨으니 이것은 실제로 六根의 先機가 모두 눈에 있기 때문으로 사람이 과연 眼根이 더럽지 않고 항상 청정하게 보호한다면 그 밖의 五根은 항복시키기가 용이하다.

然燈古佛眞解

"복차(復次 : 재차, 거듭)"란 사람은 마땅히 그 도(道)를 반복하라는 말로, 겨우 한두 번으로 공(功)을 끝낼 수 있는 것이 아님을 말한다.

【夏次者란 言人當反夏其道로 非僅一二次畢功也라】

"수보리(須菩提)"를 부른 것은 사람에게 정신(精神)을 진돈(振頓 : 단번에 정리함)하는 뜻을 보이신 것이다. 이 뒤에도 이와 같다.

【凡呼菩提者는 示人振頓精神之意로 后仿此라】

"보살은 법에 머문바 없이 보시(布施)를 행해야 한다."는 것은, 바로 도(道)를 행하는데 있어 중요한 수단이며, 진여(眞如)의 밀제(密諦 : 비밀스런 가르침)가 된다.

이 보시(布施)란 법(法)의 보시(布施)[5]를 가리키는 것이지, 재물(財物)로 보시하는 것이 아니다.

이 보시(布施)를 행한다는 것은 즉 운홍(運汞)하여 앙연(仰鉛)[6]한다는 뜻이다.

【菩薩于法應無所住하여 行于布施者란 此乃行道之要著이며 眞如之密諦라. 此布施乃法中之布施로 非財中之布施라.

---

5) 법의 보시 : 이러한 보시라야 천작(天爵)을 누리게 되니 인간의 부귀는 아니다. 오직 한 티끌에도 물들지 않는 이라야 비로소 受授할 수 있다.

6) 汞을 운행하여 鉛을 받아들임 : 수행의 관점에서 말한 보시의 개념으로서 참으로 깊이 연구해야 할 대목이다.

行此布施란 卽運汞迎鉛之意라】

　평소에 진실로 색이 즉 공[色卽是空)7)이고, 공이 즉 색[空卽是色]인 것을 아는 것이 중요하다.
　이때에 다시 중요한 것은 온갖 생각을 다 비워서, 한 티끌에도 물들지 않아야 비로소 이 대도(大道)를 이루어 보시(布施)의 복덕(福德)을 누릴 수가 있게 된다.
　이른바 "색(色)에 머물지 않고 보시(布施)한다."는 것이다.
　【平日에 固要認得色卽是空이고 空卽是色라. 而此時에 更要万慮皆空하여 一塵不染이라야 方能成此大道하여 而享布施之福德이라. 所謂不住色布施者가 此也라】

　"성(聲)"이란　이때에 태음(太音 : 원초 음)의 성(聲)이 희(希 : 작다)한데, 다만 타(他)의 우레가 땅을 뒤집어 진동(振動)하는데 맡기고, 나는 단지 느긋하게 원신(元神)을 지켜 적연부동(寂然不動)할 뿐이다.
　【聲者란 此時에 太音聲希한데 任他雷翻地震하고 我只穩守元神하여 寂然不動也라】

　"향(香)"이란 이때에, 만유(萬有 : 천지간에 있는 온갖 물건)에는 한 냄새도 없고, 다만 타(他)가 향(香)을 생(生)하여 색

---

7) 색즉시공(色卽是空) : 유학자인 한퇴지가 태전스님에게 기생인 홍련를 보내 100일 만에 파계시키라고 하였는데 100일 되던 날 홍련이가 어떻게 할 도리가 없어 사실을 말하니 스님께서 홍련이의 치마폭에 써 주신 글귀에 "十年을 祝融峰에 단정히 앉아서 色을 觀하고 空을 觀하니 色이 곧 空이로다. 어떠한 한 방울의 曹溪水인데 紅蓮의 반 잎사귀 속에 떨어뜨리겠는가?"라고 하였다.

(色)을 살리는 것에 맡겨서, 십분(十分) 훈농(薰濃 : 푹 젖음)하는 것인데, 다 이것은 범경(凡境)의 거짓 향(香)일 뿐으로, 나는 단지 나의 장부(藏腑) 가운데 있는 오분진향(五分眞香)을 지켜야, 비로소 중향국(衆香國)가운데로 향하여 가고와도, 조금도 마음을 움직이지 않게 된다.

【香者란 此時에 万有無一臭하고 任他生香活色하여 十分薰濃인데 皆是凡境之假香으로 我只守我臟腑中五分眞香이라야 方能向衆香國中去來에도 毫不動心也라】

　"미(味)"란 이때에 현주미(玄酒味)가 담박(淡)하나, 다만 타(他)가 온갖 진수(珍羞)를 벌려 놓은 것에 맡겨서, 나는 단지 나의 도미(道味)가 담박한 것을 지키고, 세미(世味)가 짙은 것을 부러워하지 않아야, 비로소 이 대도(大道)를 이루어 반도대회(蟠桃大會 : 삼천년에 한 번 열리는 선도복숭아를 먹는 신선대회로 서왕모께서 주재하신다)로 달려가 천주(天廚 : 하늘의 부엌)의 선포(仙脯 : 신선이 먹는 마른 고기)를 누릴 수 있다.

【味者란 此時에 玄酒味淡하나 任他百般珍饌羅列하여 我只守我道味之淡하고 不羨世味之濃이라야 方能成此大道하고 赴蟠桃大會하여 而享天廚仙脯也라】

　"촉(觸)"이란 타(他)의 마장(魔障)이 온갖 촉동(觸動)하는데 맡기지만, 나의 마음은 여여부동(如如不動)하여야, 비로소 점점 군마(羣魔)를 물리쳐서 마(魔)가 변화하여 호법(護法)의 신(神)이 되면, 마침내 마왕(魔王)의 보거(保擧)[8]를 받게 된다.

_____

8) 보거(保擧) : 賢才나 공적이 있는 관리를 보증하여 추천하는 것을 말함.

【觸者란 任他魔障百般觸動이나 我心皆如如不動이라야 方能斬退群魔하여 使魔化爲護法之神이면 而終受魔王之保擧也라】

"법(法)"이란 법(法)을 쓰나 법에 구애 되어서는 안 된다. 이와 같이 하여야 비로소 성(聲), 향(香), 미(味), 촉(觸), 법(法)에 머물지 않고 보시(布施)하는 것이 된다.

【法者란 用法而不可爲法所拘也라. 如是方爲不住聲香味觸法布施라】

다시 "수보리에게 말하기를 보살(菩薩)은 응당 이 같이 보시(布施)하여 상(相)에 머물지 않아야 한다[須菩提 菩薩如是布施不住於相]"고 한 것은, 정녕(丁寧)코 사람에게 위험을 생각하여 방비해야함을 보이신 것이다.

평일에 서둘러 심성(心性)을 단련하여 고요해지면, 자연히 대경(對境 : 경계에 마주함)에 망정(忘情 : 정을 잊음)할 수 있다.

【再言須菩提, 菩薩應如是布施하여 不住于相者는 重言以叮嚀之하여 示人防危慮이라. 平日早將心性煉定하면 自然對景忘情也라】

어찌된 까닭인가?

만약 보살(菩薩)이 과연 상(相)에 머물지 않고 보시할 수 있다면, 곧 대도(大道)를 닦아 이루어 만겁(萬劫)을 지나더라도 장존(長存)하게 되며, 삼계(三界)를 뛰어넘어 막힘이 없으며, 음양(陰陽)과 오행(五行) 그리고 육기(六氣)의 구속(拘束)을 받지 않게 되니, 그 복덕(福德)을 진실로 사량(思量)할 수가 없다.

【何以故인가? 若菩薩果能不住相布施이면 便能修成大道하여 歷万劫以長存하며 超三界而無礙하며 不爲陰陽五行六炁之所拘束이니 其福德眞不可思量也라】

그러나 이른바 "상(相)에 머물지 않고 보시(普施)하면 복덕(福德)이 무량(無量)하다."는 것에는 또한 자연히 심법(心法)이 있는 까닭에, 또 수보리(須菩提)를 불러 말씀하기를 "수도(修道)하는 사람은 허공(虛空)9)으로 조종(祖宗)을 삼아야 한다. 저 동방(東方)의 허공은 무성무취(無聲無臭)하고, 광대무변(廣大無邊)한데 가히 사량(思量)할 수가 있겠는가?" 하니,

수보리(須菩提)가 곧 바로 대답하기를 "못합니다." 하였다. 이것은 사량(思量)할 수가 없으니, 사량할 수가 없는 복덕(福德)10)이라야 비로소 겁(劫)을 지나더라도 썩지 않아, 그것이 세존(世尊 : 세상에서 존귀함)이 되는 것이다.

고(故)로 또 세존(世尊)께서 일컫기를 "남, 서, 북방과 사유와 상하가 다 그러하다."고 하니

수보리(須菩提)도 또한 거듭 곧 바로 대답하였다.

【然所謂不住相布施福德無量者는 亦自有心法이라 因又呼

---

9) 허공(虛空) : 虛空의 法度는 仙佛을 생산하는 근원이며 學人이 安身하고 立命하는 장소이니 어찌 조종이 되지 않겠는가?

10) 복덕(福德) : 복덕은 歷劫에도 부서지지 않으니 이것은 인간의 염복(艶福)이 아니다. 역대의 임금가 재상을 보면 불과 백년의 제단위의 꽃과 물방울 그림자에 불과할 뿐 어찌 능히 불생불멸(不生不滅)하여 역겁을 뛰어넘겠는가?

須菩提曰修道者는 以虛空爲祖宗이라. 彼東方虛空無聲無臭하고 廣大無邊한데 有可思量否아? 須菩提直應之曰 不也오.是不可思量也니 不可思量이라야 而福德方能歷劫不朽이니 其爲世尊이라.故又稱曰世尊, 南西北方과 四維上下皆然이라. 而須菩提亦重言直應이라】

결론지어 말한다면 수도(修道)하는 사람은 평일(平日)에 련성(煉性)하여 허공(虛空)으로 조종(祖宗)을 삼지 않고 상(相)에 주(住)하는 것을 달갑게 여긴다면, 천지(天地)의 자손(子孫)이 될 수 없지 않겠는가?

【以決之曰修道者가 平日煉性하여 可不以虛空爲祖宗하고 而甘于住相以爲天地不肖之子孫乎?】

오호라!

사람이 그 마음을 다하여 그 마음을 비우지 않고, 바로 유형(有形)과 유상(有象)의 가합(假合 : 거짓으로 합함)에 집착(執着)한다면, 태허(太虛)이나 허(虛)가 아니고, 태공(太空)이나 공(空)이 아닌, 실상(實相)을 알지 못하게 된다.

【噫! 人不能盡其心하여 空其心하고 是著于有形有象之假合한다면 而不知太虛非虛하고 太空非空之實相也라】

무릇 십이 만년(十二萬年)이 되면 천지도 오히려 부서질 때가 있는 것은 그것이 형질(形質)이 있기 때문이다. 오직 이 허공(虛空)의 실상(實相)만이 무극(無極)의 진경(眞境)으로 부서질 곳이 없는 것이다.

사람이 과연 허공으로 조종(祖宗)을 삼아, 이 진심(眞心)을 단련하여 허공과 같아지면 자연히 불생불멸(不生不滅)을 이루어 금강(金剛)처럼 부서지지 않는 법신(法身)이 될 것이다.

고(故)로 말하기를 "천지는 부서질 때가 있으나 나는 부서지지 않는다."고 한 것이다.

【夫十二万年이년 天地尚有坏期者는 以其有形質也라. 惟此虛空之實相만이 無极之眞境으로 無可坏處라. 人果能以虛空爲祖宗하고 煉此眞心하여 同于虛空이면 自然不生不滅하여 而成其爲金剛不坏之法身이라. 故曰天地坏時我不坏라】

불(佛)께서 다시 수보리(須菩提)를 부르시면서 말씀하기를 "상(相)에 머물지 않고 보시(布施)하는 복덕(福德)도 또한 다시 이와 같이 사량(思量)할 수가 없다."고 하였다.

대체로 이 복덕(福德)은 또한 허공(虛空)과 같아 종극(終極 : 끝)이 없으며, 변제(邊際 : 한계)도 없다.

또 수보리(須菩提)를 불러 말씀하기를 "보살(菩薩)은 다만 마땅히 가르치는 바와 같이 머물라"고 하셨는데 이른바 머물지 않으면서 머물고, 정(定)함이 없이 정(定)하는 것으로, 다만 이와 같이 수지(修持)하여 입지(立地 : 확고히 섬)한다면, 희성(希聖), 희천(希天)하고 성선(成仙), 성불(成佛)하게 되니 특별히 다른 법은 없다.11)

【佛因再呼須菩提曰. 無住相布施福德亦复如是不可思量이라. 蓋此福德은 亦如虛空之無終极無邊際也라. 且又呼須菩提

---

11) 처음에는 법이 있으나 그 다음에는 법을 잊어야 한다. 心과 法을 둘 다 잊으니 자연히 眞我를 보게 되고 我 또한 없으니 住하지 않아도 住하게 된다.

曰, 菩薩但應如所敎住은 所謂不住之住하고 無定之定으로 但能如此修持立地한다면　希圣希天成仙成佛이니　別無他法也라】

頂 批

세상 사람은 로아(蘆芽)와 작소(鵲巢)가 의(意)의 미묘(微妙)함을 비유한 것을 깨닫지 못하고 곧 당일(當日)에 실제로 그 같은 일이 있었다고 말한다. 과연 이와 같다면 세존(世尊) 또한 황당한 것에 지나지 않는 것이다.

【世人은 不達蘆芽鵲巢喩意之微妙하고 便謂當日實有其事라. 果如此世尊亦怪誕不經矣라】

대개 대약(大藥)12)을 과관(過關)13)할 때에 만약 뜻을 사용(用意)하여 꿰뚫어 지나가면, 즉 조장(助長)하는 것이 되고, 만약 순전히 자연에 맡긴다면 또 공(空)에 떨어질까 두려워, 로아(蘆芽 : 갈대 싹)와 천슬(穿膝:무릎을 꿰뚫음)로 비유한 것이니, 현(玄)하고 묘(妙)하도다!

【蓋大藥을 過關時에 若用意하여 穿過한다면 則爲助長이고 若純任自然한다면 又空恐落空하여 喩以蘆芽와 穿膝이니 玄哉하고 妙哉라!】

니환(泥丸)으로 올라가면 즉 목(目)으로 정문(頂門)을 보아, 좌선(左旋)하여 회상(回翔 : 빙빙 돌림)하는 공(功)이 있다. 비유하면 마치 닭이 알을

---

12) 대약(大藥) : 소약(小藥)이 이루어진 다음 다시 대약이 만들어야 한다. 대약을 만드는 공법은 혜명경에 자세하게 나와 있으니 참고하기 바람.

13) 과관(過關) : 대약이 만들어지면 미려와 협척 옥침의 3관문을 통과하는 것을 과관이라 한다. 오충허 선사의 "천선정리"를 보면 오충허께서 대약을 만든 다음 온갖 방법을 동원하여 대약을 과관하려고 하였으나 결국은 실패하고 조환양 스승의 口訣을 전수 받은 후에야 비로소 과관 하게 되었다. 일명 "五龍奉聖旨"라고도 한다.

버리면 정(靜)을 잃게 되는 것과 같고, 비유하면 마치 새가 자주 날면 동(動)을 잃게 되는 것과 같다. 이에 말하기를 작(鵲 : 까치)이 정(頂)에 깃든다고 한 것이다. 신(神)하고 교(巧)하도다!

【升上泥丸하면 則有目視頂門하여 左旋하여 回翔之功이라. 擬以如鷄抛卵失之靜하고 擬以 如鳥數飛하면 失之動이라. 而曰鵲巢於頂이라. 神乎하고 巧乎하도다!】

이 단락에서는 이미 화후(火候)의 순서를 지적하였으니 학자(學者)는 마땅히 급히 덕(德)을 쌓아 격천(格天)하여 세미(細微)한 구결(口訣)을 구(求)해야 할 것이다.

【此段에서는 已將火候의 次第를 指出이니 學者는 急宜修德하여 格天하여 以求細微口訣이라】

원본(原本)에는 원래 이것이 품(稟)이란 글자이었는데, 후인(後人)이 다시 자(自)라는 글자로 바꾸어 사람을 그르쳐 지금에 이르렀다. 백(白)이란 글자로 생각하면 잘못이다.

【原本에는 原是稟字인데 因後人이 更爲自字하여 誤人至今이라. 錯念白字라】

고불(古佛)의 원비(原批)에는 삼교(三敎)는 원래 일가(一家)인데, 분분(紛紛)한 의론(議論)으로 부과(浮誇 : 헛된 자랑)만 왕성하다.

【古佛原批에는 三敎는 原來一家인데 紛紛議論으로 遑浮誇이라】

인연이 있어 이 아묘(兒妙)를 듣게 된다면 비로소 당초의 견해(見解)가 어긋났음을 깨닫게 될 것이다.

【有緣聞하여 得些兒妙하면 方悟當初見解라】

第五 如理實見分

自如之理乃見眞實
스스로 여여한 이치로 진실을 봄

須菩提야 於意云何오
可以身相[1]으로 見如來不아
不也니이다 世尊하
不可以身相으로 得見如來니
何以故오 如來所說身相이
卽非身相[2]이니다
佛이 告須菩提하사되
凡所有相은
皆是虛妄이니
若見諸相非相[3]이면
則見如來니라

原文解釋

"수보리야, 어떻게 생각하느냐.
몸의 형상으로써 여래를 볼 수 있겠느냐?"
"못 보겠습니다. 세존이시여!

몸의 모양으로는 여래를 볼 수 없습니다.
왜냐하면, 여래께서 말씀하신 몸의 모양은
곧 몸의 모양이 아니기 때문입니다.
부처님께서 수보리에게 말씀하시었다.
"무릇 형상이 있는 것은
모두가 다 허망하다.
만약 모든 형상에서
형상이 아닌 것을 보면,
곧 여래를 보리라.

---

1) 신상(身相) : 色身인 형체를 가리킨다. 맹자는 "小體"라고 하였다.

2) 비신상(非身相) : 法身의 신상으로 이것은 無相한 相이다. 맹자는 이것을 "大體"라고 했다. 본래 至虛至靈한 것인데 어떻게 凡體로 볼 수가 있겠는가? 만일 여래가 住한 性體를 알고 다시 모든 相에서 모든 相이 아닌 것을 본다면 즉 佛이 心間이나 혹은 眼前에 있게 된다. 3分의 離相과 4分의 無住에 불께서 수보리가 미혹된 것이 있을 까봐 또 如來는 본래 無相한 道 임을 보이셔서 단지 妄相에 집착하지 않고 相을 보지 않아야 비로소 여래의 구경처를 체득할 수 있다. 또 本分은 3分과 4分을 이은 고로 특별히 수보리에게 반문하여 수보리가 이미 속 안의 진실한 뜻을 알고 있는 지를 시험해보신 것이다. 이 本分은 앞의 여러 分의 小結分이 된다.

3) 약견제상비상(若見諸相非相) : 이 一句는 이 본래 물든 것을 여의고 맑은 것으로 들어가는 사다리로 本分中에 精要語가 된다. 왜냐하면 만약 밖으로 모든 相을 보되 心中에 相이 아닐 때는 곧 寂然 淸淨한 不動尊者이다. 그렇지 않고 만일 諸相이 즉 相임을 보아 外見이 內住하게 될 때는 즉 隨波隨浪하여 迷昧하게 된다.
그러나 이 "모든 相에서 相이 아님을 본다. [見諸相非相]"는 공부는 자고이래 修道하는 사람이 대부분 느껴서 이루기가 쉽지 않다. 고로 "눈으로 보지 않으면 마음이 어지럽지 않고, 귀로 듣지 않으면 마음이 번거롭지 않다."는 강제적인 방법을 채택하여 六根과 諸相의 경계를 멀리 여의는 이러한 "離相 非相法"은 이미 진실한 "見諸相 非相"이 아닌데, 이것은 "見諸相非相"의 공부는 進修하기가 쉽지 않기 때문이다.

이 중의 事理가 비록 이와 같지만은 멀리 "離諸相하여 非相"하는 것은 "見諸相하여 非相"하는 것에 비해 실재적으로 말하면 당연히 닦기도 좋고 얻는 것도 많다고 하겠다.

그러나 다시 다른 방면에서 본다면 "離相非相"은 마치 "見諸相非相"의 修法같은 자연스러운 것이 아니다. 또한 "見諸相非相"의 공부는 본래 六塵과 五欲중에 精修하여 물들지 않고 머물지 않는 것이니 불교 중에서는 곧 "대승정종분"의 "隨緣不變"이고 유교 중에서는 "和而不流"라 하겠다.

고로 三敎의 聖人및 일체의 賢人은 모두 聞聲하면서도 無聲하고 見色하면서도 無色하지 勉强하는 공부를 가지고 "離諸相非相"하여 修成하기는 드문 것이다. 고로 우리의 讀經이 여기에 이르렀으니 절대 외우기만 하고 맛을 잃으면 안 되니 실제로 自身에 返照하여 스스로 자기의 修持法이 "離相非相"인지 아니면 "見諸相非相"인지를 물어야 하고 오히려 "離諸相"하나 안으로 非相이 안 되는 것이 아닌지? 과연 능히 밖으로 諸色, 諸相, 諸塵, 諸欲을 보나 마음은 끝내 不染, 不住, 不動, 不搖할 때라야 비로소 실제로 正法을 닦은 전정한 성과이니 이에 의지하여 進修한다면 비로소 도에 가까워 질 것이다.

然燈古佛眞解

모든 상(相)에 집착하면 안 되는데, 신상(身相)에 어찌 집착해서 되겠는가?

신상(身相)이란 사대(四大 : 地 水 火 風)의 가합(假合)일 뿐으로, 여래에게는 스스로 법신(法身)이 있으니 그것을 진상(眞相)이라 말한다.

【諸相에 俱不可著인데 而身相豈可著乎아? 蓋身相者란 亦四大之假合으로 如來自有法身이니 謂之眞相이라】

불(佛)께서는 그런 까닭에 이러한 질문으로, 사람들에게 거짓을 참으로 알면 안 됨을 보이신 것이다.

수보리(須菩提)는 곧 바로 판단하여 신상(身相)을 여래(如來)로 보면 안 된다고 한 것이다.

어찌된 연유로 여래(如來)께서 말씀한 신상(身相)이 곧 신상(身相)이 아닌가?

이것은 가(假)를 진(眞)이라고 인정하지 않는 것이다.4)

【佛故以此問之로 示人不可認假以爲眞也라. 須菩提直決하여 其不可以身相見如來이라. 何以故로 如來所說身相卽非身相인가? 是不認假爲眞矣라】

불(佛)께서 또 그 이름을 거듭 불러 고(告)하여 말씀하기를 "무릇 상(相)이 있는 것은 다 허망(虛妄)하다."고 하셨으니, 이른바 가합(假合 : 거짓으로 일시적인 합함)이다.

【佛又呼其名重告之하여 曰 : 凡所有相皆是虛妄이니 所謂假合也라】

"만약 모든 상(相)에서 상(相)이 아닌 것을 본다면 곧 여래(如來)를 본다."5)고 한 것은 대개 사람이 궁리(窮理)하고 진성(盡性)하며, 사색(思索)하고 회오(會悟)하는, 이러한 경계(境界)에 이르게 되면, 곧 지극히 아름답고, 요염(妖艶)한 여색(女色)을 보게 되는데, 모두 저 몸은 잠시(暫時 : 잠깐사이)의 허망(虛妄)한 것으로, 그것을 본다고 해서 어찌 상(相)에 집착하여

---

4) 色相은 본래 거짓이니 거짓을 빌려 眞을 닦는다. 만약 일체의 相에 집착한다면 오히려 法身에 累가 된다.
5) 하나라도 집착하는 것이 없으면 곧 여래을 본다.

그 마음을 동(動)하겠는가?

【若見諸相非相卽見如來는 蓋人能窮理盡性하며 思索會悟하는 至此境界이면 則視极美极艶之女色인데 皆以彼身爲暫時之虛妄으로 視之해도 安能著相以動其心乎?】

오호라!

무릇 천하(天下)의 유형(有形)과 유색(有色)은 비록 굳세기가 마치 금은(金銀)이나 동철(銅鐵)과 같다고 하더라도 마침내는 부서질 때가 있다.

이른바 "천만겁(千萬劫)을 지나더라도 끝내 공망(空亡)에 떨어진다."는 것이다.

하물며 신상(身相)이 잠시(暫時) 요염(妖艶)한 것을 사람이 공망(空亡)으로 보지 않아서 되겠는가?

이미 거짓임을 안다면, 바로 거짓을 빌려 진을 닦는 것[借假修眞]6)이 아주 좋은 것이다.

---

6) 차가수진(借假修眞) : 유마경의 "제자품"에 보면 좌선을 하고 있는 사리불에게 유마거사는 "輪廻에 속하는 번뇌를 끊지 않은 채 열반에 들어갈 수 있게끔 좌선을 하시오."라고 말하고 있다. 그러면 六道를 윤회하는 중생이 어떻게 번뇌를 끊지 않은 채 열반에 들 수 있는가? 이에 대해 "헤바즈라탄트라"에서는 다음과 같이 말하고 있다.

"毒의 과학에 정통한 사람이라면 모든 생물의 치사량에 해당하는 많은 양의 독이라 할지라도 그 영향을 中和한다. 痛風에 걸린 환자에게는 肉食이 그 처방이라 하는데 통풍은 이처럼 그것과는 다른 형태를 적용함으로써 치유되는 것이다. 실제 藥의 처방은 종종 우리의 일상경험과는 일견 모순되는 것처럼 보이는 것도 있다. 세계는 세계 그 자체에 의해 정화되듯이 妄想도 보다 뛰어난 상상적인 구성에 의해 정화된다. 귀에 들어간 물은 오히려 귀에 물을 넣음으로써 제거되듯이 존재에 관한 상상적인 구성도 다시 물질적인 형체에 의해 정화되어야 한다. 타오르는 불길이 다시 불에 의해 잠잠해지듯이 情欲의 불로 타오르고 있는 사람들도 다시 정욕의 사람들은 욕심(欲)이 동(動)하면 정(情)이 이기는 것을, 어찌하여 도심(道心)으로 그 인심(人心)을 변화시키려 하지 않는가?

【噫！凡天下之有形有色者라도　雖堅如金銀銅鐵終有坏時라，所謂饒經于万劫이라도　終是落空亡也라. 況身相之暫時妖艶을　人可不看得空亡乎？旣知其假이면　正好借假修眞이라. 人奈何欲動情胜인데 不以道心化其人心也？】

오호라!

사람들이 가(假)를 빌려 진(眞)을 닦고자 한다면, 모든 상(相)에서 상(相)아님을 보지 않고서는, 결단코 성불(成佛)하여 여래(如來)의 실상(實相)을 보기는 어렵다.

불(佛)께서 재삼(再三), 정녕(丁寧)코 꺼리지 않으시고 말씀하신 것은, 바로 삼교(三敎)가운데 뜻이 있는 이가 희성(希聖), 희천(希天)하고 성선(成仙) 성불(成佛)하기를 바라시기 때문이다.

【噫라！人欲借假修眞이면 非見諸相非相이면 斷難成佛하여 而得見如來之實相이라.　佛不憚再三叮嚀은 是望三敎中之有志가 希圣希天成仙成佛者라.】

불에 의해 가라앉는다. 사람들은 정욕에 의해 죽고 다시 정욕에 의해 해방된다. 顚倒라는 개념은 분명히 보통의 정통파 불교도에게는 미지의 것이다.

여래, 여래여, 중생(衆生)은 다 이를 따라 왔네.
중생, 중생이여, 여래(如來)는 중생(衆生)을 등지지 않네.
다만 명심견성(明心見性)이 중요할 뿐이니,
자연히 여래를 보아 무생(無生)을 깨달으리.

如來, 如來여, 衆生은 皆從此來이네.
衆生,衆生이여. 如來는 不負衆生이네.
只要明心見性이니
自然히 得見如來하여 以了無生하리

천상천하(天上天下)에 불(佛)과 같은 것이 없고,
시방세계(十方世界) 또한 비(比)할만한 것이 없다.
세계(世界)에 있는 것을 내가 다 보나,
일체에 불(佛)만 한 것이 없다.

天上天下에 無如佛하고
十方世界亦無比이라.
世界所有를 我盡見하나
一切에 無如佛者라

이 규(竅 : 구멍)는 천지(天地)의 중(中)에 거(居)하고, 선천지(先天地)에서 생(生)한 것으로, 그 공(空 : 비워있음)이 마치 곡(谷)같아, 감추어진 수행에 밀실이다.

솥 안에 생사(生死)를 끊는 단주(丹朱)가 있는데, 진실로 쌓기를 오래 힘쓰지 않는다면 그것을 능히 얻을 수 없다.

【此竅는 居天地之中하고 先天地生으로 其空이 如谷하여 爲藏修之密室이라. 鼎內에 有丹朱인데 斷生死인데 非眞積力久하면 莫之能得이라.】

 正信希有分[1]

生正信心最爲希有
바른 신심을 내는 것이 가장 희유함

須菩提가 白佛言하사되
世尊하 頗有衆生이
得聞如是言說章句[2]하사옵고 生實信不잇가
佛이 告須菩提하사되
莫作是說하라 如來滅後後五百歲에
有持戒修福者가
於此章句에 能生信心하야
以此爲實하리니
當知是人은 不於一佛二佛이나
三四五佛而種善根이라
已於無量千萬佛所에 種諸善根하야
聞是章句하고 乃至一念生淨信者니라
須菩提야 如來가 悉知悉見하노니
是諸衆生이 得如是無量福德이니라

何以故오 是諸衆生은
無復我相人相衆生相壽者相하며

無法相하며 亦無非法相이니라

何以故오 是諸衆生이

若心取相이면

則爲着我人衆生壽者며

若取法相이라도

則着我人衆生壽者니라

何以故오 若取非法相인데는

卽着我人衆生壽者니라

是故로 不應取法이며

不應取非法이니라

以是義故로 如來가 常說하사되

汝等比丘는 知我說法을

如筏喻者니

法尙應捨인데 何況非法이랴

수보리가 부처님께 사뢰었다.

　세존이시여! 자못 어떤 중생이
이와 같은 언설장구를 듣고서 진실한 믿음을 내오리까?
부처님께서 수보리에게 이르시되,

　그런 말하지 마라. 여래가 멸도한 뒤 후 오백 세에
계를 지니고 복을 닦는 자가 있어서,
이 말씀에 능히 믿는 마음을 내고
이로써 실다움을 삼으리라.
마땅히 알라. 이 사람은 한 부처님이나 두 부처님이나
셋 .넷 다섯 부처님께 선근을 심었을 뿐만 아니라,

이미 한량없는 천만 부처님께 모든 선근을 심었으므로
이 말씀을 듣고 한 순간 만에 깨끗한 믿음을 내는 사람이니라.
수보리야, 여래는 다 알고 보나니,
이 모든 중생들이 이렇게 한량없는 복덕을 얻으리라.

무슨 까닭인가 이 모든 중생은
다시 아상. 인상. 중생상. 수자상이 없으며,
법이라는 상도 없으며 법 아니라는 상도 또한 없느니라.
무슨 까닭인가, 이 모든 중생이
만약 마음에 상을 취하면,
곧 아상, 인상, 중생상, 수자상에 집착함이며,
만약 법 아닌 상을 취하더라도
곧 아상. 인상. 중생상. 수자상에 집착함이 되느니라.
이러한 까닭으로 응당 법을 취하지 말아야 하며,
응당 법이 아님도 취하지 말아야 하느니라.
이런 까닭으로 여래가 항상 말하길
너희들 비구는 나의 설법을
뗏목으로 비유함과 같음을 알라고 하노니
법도 오히려 버려야 하거늘 어찌 하물며 법아님이겠는가.

---

1) 正信希有分 : 本分은 上分의 小結論에 근거한 또 하나의 歸結分 이다. 왜냐하
면 佛께서는 제 2分에서 이미 菩提心의 住降處를 수보리에게 전수하고 제 3分에서
는 內聖의 降心하는 法으로 四相이 없어야 하는 것을 기본으로 삼아야 함을 말씀
하셨고, 제 4分에서는 外王의 無住行施하는 법을 말하여 六塵의 相에 머물지 않는
것이 기본이 됨을 말씀하셨다.
　佛의 이러한 가르침을 수보리가 경계에 임하여 미혹됨이 있을까 걱정되어 제5
分에서는 또 반문하여 "身相으로 여래를 볼 수 있겠는가?"라는 구절로 수보리가
진실로 大乘의 妙旨를 깨달았는지를 시험하였는데 결과는 수보리가 이미 實相의

지혜를 내어 확실하게 佛의 기대를 저버리지 않고 이러한 질문에 바른 이해로 대답하여 불께서 아주 기뻐하셨다. 고로 마침내 四句의 말을 부촉하여 하나의 小結束을 마무리하였다.

그러나 수보리가 비록 이러한 無上法의 玄妙無窮한 것을 모두 통찰하여 무릇 實相을 얻은 보살이 되어 모두 信受奉行할 수 있으나 그러나 末世의 범부중생은 "如是實相"을 몸소 얻을 수 없어 단지 "相에 住하지 않고 베풂을 행해야 한다."는 보시의 가르침을 들으면 이것이 어찌 因果로 이해하지 않겠으며, 또 "佛은 身相으로 볼 수 있는 것이 아니라."는 말씀에 어찌 佛法은 모두 空이라고 보지 않겠습니까?

저들 말세중생이 어떻게 진실로 믿어 의심을 내지 않겠습니까? 하니 불께서 답하시기를 저때라고 어찌 전혀 진실한 믿음을 내는 사람이 없겠는가? 단지 진실한 믿음을 내는 사람은 절대로 보통사람이 아닐 것이다. 이는 과거세에 善根을 지니고 온 까닭에 비로소 一念에 淨信을 내는 것이다. 만일 "如是"라는 實相을 알지 못한다면 당연히 진실한 믿음을 이해하지 못할 것이다. 이것은 또한 善根이 부족하기 때문이다. 이것은 진실로 至德이 아니면 至道가 엉기지 않는다는 것이다.

2) 言說이란 금일에 기원회상에 계신 여래 불께서 말씀하시는 것을 말한다. 章句는 후일에 불께서 말씀하신 "應如是住"와 "應如是降伏其心"의 二句를 經卷에 기술한 글을 말한다. 금일에 기원회상에서 비록 大家들이 모두 "如是住降" 二句를 들었지만 그러나 실제로 그 참됨을 얻은 사람은 단지 수보리 한 사람뿐이다. 후세에 중생이 비록 모두 "如是"의 一章과 一句를 보고 듣겠지만 그러나 누가 이 "如是"가 어떤 물건인지 알겠는가?

그런 까닭에 앞에서 佛께서 말씀하신 "無住布施"는 이 "如是"處에 의지하여 보시를 행해야 비로소 실현되는 것이다. "非相觀佛"하는 妙理도 이 "如是"處에서 觀相해야 실현된다. 종합해보면 "如是"의 體에 의지해야 비로소 각 종의 大乘 妙用이 일어나는 것이니, 이 같은 도리를 나는 실제로 얻었으니 당연히 實信하여 의심하지 않는다. 그렇지만 이러한 도리는 본래 秘傳에 속하고 內意는 본래 지극히 심오하다.

금일에 1250人중에 나 한사람만이 默契하여 이해하고 나머지 뭇 비구들은 비록 모두 친히 "如是住"와 "如是降伏"의 말씀을 들었지만 그러나 실제로는 깨닫지 못했다.

"수보리(須菩提)가 불(佛)께 사뢴다."는 것은 사람이 진실로 믿는 마음이 없어, 도법(道法)이 실전(失傳)될까 걱정했던 것이고,

【須菩提白佛言者는 恐人無實信之心하여 道法失傳也요】

"다시 세존(世尊)께서 부르신 것"은 사람들이 마땅히 그 중(中)에 숨은 뜻을 착안(着眼)하라고 하심이다.

앞의 주(註 : 진해)에서 이미 밝혔다.

【再呼世尊者는 人當著眼其中寓意이라. 前已註明이라】

"자못 중생(衆生)이 있어 이와 같은 언설(言說)과 장구(章句) 얻어듣고 진실한 믿음을 낼 수가 있겠습니까?"라는 것은 바로 사람 사람마다 다 진실한 믿음을 내어 성불(成佛)하기를 바람에서다.

【頗有衆生이 得聞如是言說章句하고 生實信不者는 正欲人人皆實信以成佛也라.】

"불(佛)께서 수보리(須菩提)에게 이 같은 말을 하지 말라."고 하신 까닭은 사람들에게 심등(心燈)의 접속(接續 : 계속 이어감)에는 대대로 전인(傳人)이 있으니, 의심이나 근심할 필요가 없음을 보이신 것이다.

왜 그런가? 도(道)는 인간에게 끊어지지 않는 것이니, 천하

(天下)에 한 때라도 도통(道統)을 승접(承接 : 이어 받음)한 사람이 없이 지날 수는 없기 때문이다.

　【佛因告須菩提莫作是說者는 蓋示人以不必疑慮인 心燈接續代有傳人也라. 何也오? 道不絶于人間이니 天下에 不可歷一時無承接道統之人이라】

　"여래(如來)께서 멸(滅)한 후(後)"에란 법신(法身)은 부서지지 않으나, 색신(色身)은 잠시(暫時) 멸(滅)한 것을 말한다.

　【如來滅后者는 法身不壞이나 色身暫滅也라】

　"후(後) 오백세(五百歲)에 지계(持戒)하여 복(福)을 닦는 사람이 있다."는 것은 이른바 심전(心傳)이 요접(遙接 : 멀리 이어짐)한다는 것이다. 모든 악을 짓지 않음이 바로 지계(持戒)이고, 뭇 선(善)을 받들어 행하면 자연히 복(福)을 닦는 것이다.

　【後五百歲에 有持戒修福者는 所謂心傳遙接也라. 諸惡莫作이 便是持戒이고 衆善奉行하면 自能修福이라】

　"이 장구(章句)에서 능히 신심(信心)을 내어 이로서 실다움을 삼는다."는 것은 지계(持戒)하는데 법(法)이 있음을 알면, 복(福)을 닦는 것도 모두 참된 것이니, 용맹정진(勇猛精進)하여 복을 닦는 것이다.

　【于此章句에서 能生信心하여 以此爲實者는 知持戒有法이면 修福皆眞이니 而勇猛精進以修之也라】

"마땅히 알아라. 이 사람은 일불(一佛), 이불(二佛), 삼사오불(三四五佛)만이 선근(善根)을 심었을 뿐 아니라, 이미 무량(無量)한 천만불소(千萬佛所)에서 모든 선근(善根)을 심었다."는 것은 대개 대도(大道)는 지존(至尊)하고 지귀(至貴)하여, 백천만겁(百千萬劫)이 지나도 만나기가 어려운데, 능히 신심(信心)을 내어 용맹정진(勇猛精進)하여 닦으면, 곧 만겁장존(萬劫長存)하는 금강불괴(金剛不壞)를 이루어, 십이 만년(十二萬年)뒤 천지(天地)가 다시 개벽할 때에 불(佛)께서 대도(大道)로서 개벽하심을 돕는 것이니, 이른바 천지의 화육(化育)을 돕고 천지와 함께 한다는 것이다.

【當知是人은 不於一佛二佛三四五佛而種善根이며 已於無量千萬佛所에서 種諸善根者는 蓋大道至尊至貴하여 百千萬劫해도 難以遭遇인데 能生信心하여 而勇猛精進以修之하면 便能萬劫常存하고 成其金剛不壞하여 於十二萬年後에 天地重開重闢時에 佛以大道助其開闢이니 所謂贊天地之化育하고 與天地參也라】

오호라!

이러한 선근(善根)은 그 크기와 그 심은 것이 이 같으려면, 어찌 용이(容易)하겠는가?

그러나 다만 지계(持戒)하여 수행하는 사람만 복덕(福德)이 매우 큰 것이 아니고, 즉 중생(衆生)중에 이러한 장구(章句)를 듣고, 일념(一念)사이에 정신(淨信)[3]을 내는 이가 있으면 바

---

3) 사람에게 信實한 믿음이 있으면 大道도 인간 세상에 끊어지지 않는다. 오직 性地가 不空하고 식견이 천박하며 타고난 성품이 완고하여 仙佛의 眞傳에 밝지

로 이것은 도심(道心)이 발현(發現)된 것이다.

【噫라! 此善根은 如是其大와 其種之也려면 豈容易乎인
가! 然이나 不但持戒修行之人만이 福德이 甚大이고 即衆生
中에 聞是章句하고 間有一念에 生淨信者면 便是道心發現이
라】

"수보리(須菩提)야"라고 불러 말한 까닭은, 중생이 이 일념
(一念)에 정신(淨信)을 내는 이가 있으면 곧 여래(如來)의 도
심(道心)과 더불어 서로 합(合)하므로 여래(如來)께서 다 아시
고 다 보시지 않음이 없으니 이 모든 중생(衆生)은 곧 이와
같은 무량복덕(無量福德)을 얻게 된다.

【因呼須菩提曰은 衆生이 有此一念淨信者면 便與如來之道
心과 相合하므로 而如來께서 無不悉知하고 悉見이니 是諸衆
生은 即得知是無量福德이라】

어찌하여 그러한가?

이 모든 중생은 이미 색신(色身)을 파악하기를 헛되고 거짓
임을 간파하여서, 곧 바로 도심(道心)을 체득(體得)하여 법신
(法身)을 구하고자 하는 것이니, 이 일념(一念)의 신심(信心)
에는 이미 아(我), 인(人), 중생(衆生), 수자(壽者)의 상(相)이
없고, 법상(法相)이나 또한 비법상(非法相)도 없기 때문이다.

이렇게 확충(擴充 : 넓히어 충실하게 함)하는 까닭에 불과

못한 것이 두려우니 설령 聖師를 만난다 해도 스승께서 그 마음을 살피시고 다만
性功만 전할 뿐 慧命의 가르침은 숨기어 전하지 않으시니 비록 스승에게 얻었다
해도 얻지 못한 것과 어찌 다르겠는가?

(佛果)를 닦아 이루기가 어렵지 않다.

【何以故오? 是諸衆生은 已把色身을 看得虛假하여서 直
欲体道心하여 以求法身이니 而此一念信心에는 已無我人衆生
壽者等相이고 無法相이나 亦非無法相이라. 由此擴充하므로
不難修成佛果라】

어찌하여 그런가?

이것은 바로 모든 중생(衆生)의 그 마음이 만약 상(相)에
집착하게 되면, 곧 아(我), 인(人), 중생(衆生), 수자(壽者)에
집착하게 되니, 당연히 고해(苦海)가운데로 떨어져 생생사사
(生生死死)에 온갖 고뇌(苦惱)에 빠져서 돌아오기가 어렵기
때문이다.

【何以故오? 是諸衆生의 其心이 若著於相이면 卽爲著我
人衆生壽者이니 而當墮落於苦海中하여 生生死死에 百般苦惱
하여 沈溺難返也이라】

어찌하여 그런가?

그 마음이 만약 아(我), 인(人), 중생(衆生), 수자(壽者)에 집
착한다면, 비록 법(法)이 있다 해도 또한 반드시 얽매이게 되
어, 신명(神明)으로 변화할 수가 없게 되니, 형세가 반드시 비
법(非法)을 취하는 것으로 법(法)을 삼게 되니 즉 법(法)도 모
두 법(法)이 아니게 된다.

이런 까닭에 부지런히 도심(道心)을 닦는 사람은 진실로 법
(法)도 취하지 않고, 또한 비법(非法)도 취하지 않는 것이다.

【何以故오? 其心若著我人衆生壽者면 雖有法이라도 亦必

拘執하여 而不能神明變化이니 勢가 必取非法者로 爲法하니 則法皆非法矣이라. 是故로 勤修道心者는 固不應取法하고 亦 不應取非法이라】

이런 까닭에 여래(如來)께서는 항상 말씀하기를 "너희들 비구(比丘)등은 나의 설법에 뗏목으로 비유한 것을 알 것이니, 법(法)도 오히려 마땅히 버려야 할 것인데 하물며 비법(非法)이겠는가?"라고 하였다.

오호라! 강을 건너는 데는 모름지기 뗏목을 이용해야 하지만, 언덕에 이르면 곧 배를 버려야 한다.

【以是義故로 如來常說하기를 汝等比邱등은 知我說法如筏喻者이니 法도 尚應舍인데 何況非法이랴? 噫라! 渡河에는 須用筏이나 到岸하면 便離船이라】

무릇 모자란 학생(學生)으로 정신(淨信)의 마음을 지닌 사람은, 심전(心田)을 수시로 쇄소(洒掃 : 물을 뿌리고 비로 쓺)하는데 힘쓰는 것이 중요한데 오래하여 순숙(純熟)해지면 자연히 태허(太虛)와 일체(一體)가 되어 법신(法身)을 이룰 수 있다.

다만 정신(淨信)의 마음을 낸 사람은 마땅히 가중(家中 : 집안)에 있는 활불(活佛 : 살아있는 부처)을 공경해야 하지, 멀리 서천(西天)에서 구할 필요는 없다.

【凡下學生淨信心者는 務要將心田을 常時洒掃인데 久久純熟하면 自然與太虛와 一體하여 而法身을 可成矣라. 但凡生淨信心者는 宜敬家中活佛로 不必遠求西天이라】

나는 일찍이 말하기를 "보통사람 백사람(百)이 먹는 것이 한 사람의 선인(善人)이 먹는 것보다 못하고, 천(千)이나 되는 선인(善人)이 먹는 것이 오계(五戒)를 지닌 한 사람이 먹는 것보다 못하고, 오계(五戒)를 지닌 만(萬) 사람이 먹는 것이 한 사람의 수다원(須陀洹)이 먹는 것만 못하고, 수다원(須陀洹) 백만(百萬)이 먹는 것이 한 사람의 사다함(斯陀含)이 먹는 것만 못하고, 사다함(斯陀含) 천만(千萬)이 먹는 것이 한 사람의 아나함(阿那含)이 먹는 것만 못하고, 아나함(阿那含)이 십억(十億)이 먹는 것이 한 사람의 아라한(阿羅漢)이 먹는 것보다 못하고, 아라한(阿羅漢) 십억(十億)이 먹는 것이 벽지불(辟支佛) 한 사람이 먹는 것보다 못하고, 벽지불(辟支佛) 백억(百億)이 먹는 것이 삼존(三尊)의 가르침으로 일세(一世)에 이친(二親:부모)을 제도함만 못하고, 친(親)을 천억(千億)이나 제도하는 것이 한 부처가 먹는 것을 배움만 못하다."고 하였다.

　　【吾嘗言하기를 飯凡人百이 不如飯一善人하고 飯善人千이 不如飯持五戒者一人하고 飯持五戒者萬人이 不如飯一須陀洹하고 飯須陀洹百萬이 不如飯一斯多含하고 飯斯多含千萬이 不如飯一阿那含하고 飯阿那含十億 이 不如飯一阿羅漢하고 飯阿羅漢十億이 不如飯辟支佛一人하고 飯辟支佛百億이 不如 以三尊之敎으로 其一世에 二親導하고 親을 千億이 不如飯一佛學이라】

　　성불(成佛)하기를 바라는 것은 중생(衆生)을 제도하고자 함이다.

선인(善人)이 먹어도 복(福)이 매우 깊고 두터운데, 하물며 자가(自家 : 자기의 집) 정신(淨信 : 깨끗한 믿음)하여 대도를 서둘러 성취하여, 그 이친(二親)과 구조(九祖 : 구대까지의 조상)를 제도(濟度)함에랴!

고(故)로 무릇 사람이 천지(天地)나 귀신(鬼神)을 받드는 것이, 이친(二親)을 받드는 것만 못하다. 이친(二親)이 가장 신령(神靈)한 것으로 진실로 이것이 활불(活佛)인 셈이다.

【蓋願成佛은 欲濟衆生也라. 飯善人해도 福最深重인데 何況自家淨信하여 大道早爲成하여 將以度其二親與九祖乎야! 故로 凡人이 事天地나 鬼神이 不如事二親이라. 二親이 最神으로 眞是活佛이라】

불(佛)께서 평일(平日)에 말씀하기를 "사친(辭親)하고 출가(出家)하여 구도(求道)하였다."고 한 것을 사람들 대부분이 잘못 이해하고 있다.

대개 사친(辭親)이란 바로 출가하여 외전(外傳)에 가까이 가서, 정성껏 대도(大道)를 구하는 것이다.

곧 나가면 반드시 묻게 되어, 오히려 직접 만나는 뜻이 있으며, 또한 다니게 되면 반드시 방법이 있게 된다.

【佛께서 平日에 言辭親하고 出家하여 求道를 人多錯解라. 蓋辭親者란 乃出就外傳하여 誠求大道라. 卽出하면 必告하니 必面之意하며 且卽游하면 必有方之意라】

출가(出家)란 집에 있으면서 출가(出家)하는 것으로, 몸이 가중(家中)에 잘 있으면서 마음이 집에 묶이지 않으니, 실제로 집 밖으로 나간 것과 같다.

【出家者란 在家하면서 出家로 善身在家中하면서 而心이 不爲家所累하니 實出乎家之外也라】

나는 일찍이 여덟 명의 자식을 두었는데, 일명(一名)은 유의(有意), 이명(二名)은 선의(善意), 삼명(三名)은 무량의(無量意), 사명(四名)은 보의(寶意), 오명(五名)은 증의(增意), 육명(六名)은 제의의(除疑意), 칠명(七名)은 향의(響意), 팔명(八名)은 법의(法意)로, 어찌 출가(出家)해 본적이 있었겠는가?

【吾曾生八子인데 一名有意, 二名善意, 三名無量意, 四名寶意, 五名增意, 六名除疑意, 七名鄕意, 八名法意로 何嘗出家?】

지금의 승도(僧道)에 이르러서는, 단지 불(佛)께서 베푸신 방편법문(方便法門)을 유지할 뿐이다.

그러나 이미 출가(出家)하였다면, 마땅히 청규(淸規 : 계율)를 지켜서 방심(放心)을 거두고, 매일 이 경(經)을 조석(朝夕 : 아침과 저녁)으로 경건하게 소리 내어 읽으면서, 부모(父母)의 초도(超度)를 구할 것이다. 부모(父母)가 오히려 살아 계시는 사람은 건강과 오래 사시기를 구할 것이다.

【至於今之僧道에는 特佛所設之方便法門耳라. 然이나 旣已出家면 卽當守淸規하여 以收放心하고 日將此經을 朝夕으로 虔念하면서 求其超度父母라. 父母尙在者는 求其康强壽考라】

넘경(唸經 : 경을 외움)할 때에 부모(父母)의 축원이 끝나면, 곧 일체(一切)의 유혼(幽魂 : 죽은 사람의 혼)과 체백(滯魄 : 얽매인 백), 그리고 일체의 요마(妖魔 : 요사스런 마귀)와 사매(邪魅 : 간사한 도깨비), 아울러 일체(一切)의 비잠동식(飛潛動植)의 물(物)이 한꺼번에 도화(度化 : 변화되어 제도됨)하기를 기원해야 한다.

과연 능히 이와 같은 뜻을 지닌다면, 오직 전생(前生)의 죄과(罪過)만을 용서받을 뿐 아니라, 아울러 래세(來世 : 다음세상)에는 한 번에 도(道)에 들어가는 근기(根基)를 심게 될 것이다.

【念經時에 將父母祝畢하면 即祝一切幽魂과 滯魄與一切의 妖魔와 邪魅幷一切의 飛潛動植之物이 一齊度化라. 果能如此意持이면 不惟赦其前生罪過와 幷可爲求世에 種一人道之根基라】

불문(佛門)에는 원래 일세(一世)에 닦아 이루는 사람이 없는데, 이것은 수다원(須陀洹)이 반드시 일곱 번 죽고 일곱 번 태어나야 비로소 아라한과(阿羅漢果)를 이루고, 사다함(斯陀含)이 한번 오르고 한번 내려와야 비로소 라한과(羅漢果)를 증명하게 되고, 오직 아나함(阿那含)만은 수명이 끝나면 영혼(靈魂)이 구천(九天)에 올라가 곧 라한과(羅漢果)를 얻게 되고, 라한과(羅漢果)에서 다시 수련(修煉)하여야 비로소 성불(成佛)하게 된다.

【蓋佛門에는 原未有一世修成者인데 是以須陀洹이 必七死七生해야 方得成羅漢果하고 斯陀含이 一上一還해야 始証羅漢果하고 惟阿那含은 壽終하면 靈魂이 上於九天하여 即得羅

漢果하고 由羅漢果에서 再修再煉하여야 方得成佛이라】

　지금은 그렇지 않고, 바로 대도(大道)를 현양(顯揚 : 세상에
드러냄)하는 시기이므로, 너희들 승도(僧道)들이 과연 나의 경
전(經典)을 완미(玩味 : 글의 의미를 잘 음미함)하고, 나의 주
석(註釋)에 의지하여 아침과 저녁으로 행지(行持 : 지녀서 행
함)하여 게으르지 않으면 명심견성(明心見性)할 것이다.
　또 인세(人世)에서 많은 공(功)을 쌓는다면, 또한 이 생(生)
에서 닦아 이룰 수 있다.
　【而今則不然이니 乃大道顯揚之會이므로 汝等僧道들이 果
能玩味吾之經典하고 依吾之所注하여 行持하여 朝夕으로 不
懈하면 明心見性이라. 又多積功行於人世하면 亦能一世修成
이라】

　내가 지금까지 규찰(糾察 : 죄과를 밝혀 사실을 밝힘)하여
통섭(統攝 : 도맡아 다스림)한 승도(僧道)의 공과자(功過者)는
삼천 여명이며, 항상 순유(巡遊 : 순찰하여 다님)하니, 너희들
이 과연 청규(淸規)를 지키고 분지(奮志 : 뜻을 분발함)로 고수
(苦修)하여 정성껏 대도(大道)를 구하거나, 또 공덕(功德)이
달리 뛰어난 사람은, 내가 사람에게 명(命)하여 그 현재(現在)
의 몸으로 단연(丹緣)을 주어 제도케 하여 입지성불(立地成佛
: 곧 바로 성불함)케 할 것이다.
　이 말은 승도(僧道)에서도 힘써야 하고, 아울러 유문(儒門)
의 제생(諸生 : 학생)들도 힘 써야 할 것이다. 너희들은 나의
고심(苦心)을 등지지 말고, 너희 중생(衆生)들도 또한 마땅히

정신(淨信)과 진실한 마음을 내어, 주석(註釋)을 의심 하지 말며, 자가(自家)의 복덕(福德)을 닦을 것이다.

　【吾今에 統攝糾察僧道功過者는 三千余人이며 時常巡游하니 只要汝等果能守淸規하고 奮志苦修하여 誠求大道하거나 而又功德이 過人者는 吾卽命人하여 度其現在之身으로 給爾丹緣하여 立地成佛이라, 是言也爲僧道勸하고 并爲儒門之諸生勗也라.汝等勿負吾之苦心하고 爾等衆生도 亦當生淨信實心하여 毋生疑謗하며 以修自家福德이라】

頂批

　고불(古佛)의 원비(原批) : 따로 이 아(兒)가 있어 기이하고 또 기이하다.
　【古佛原批 : 別有些兒하여 奇又奇라】

　심신(心腎)은 원래 감리(坎離)가 아니다. 만약 심신(心腎 : 심장과 콩팥)을 감리(坎離)로 안다면 이것은 붕조(鵬鳥 : 봉황새)가 남쪽을 도모하는 현기(玄機 : 아주 깊은 비밀)를 깨닫지 못할 것이다.
　【心腎은 原來非坎離라. 若以心腎으로 爲坎離하면 是不達鵬鳥가 圖南之玄機也라】

　마음이 전(田)아래에 있으면 사(思)가 된다.
　무릇 사람의 용심(用心)이 단전(丹田)의 아래 곳인, 공공동동(空空洞洞)에 두게 되면 활활발발(活活發發)하여 자연히 화염(火炎 : 치솟아 오르는 불꽃)의 병(病)이 없게 된다.
　【心在田下爲思 凡人用心存在丹田之下 空空洞洞 活活潑潑 自無火炎之病也】

나개(那個)와 저개(這個)가 합하여 일개(一個)를 이루면, 비로소 태극(太極)이 된다. 원규(圓竅)에 깨달음이 있어야 태극(太極)이 비로소 무극(無極)으로 돌아갈 수 있다.

【那個와 這個가 合成하여 一箇하면 方成太極이라. 圓竅有了라야 太極이 方能還無極이라】

허공(虛空)을 타파(打破)[4]하면 억겁(億劫)을 없앨 수 있고, 이미 피안(彼岸)에 올랐으면 배와 노를 버려야 한다.

【虛空을 打破하면 消億劫하고 旣登彼岸하면 捨舟楫이라】

만 만 편(萬萬篇)의 단경(丹經)을 다 읽어봐도, 말후(末後 : 맨 끝)의 한 구절에 대해 말한 사람은 없다.

【閱盡萬萬篇丹經해도 末後一句를 無人說이라】

금단(金丹)을 얻어 기르니 둥근 것이 달(月)과 같으나, 둥근 것이 다시 모자람을 면할 수 없으니, 어찌 단련(鍛鍊)하여 태양홍(太陽紅)이 삼계(三界)와 십방[十方]을 모두 통철(通徹)함 만 같겠는가?

【養得金丹하니 圓似月이나 未免有圓이 還有缺이니 何如煉個하여 太陽紅이 三界와 十方을 俱洞徹인가?】

성인(聖人)은 인륜(人倫)의 지극함이요, 선불(仙佛)과 성인(聖人)은 별명(別名 : 달리 부른 이름)이다. 혹 윤상(倫常)에 모자람이 있으면 어찌 성선(成仙)과 성불(成佛)을 바랄 수 있겠는가?

【聖人은 人倫之至也요. 仙佛과 聖人之別名이라. 倘倫常에 有虧하면 安望成仙과 成佛哉인가?】

---

4) 虛空打破 : 仙道에서 伍柳派인 유화양 선사의 慧命經 그림 중에 마지막 그림인 "虛空粉碎圖"가 있다. 보현보살은 말하기를 "허공이 다할 때 까지 나의 수행은 끝이 없다."고 하였다.

한 낱알의 사리광(舍利光)이 염염(焰焰 : 불꽃이 치솟음)하여,
묵묵히 억만(億萬)의 무궁겁(無窮劫)을 다 하네.
대천세계(大千世界)가 다 귀의(歸依)하니,
삼십삼천(三十三千)을 다 한데 모아 거느린다.

　　一顆의 舍利光이 焰焰하여
　　默盡億萬無窮劫하네.
　　大千世界가 盡歸依하니
　　三十三千을 咸統揖라

　만약 음양(陰陽)을 혼합(混合)하지 않고 대도(大道)를 요달(了達)하고자
한다면, 단지 지부(地府)의 신(神)은 될 수 있으나, 천궁(天宮)의 선(仙)은
될 수가 없다.
　【若不混合陰陽하고 以了大道하면 只可地府爲神이나 不能天宮爲仙이
라】

　이것은 미묘(微妙)한 심인(心印)으로, 구구상전(口口相傳 : 입과 입으로
서로 전함)할 수 있는 것이 아니다. 반드시 심심(心心)으로 상인(相印)할
수 없다면, 마땅히 덕(德)을 쌓아 격천(格天 : 하늘에 감동하여 통함)할
것이다.
　【此微妙心印으로 非口口相傳이라. 必不能心心相印이면 宜修德以格天
이라】

　타(他)의 곤위(坤位)인 생성체(生成體)에 의지하여, 건가(乾家)의 교감
궁(交感宮)을 향하여 심을 것이라.
　【他의 坤位生成體하여 種向乾家交感宮이라】

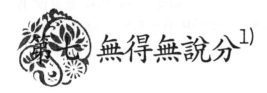 無得無說分[1]

空則無得寂則無說
공하니 얻을 것이 없고 고요하니 말이 없다

須菩提야 於意云何오
如來得阿耨多羅三藐三菩提耶아
如來가 有所說法耶아
須菩提가 言하되
如我解佛所說義로는
無有定法名阿耨多羅三藐三菩提며
亦無有定法如來可說이니이다
何以故오 如來所說法은
皆不可取며 不可說이며
非法이며 非非法이니다
所以者가 何오
一切賢聖이 皆以無爲法[2]으로
而有差別이니이다

　　수보리야, 어떻게 생각하느냐.
여래가 아뇩다라삼먁삼보리를 얻었다고 하는가.
여래가 설한 바 법이 있는가?
수보리가 말씀드리되,
　　제가 부처님의 설하신 뜻은 알기에는
아뇩다라삼먁삼보리라고 부를 만한 결정적인 법이 없으며,
또한 여래가 설하였다 할 고정된 법도 없습니다.
무슨 까닭인가 하면, 여래께서 설하신 법은
다 취할 수 없으며 말할 수도 없으며,
법도 아니고 법아님도 아니기 때문입니다.
까닭이 무엇인가 하면
모든 성현이 다 무위법으로써
차별을 두었기 때문입니다.

---

　1) 無得無說分 : 本分은 앞의 6分에 근거한 것인데 前分에서 이미 분명하게 法은 取하면 안 되고 菩提心에 住하는 것이 眞道라고 하였지만 그러나 오히려 보리심을 얻었는지 얻지 못하였는지에 대하여는 아직 관련이 되지 않았다. 고로 佛께서 지금에 시험 삼아 수보리에게 보리심의 觀法이 어떤지에 대하여 물으셨으니 "여래가 아뇩다라삼먁삼보리를 얻었는가?"라고 물으셨다.

　이 질문을 다시 살펴보면 "무릇 여래의 도에 통달한 사람은 진실로 달리 菩提를 얻은바가 있는가?"라고 물은 것이니 수보리가 이미 보리심은 "自家物"로 절대로 밖으로부터 오는 것이 아님을 어찌 알지 못했겠는가? 그러나 衆生이 迷時에 만약 指點을 받지 않게 되면 그 體에 밝지 못하게 된다.

　고로 迷할 때는 스승이 건네주어야 하고, 悟時에는 당연히 自度해야 한다. 이것은 바로 明師를 방문하여 먼저 나의 本性의 소재지를 지시받고 그런 연 후에 다시 자체의 본래면목을 닦아 회복해야 한다.

空照頌에 云 "這箇는 분명코 개개가 다 같나니, 천지를 싸안아 허공을 운전하네. 내가 지금에 眞心體를 直指하노니 맑고 고요한 靈知가 바로 주인옹이라네."라고 하였다.

2) 無爲法 : 本分에서 새로 나온 용어로 그 뜻은 바로 조작을 버리고 性을 따라 행하는 非法과 非非法이다.

然燈古佛眞解

불(佛)께서 법상(法相)에 집착하면 안 된다는 뜻으로, 다시 수보리(須菩提)를 다시 부르시면서 말하기를 "여래(如來)가 아뇩다라삼먁삼보리를 얻었겠느냐?" 여래(如來)가 설(說)한 법(法)이 있는가? 라고 물으신 것이다.

【佛因法相에 不可著之義로 再呼須菩提曰 如來가 得阿耨多羅三藐三菩提耶오? 如來有所說法耶오?】

대도(大道)는 무형(無形)이기에 비록 얻은 바가 있다 해도, 실제로는 얻은 바가 없고, 비록 설(說)한 바가 있다하나 실제로는 설(說)한 것이 없다는 것이다.3)

진실로 이것은 명심견성(明心見性)한 사람에게 상(相)에 집착하지 않게 하시고자 함이다.

【蓋大道는 無形이기에 雖有所得해도 而實無所得이고 雖有所說法이나 而實無可說이라. 實欲人之明心見性에게 不著于相也라】

---

3) 氣만 있고 質은 없으니 보려 해도 보이지 않으므로 무엇을 얻을 수 있겠는가? 스스로 아는데 있다. 알아도 행하지 않으면 알지 못하는 것과 같다.

수보리(須菩提)가 곧 바로 말하기를 "제가 이해하기에는 불(佛)께서 말씀하신 뜻에는 일정한 법(法)이 없으므로 아뇩다라삼먁삼보리라고 이름할 뿐입니다."라고 하였으니, 이것은 깊이 도(道)의 진체(眞體 : 참된 바탕)를 이해한 것으로 가히 집착할 상(相)이 없는 것이다.

【須菩提言直應之曰 如我解佛所說義에는 無有定法하므로 名阿耨多三藐三菩提이니 是深解道之眞體로 無相可以執著也라】

일찍이 사문(沙門)이 있어 불(佛)께 말하기를 "무슨 인연으로 득도(得道)하며 어떻게 숙명(宿命 : 전생을 알 수 있는 육신통의 하나)을 알 수가 있습니까?" 하니,

불(佛)께서 대답하여 말씀하시기를 "도(道)는 형상(形相)이 없는 것이니 공연히 알려고 하면 이익이 없다. 뜻을 굳게 하고 돈독히 행(行)하는 것이 중요하다."고 하셨다.

【昔有沙門問佛曰 以何緣得道하며 奈何知宿命오? 하니 佛應之曰 道는 無形相이니 空知無益이라. 要當堅志篤行이라】

"비유하면 거울을 갈아 때가 없어지면 밝음만 남아, 곧 자기의 모습을 볼 수 있는 것과 같다. 단욕(斷慾 : 욕망을 끊음)하여 수공(守空 : 공을 지킴)하면 곧 도(道)의 진실을 보고 숙명(宿命)을 알게 된다."4)고 하시니 들은 사람이 기뻐하며 물러갔다.

---

4) 먼지를 제거하면 밝음이 남고, 욕망에 있으면서 욕망을 벗어나나 또한 절박한 곳이다.

【譬如磨鏡하여 垢去하면 明存이니 卽自見形이라. 斷欲하
여 守空하면 卽見道眞하고 而知宿命矣라. 聞者가 欣然以去
라】

수보리가 또 말하기를 "또 일정한 법(法)을 여래(如來)께서
말씀한 것이 없다."는 것은, 진공(眞空)은 불공(不空)이고 대
법(大法)은 망법(忘法 : 법을 잊음)으로, 공(空)이 묘처(妙處)
에 이르면 법(法)도 또한 바로 공(空)이고, 법이 묘시(妙時 :
活字時)에 이르면 공(空)도 즉 바로 법이니, 마치 달이 만천(萬
川)에 인(印)치면 처처(處處)가 다 둥근 것과 같다.
【須菩提又言亦無有定法如來可說者는 蓋眞空은 不空이고
大法은 忘法으로 空이 到妙處하면 法도 亦是空이고 法이 到妙
時하면 空도 卽是法이니 如月이 印万川하면 處處가 眞圓이
라】

"또 어찌 일정한 법이 있으며, 또 어찌 말씀한 바가 있겠는
가?"에 대해 이것은 또 수보리가 대도(大道)의 작용(作用)이
비록 불이법문(不二法門)에 관계됨을 깊이 알고 있으나, 도
(道)에 들어가는 근본은 사람이 스스로 깨닫는 데 있다.
고(故)로 여래(如來) 또한 일정한 법(法)이나 설(說)한 것이
없다.
【又何有定이며 又何可說인가? 此又須菩提가 深知大道作
用이 雖系不二法門이나 而入道之基는 在人自悟라. 故로 如來
亦無定法可說이라】

오직 자질에 따라 가르치는 데 있으니 어찌하여 그런가?5)

여래(如來)께서는 "법(法)은 다 취할 수 없고 말할 수도 없다."고 말씀하셨는데, 그 취할 수 없다는 것은 그것이 비법(非法)이기 때문이고, 그 말할 수 없다는 것은 그것이 비법(非法)도 아니기 때문이다.

【惟在因材而教이니 何以故오? 如來께서는 所說法皆不可取하고 不可說인데 其不可取者는 以其爲非法也이고 其不可說者는 以其爲非非法也라】

비법(非法)이란 즉 대법(大法)의 밖을 벗어난 것이니, 중(中), 하(下)의 소승(小乘)이 되고, 비법(非法)이 아니란 것은, 즉 묘법(妙法)의 신(神)을 전한 것이니, 곧 지존무상(至尊無上)하고 육통사벽(六通四闢)하며, 공공동동(空空洞洞)하여 가히 더듬어 잡을 수가 없다.

【非法이란 則出大法之外이니 而爲中下小乘이고 非非法이란 則傳妙法之神이니 便爲至尊無上하고 六通四闢하며 空空洞洞하여 無可捉摸이라】

그 까닭은 무엇인가?

일체(一切), 현인(賢)으로 성인(聖)을 희망하는 사람은 다

---

5) 자질에 따라 가르친다는 것은 바로 學人의 수준이 어떤지를 살피고 난 다음에 비로소 알맞은 요체를 전해주는 것이다. 만일 그 사람이 아니면 도를 헛되이 전하지 않으니 집착하는 사람은 三世라도 또한 金丹의 가르침을 쉽게 들을 수 없다. 實行으로 얻는 것이니 남자가 아이를 밴다고 하면 어찌 이것이 웃으면서 사람을 죽이는 것이 아니겠는가? 그런 까닭에 非法도 아니라는 것은 끝내 얻을 수 없는 것이다.

무위법(無爲法)으로 말미암는다고 하나, 이것이 어찌 과연 법(法)이 없는 것이겠는가?

유감스럽게도 "백성(百姓)이 일용(日用 : 날마다 씀)하나 알지 못한다."는 것이다.

슬프도다! 무릇 대법(大法)이 스스로 목전(目前)에 있다 해도, 진전(眞傳)은 모름지기 구수(口授 : 입으로 전해줌)로 말미암는 것이다.

【所以者何인가? 一切由賢으로 希圣者는 皆以無爲法이니 是豈果無法哉인가? 無如百姓이 日用하나 不知耳라.悲夫라! 大法이 自在目前해도 眞傳은 須由口授이라】

이른바 법(法)은 공처(空處)를 따라 얻으나, 도(道)는 자연히 묘(妙)가운데서 온다네.

옥녀(玉女)가 부지런히 약(藥)을 베푸니, 금부(金夫)가 가히 결태(結胎)하네 라는 이것이 진법(眞法)이다.

【所謂法은 從空處하여 得하나 道는 自妙中來네. 玉女가 勤施하니 金夫가 可結胎者라. 此眞法也라】

저 함이 없는 법(法)으로, 마침내 상승(上乘)과 하승(下乘)의 차별이 있게 되는 것이니 힘쓰지 않아서 되겠는가?

【彼以爲無法으로 遂致上乘과 下乘之有差別者니 可不勉哉아?】

단지 성(性)만 닦고 명(命)을 닦지 않는다면, 이것이 바로 수행(修行)에 가장 큰 병(病)이요.

단지 조성(祖性)만 닦고 단(丹)을 닦지 않는다면, 만겁(萬劫)의 음령(陰靈)으로 성(聖)에 들기 어렵다네.

【只修性하고 不修命하면 此是修行의 第一病이요. 只修祖性하고 不修丹이면 萬劫陰靈으로 難入聖이라】

후천(後天)의 식신(識神)을 일분(一分) 덜어내면, 선천(先天)의 원신(元神)이 자연히 일분(一分)을 더하게 된다.

학자(學者)가 덜어서 가히 덜 것이 없는데 이르러야, 비로소 본래면목(本來面目)으로 돌아간다.

【後天之識神을 損了一分하면 先天之元神이 自增一分이라. 學者가 至於損無可損하여야 方能還本來面目이라】

상응(常應)과 상정(常靜)이 바로 도(道)의 진수(眞髓)이니, 학자(學者)는 착안해 할 것이다.

【相應과 常靜이 乃道中之眞髓이니 學者는 宜着眼이라】

반드시 정(靜)한 후(後)에 능히 응(應)하고, 반드시 응(應)하고야 비로소 진정(眞靜)이 된다.

【蓋必靜而後에 能應하고 必能應해야 而始爲眞靜也라】

고불원비(古佛原批)에 의하면 인상(人相)과 아상(我相)이 없다는 사구(四句)는 바로 무극(無極)의 진경(眞境 : 참된 경계)이다.

사람이 무극의 진경(眞境)을 얻으면, 자연히 만신(萬神)이 환경(歡慶 : 기쁨으로 축하함)하고, 만령(萬靈)이 호지(護持 : 보호하고 지켜줌)하며,

153

만성(萬聖)이 감격(感格)하고 만선옹(萬仙翁)께서 임(臨)하시니, 어찌 대도(大道)가 이루어지지 않음을 걱정하랴?

【古佛原批: 無人我相四句는 乃是無極眞境이라. 人得無極眞境하면 自然히 萬神이 歡慶하고 萬靈이 護持하며 萬聖이 感格하고 萬仙翁께서 臨하니 何患大道不成乎하랴?】

第八 依法出生[1]分

諸佛之法依此生出
제불의 법은 이에 의지하여 출생함

須菩提야 於意云何오
若人이
滿三千大千世界七寶로 以用布施하면
是人의 所得福德이 寧爲多不아
須菩提가 言하사대 甚多니이다 世尊하
何以故오 是福德이 卽非福德性[2]일새
是故로 如來가 說福德多니이다
若復有人이 於此經中에
受持乃至四句偈等[3]하야
爲他人說하면
其福이 勝彼하리니
何以故오 須菩提야
一切諸佛과 及諸佛阿耨多羅三藐三菩提法이
皆從此經出[4]이니라
須菩提야 所謂佛法者는 卽非佛法이니라

수보리야, 어떻게 생각하느냐.

만약 어떤 사람이

삼천대천세계에 가득한 칠보로써 보시한다면,

이 사람이 얻을 복덕이 얼마나 많겠느냐.

수보리가 말씀드리되, 매우 많습니다. 세존이시여,

왜냐하면 이 복덕은 곧 복덕성이 아니므로

이 까닭에 여래께서 복덕이 많다고 하였습니다.

만약 또 어떤 사람이

이 경 가운데 사구게만이라도 받아 지녀서

다른 사람을 위하여 설한다면

그 복이 저 앞의 복보다 수승하리니,

무슨 까닭인가 수보리야,

일체 모든 부처와 모든 부처의 아뇩다라삼먁삼보리법이

모두 이 경으로부터 나왔기 때문이니라.

수보리야, 이른바 불법이라고 하는 것도 곧 불법이 아니니라.

---

1) 依法出生 : 이 네 글자에서 당연히 "法"이라는 글자가 가장 중요하다. 이 법이란 곧 제7분에서 말한 "무위법"이고 또한 6분에서 말한 "법을 취해서도 안 되고 非法을 취해서도 안 된다."는 법이다. 이로 볼 때 이 무위법이 眞法이며 이 법에 의지하여 進修해야 비로소 출생할 수 있다.

2) 복덕성 : 性을 따라 생겨나는 복덕이며 "如是"處所에서 거느려 發하는 妙行 功德이다. 그러므로 수도자가 만일 항상 "如是"處를 따라 항상 그 妄想心을 항복받을 때 드러나는 善法으로 이것이 복덕성이며 또한 眞福德이다.

3) 四句偈 : 금강경주에 사구게는 하나의 미스테리이다. 자고이래로 사구게에 대해 말한 것이 하나가 아닌데 크게는 제5分, 제 26分, 그리고 32分이 모두 사구게이다. 그러나 지금에는 오히려 한사람도 정확한 결론을 내지 못하고 있다. 이에 우리들이 지금에 만약 신중한 결론을 낸다면 제 5分에서 말한 것은 단지 사람에게 "離相"하여 흠을 제거하라는 말일 뿐이고, 오히려 아주 진귀한 비밀법이라고 할 수는 없다.

26分과 32分의 사구게는 비록 本經의 正法에 유사한 말이지만 그러나 佛께서 이 般若正法을 말씀하실 때는 8分에 이르러서 나온 사구게이니 아직 말하지 않은 것을 먼저 사구게의 도리라고 말할 수 있겠으며 그리고 수보리가 어떻게 투철하게 깨달아 이해할 수 있겠는가? 解空 智慧에 의지하여 말한다면 반드시 의문이 있으면 반드시 이 사구게에 대해 물었을 텐데 실제로 수보리의 질문이 없었다. 이미 질문이 없었다면 수보리는 이미 깊이 알고 있었다고 증명할 수 있다.

고로 실제 이 "사구게"는 經의 후반부에 감추어 있는 것이 아니고 이것은 經의 전반부에 있다는 것이 증명된다. 하물며 제 26分의 사구게는 "破邪顯正"의 이치를 설명하였고, 32分의 사구게는 만 가지가 하나로 돌아가는 가르침으로 "應作如是觀"으로 결론을 지었으니 이것은 또한 全經을 거두어들이는 뜻이니 모두 "以心傳心"의 無上의 가르침과는 관계가 없다. 이로써 볼 때 이 "사구게"는 당연히 위 3分에서 말한 言旨는 아니라고 하겠다.

그렇다면 우리들이 이미 믿고 있듯이 이 經중에 실제로 "無上法"이 감추어 있다고 한다면 佛께서 말씀하신 사구게는 반드시 긴요한 "樞密語"로 心法의 傳受에 따라서 전수되는 것이 事理이다. 고로 밝은 곳에 있는 것은 절대로 진정한 "사구게"가 아닐 것이다. 이 사구게는 반드시 사람들이 쉽게 주의할 수 없는 장소에 두었을 것인데 이러한 여러 가지를 감안하여 찾아본다면 心法의 주된 취지를 거스르지 않는 것은 단지 제2分에 있는 수보리가 實相을 얻은 동시에 佛과 수보리가 問答한 사구게가 오히려 합당하다고 하겠다.

이것이 비록 問答하는 뜻이라 혹 "偈"라 하기는 부족하겠지만 그러나 佛께서 바로 수보리의 질문에 흡족하시어 心法의 實相을 수보리에게 전하셨기 때문이다. 이에 "사구게"라 단정한 것은 바로 "云何應住, 云何降伏其心? 應如是住, 應如是降伏其心"이다.

4) 經 : 이것은 文字 經說이 아니고 般若正法을 말한다. 정법이란 오직 "반야실상"을 말하고 또한 친히 明師의 指傳을 받는 것으로 실제로 敎外의 密意를 깨닫는 것이다. 다시 말하면 "如是住"와 "如是降伏"의 "如是"處를 아는 것이 곧 "모두 이 경을 따라 나온다."는 經字의 뜻이다.

"수보리(須菩提)야 어떻게 생각하느냐?"라고 한 것은 그 이름을 불러서 칠보(七寶)[5]를 보시(布施)하는 이는 복덕(福德)이 진실로 많으나 끝내는 이 경(經)을 수지(修持)하여 사구계(四句戒)등을 다른 사람을 위해서 해설해 주는 것만 못함을 보이신 것이니 즉 수성분중(修性分中)의 복덕(福德)이다.

【須菩提야 于意云何者는 此乃呼其名하여 以示用七寶布施者는 福德固多이나 終不如以此經을 受持하여 四句偈等을 爲他人解說이니 而修性分中之福德也라】

수보리가 답하여 말하기를 "매우 많습니다."고 한 것은 또한 칠보(七寶)로 보시(布施)하는 것이 공(功)이 없다고 말하는 것이 아니다. 얻기 어려운 삼천대천세계(三千大天世界)에 가득 찬 칠보(七寶)를 가지고 보시하는 것이기 때문이다.

【而須菩提答言甚多는 亦非謂七寶布施가 無功也라.持難得滿三千大千世界七寶로 以爲布施耳라】

그러나 수보리는 곧 말을 바꾸어 말하기를 "이 복덕(福德)은 즉 복덕성(福德性)이 아닌 까닭에 여래(如來)께서는 복덕(福德)이 많다고 말씀하신 것입니다."고 하였는데 이른바 "많다고는 하지만 끝내는 많은 것이 아니다."는 것이다.

【然須菩提卽轉言曰是福德은 卽非福德性이므로 是故如來

5) 칠보 : 금, 은, 유리, 산호, 마노, 적진주, 파리를 말한다.

께서 說福德多인데 是所謂多者이나 究竟非多也라】

얻기 어려운 삼천대천세계(三千大天世界)에 가득 찬 칠보(七寶)로 보시한다는 것은 말할 필요도 없고, 곧 상대에게 보상(報償)받기를 원하는 것 같은 것은 보시의 복덕(福德)에 불과할 뿐이다.

그 복덕이 비록 많다고 해도 자가(自家)의 심성(心性)과 어찌 같겠는가?6)

【無論不能得滿三千大千世界七寶로 以用布施也이고 卽能如愿相償은 亦不過布施之福德而已라. 其福德雖多해도 与自家의 心性과 何与인가?】

내가 일찍이 말하기를 무엇이 선(善)이 되는가?
"오직 도(道)를 행하는 것이 선이다."
무엇이 가장 큰 것인가?
"오직 지(志)와 도(道)가 합하여야 비로소 큰 것이다."

【吾曾言하기를 何者爲善인가? 何者最大인가? 惟志與道가 合해야 始大이라】

내가 고(故)로 말하기를 "만약 이 경(經)중에서 사구계(四句戒)등을 수지(受持)하여 다른 사람을 위해 말해준다면, 그 복덕(福德)은 저가 보시(布施)한 것보다도 나으리라."고 하였는

---

6) 보시를 끝내 心性으로부터 하지 않는 것은 비유한다면 자질이 있는 사람이 스스로 독서하는 것에 게을러서 다른 사람에게 대신 읽어달라고 청하는 것과 같아 대신 읽어 수고한 그에게만 도움이 될 뿐 자기와는 상관이 없다.

데 사구계(四句戒)란 즉 아(我), 인(人), 중생(衆生), 수자상(壽
者相)이란 사구(四句)가 없는 것이다.

【吾故曰 若有人于此經中에서 受持四句偈等하여 爲他人說
이면 其福이 勝彼布施也인데, 四句偈란 卽無我、人、衆生、
壽者相之四句이라】

어찌하여 그 복(福)이 저가 보시(布施)한 것보다 나은가?
수보리(須菩提)를 부른 연유로 보이시며 말하기를 "일체(一
切)의 모든 불(佛)과 아뇩다라뇩삼먁삼보리법은 모두 이 경
(經)을 좇아 나온다."고 하시었다.

【何以其福이 勝彼布施也인가? 因呼須菩提以示之曰一切
諸佛과 阿耨多羅三藐三菩提法은 皆從此經出이라】

오호라!
이 경(經)은 바로 사람을 제도하는 무량(無量)한 진경(眞經)
이다.
사람이 이 묘경(妙經)을 취하고자 한다면, 사구계(四句戒)
를 수지(受持)하지 않고서는 그 법(法)을 실행할 수가 없다.

【噫라! 此經은 乃度人無量之眞經也라. 人이 欲取此妙經
이면 非受持四句偈이면 無由行其法이라】

그러나 이른바 "불법(佛法)이란 즉 불법(佛法)이 아니다."고
한 것은 전부 자가(自家)에서 한 권의 무자진경(無字眞經)을
아는데 있는 것이다.
이 무자진경(無字眞經)은 곧 선불(仙佛)의 계제(階梯 : 사다

리)이니, 사람이 진실로 구전심수(口傳心授)의 법(法)을 구하고자 한다면, 요컨대 헛된 것이 아닌 그 법을 얻어야만 비로소 일을 마칠 수가 있다.

【然所謂 佛法者란 卽非佛法은 全在自家에서 認得一卷無字眞經이라. 而此無字眞經은 卽是仙佛之階梯이니 人固要求 口傳心授之法이면 而要非空得其法이라야 便能了事이라】

진경(眞經)이란 실사(實事)로만 가히 증거 할 수 있는 것이니, 힘써 궁행(躬行 : 몸으로 행함)하여 실천하는 것이 중요하며, 단지 입으로만 말해서 되는 것이 아니다.7)

【蓋眞經이란 有實事可憑이니 務要躬行實踐하며 非從口說 而已也라】

---

7) 眞道를 受持하여 부지런히 행하여 拳拳服膺(늘 마음에 간직하여 정성스럽게 지킴)해야 비로소 無字眞經을 얻게 되니 이것이 無上의 非非法이다.

뒤에 말하는 사구게(四句偈)를 수지(修持)한다는 것은 이것을 가리킨다.
【後說한 受持四句偈者는 指此라】

사상(四相)은 바로 금강경(金剛經)의 골수(骨髓)요, 전등(傳燈)의 심인(心印)이다. 불조(佛祖)께서는 사람이 찾아도 착락(著落:귀결점)을 깨닫지 못할 것을 걱정하신 까닭에 태허(太虛)로 귀착점을 지적하여 나타내셨고, 또 이어서 여덟 개의 시(詩)를 제공하시니, 자비(慈悲)로 고도(苦度:괴로움에서 구제함)하심이 지극하시다.
【四相은 乃金剛經之髓요, 傳燈之心印이라. 佛祖께서는 恐人尋不了著落故로 以太虛로 指出著落하였고 又係以詩八首하니 慈悲로 苦度至矣라】

평일(平日)에 색(色)이 곧 공(空)임을 안다는 것은, 이른바 색(色)을 참아 양관(陽關)8)을 굳게 한다. 는 것이다. 이것이 불조(佛祖)께서 사람들에게 홍(汞)을 운반하여 연(鉛)을 맞아들이는 참된 본령(本領)을 보이신 것으로, 이 부동심(不動心)은 바로 내가 모아서 생긴 것[集我所生]이다.
【平日에 認得色이 卽是空은 所謂忍色하여 以固陽關也라. 是佛祖께서 示人以運汞하여 迎鉛하는 眞本領으로 此不動心은 是集我所生이라】

---

8) 양관 : 회음부근에 있는 장소로 오르가즘이 극치에 이르면 이 관문에서 오르가즘을 느끼면서 호르몬이 새어 나가게 된다. 그래서 양관을 한 번 닫으면 누구라도 長生한다고 하였다.

第九 一相無相分[1]

只此一相本自無形
단지 이 하나의 상은 무형으로 근본 함

須菩提야 於意云何오
須陀洹이 能作是念호대
我得須陀洹果不아
須菩提가 言하사대
不也니이다 世尊하 何以故오
須陀洹은 名爲入流로대 而無所入이니
不入色聲香味觸法일새
是名須陀洹이니이다

須菩提야 於意云何오
斯陀含이 能作是念호대
我得斯陀含果不아
須菩提가 言하사대
不也니이다 世尊하 何以故오
斯陀含은 名一往來로대 而實無往來일새
是名斯陀含이니이다

須菩提야 於意云何오
阿那含이 能作是念호대
我得阿那含果不아
須菩提가 言하사대
不也니이다 世尊하 何以故오
阿那含은 名爲不來로대
而實無不來일새
是故로 名阿那含이니이다

須菩提야 於意云何오
阿羅漢이 能作是念호대
我得阿羅漢道不아
須菩提가 言하사대
不也니이다 世尊하 何以故오
實無有法名阿羅漢이니
世尊하 若阿羅漢이 作是念호대
我得阿羅漢道라하면
卽爲著我人衆生壽者니이다

世尊하
佛說我得無諍三昧하야
人中에 最爲第一이라
是第一離欲阿羅漢이라하시나
我不作是念호대
我是離欲阿羅漢이라하노이다
世尊하 我若作是念호대
我得阿羅漢道라하면
世尊이 卽不說須菩提가

是樂阿蘭那行者어니와
以須菩提가 實無所行일새
而名須菩提가 是樂阿蘭那行이라하시나이다

수보리야, 어떻게 생각하느냐.
수다원이 능히 이런 생각을 하되
"내가 수다원과를 얻었다' 하는가.
수보리가 말씀드리되,
아니옵니다. 세존이시여! 무슨 까닭인가 하면
수다원을 입류라 하지만 들어간 바가 없으니
색, 성, 향, 미, 촉, 법에 들어가지 않으므로
이를 일러 수다원이라 하옵니다.

수보리야, 어떻게 생각하느냐. 사다함이 능히 이런 생각을 하되,
"내가 사다함과를 얻었다." 하는가.
수보리가 말씀드리되,
아닙니다, 세존이시여! 무슨 까닭인가 하면
사다함은 일왕래로되 왕래함이 없으므로
사다함이라 합니다.

수보리야, 어떻게 생각하느냐.
아나함이 능히 이런 생각을 하되,
"내가 아나함과를 얻었다."하는가.
수보리가 말씀드리되,
아니옵니다. 세존이시여! 무슨 까닭인가 하면

아나함은 이름이 오지 않는다하오나
실로는 오지 않음이 없으므로
이름이 아나함이라 합니다.

   수보리야, 어떻게 생각하느냐.
아라한이 능히 이런 생각을 하되,
"내가 아라한과를 얻었다."하는가.
수보리가 말씀드리되,
   아닙니다, 세존이시여! 무슨 까닭인가 하면
실로 아라한이라 할 법이 없기 때문입니다.
세존이시여, 만약 아라한이 이런 생각을 하되
"내가 아라한도를 얻었다." 하면
 곧 아상, 인상, 중생상, 수자상에 집착함입니다.

세존이시여,
부처님께서 저를 무쟁삼매를 얻은
사람 가운데에서 제일이라 하시니,
이는 욕심을 떠난 제일의 아라한이라고 하심이나
저는 욕심을 떠난 아라한이라고 생각지 않습니다.
세존이시여, 제가 만약 이런 생각을 하되
"내가 아라한도를 얻었다."하면
세존께서는 곧 '수보리는 아란나행을 즐기는 자'라고
말씀하시지 않으려니와
수보리가 실로 행하는 바가 없으므로
수보리는 "아란나행을 즐기는 자"라고 부르셨습니다.

---

1) 一相無相分 : 果에 비록 四果과 있으나 相은 본래 둘이 없다. 고로 一相無相
分으로 받았다.

여기서 말하는 수행(修行)이란 마땅히 무념(無念)으로 종(宗)을 삼는 것으로, 최상승(最上乘)을 깨닫는데 있어서도 진실로 이와 같아야 한다.

그와 같이 수다원(須陀洹), 사다함(斯陀含), 아나함(阿那含), 아라한(阿羅漢)2)을 닦는 이도 또한 과(果)를 얻었다는 생각이 없어야 비로소 증과(證果)할 수가 있다.

【此言修行者는 當以無念爲宗으로 在悟最上乘者에도 固當如是라. 而其修須陀洹、斯陀含、阿那含、阿羅漢者도 亦不可有得果之念이라야 方能證果也라】

사람이 애욕(愛慾)의 념(念)을 품으면 반드시 견성(見性)할 수가 없다.

견성하지 못하면 견도(見道)할 수가 없고 견도 할 수 없으면 곧 도(道)와는 서로 멀어진다.

---

2) 四果 : 四果중에는 모두 無字가 있다: 들어간 바가 없음(無所入),가고 오는 것이 없음(無往來), 오지 않음이 없음(無不來), 법이 없음(無有法)인데 이른바 일체 賢聖은 모두 무위법으로 차별을 두었다는 것이 여기에서 증명이 된다. 그러나 佛께서 말씀하신 四果에는 자연히 등급이 있다.

① 색성향미촉법에 들어가지 않는 것은 바로 欲은 마땅히 피해야 함을 아는 것이니 즉 果가 처음 생하는 것이다.

② 일왕래는 다시 欲境을 밟지 않는 것이니 즉 果가 長大해진 것이요.

③ 오지 않는다는 것은 欲境을 떠나는 것이니 즉 果가 성숙해진 것이고,

④ 욕망을 떠난 것은 바로 欲을 벗어나 청정해진 것이다. 즉 果을 이미 거둔 것이다.

【蓋人이 懷愛欲之念이면 必不能見性이라. 不能見性이면 卽不能見道하고 不能見道하면 便與道相遠矣라】

불(佛)께서 수보리가 묻는데 따라 말씀하기를 "네 뜻에 어떠하냐? 초과(初果)의 수다원(須陀洹)이 능히 이런 생각을 하되, 내가 수다원과(須陀洹果)를 얻었다고 하겠는가?"하니

수보리가 곧 바로 대답하여 말하기를 "아닙니다. 세존(世尊)이시여, 무슨 까닭인가 하면 수다원(須陀洹)을 입류(入流)라 하지만 들어간 바가 없습니다."라고 하였다.

【佛因問須菩提曰于意云何오? 初果之須陀洹이 能作是念하되 我得須陀洹果不인가? 須菩提가 直應之曰 不也니이다. 世尊이시여 何以故? 須陀洹을 名爲入流이나 而無所入이니다】

어찌하여 이름이 입류(入流)인데 들어가는 바가 없는 것인가?

가장 쉽게 사람의 생각을 움직이게 하는 것에 육진(六塵)만한 게 없는데, 육진(六塵)의 색(色), 성(聲), 향(香), 미(味), 촉(觸), 법(法)은 다 사람의 유념(有念)을 타서 들어온다.

【何以名爲入流인데 而無所入인가? 蓋最易惹人動念者에 莫如六塵인데 而六塵之色聲香味觸法은 皆緣人之有念而入이라】

이 때문에 수다원(須陀洹)이 련성(煉性 : 성품을 단련함)할 때에, 만약 한번 과(果)를 얻었다는 생각을 짓게 되면, 곧 색,

성, 향, 미, 촉, 법이 다 염려(念慮)하는 사이로 들어오게 되어, 형세[勢]가 반드시 육진(六塵)의 마경(魔境)에 떨어지게 되니 오히려 득과(得果)할 수가 있겠는가?

고(故)로 이른바 수다원(須陀洹)은 아울러 수다원을 얻었다는 생각[念頭]3)을 또한 마땅히 잊어야 한다.

이것이 색, 성, 향, 미, 촉, 법에 들어가지 않는 것이니, 이것을 일러 수다원이라 한다.

【設須陀洹이 煉性時에 若作一得果之念이면 則色聲香味觸法이 皆得入於念慮之間하여 勢가 必墮入六塵魔障矣니 尙能得果乎인가? 故所謂須陀洹者는 並此得須陀洹之念頭을 亦當忘之이라. 斯不入色聲香味觸法이니 是名爲須陀洹이라】

무엇을 수다원(須陀洹)이라 하는가?

"타(陀)"란 사(沙), 타(沱)이다.

처음 도(道)에 들어간 이는, 그 정(精)이 쉽게 달아나므로 그 홍(汞)을 안정[定]시키기가 어려운데, 조금이라도 촉동(觸動 : 부딪쳐 움직임)하면, 곧 사타(沙陀 : 모래가 무너짐)하여 쉽게 분도(奔倒 : 달아나 엎어짐)하는 것과 같다.

【何以謂之須陀洹인가? 陀란 沙沱也라. 初入道者는 其精이 易走하므로 其汞을 難定인데 稍有觸動하면 卽如沙沱之易奔倒也라】

"원(洹)"이란 니원(泥洹)으로 즉 열반(涅槃)이다.

바로 사타(沙陀)로 열반가운데로 들어가게 되면 쉽게 궤산

---

3) 뜻에 집착하면 모든 것이 어긋나고 無爲하면 또 空에 떨어진다.

(潰散 : 무너져 흩어짐)하게 되어 반환(返還)하기가 어렵게 된다. 고(故)로 그것을 수다원(須陀洹)이라 하는데, 처음 입도(入道)하는 이에게 보이시어 스스로 경척(警惕 : 경계하여 조심함)케 하심이다.4)

【洹이란 泥洹으로 卽涅槃也라. 蓋以沙沱로 而入於涅槃中하면 容易潰散하여 難以返還也라. 故로 謂之須陀洹인데 以示初入道者하여 不可不自知警惕也라】

"수(須)"란 말은 비록 이와 같은 근기(根基)를 필요로 하지만, 오히려 도인(陶人 : 질 그릇 만드는 사람)이 그릇을 만드는데, 다만 진흙으로 만든 기와일 뿐으로 아직 화공(火工)의 단련(鍛鍊)을 거치지 않거나 또는 진흙기와를 아직 햇볕에 말리지 않은 것과 같은 것이다.

【須者言은 雖有此可需根基이나 猶如陶人制器인데 僅將泥坯做成으로 不但未經火工煆煉커나 並未將泥坯麗幹也라】

처음 도문(道門)에 들어온 사람은 율율(慄慄 : 두려워 떠는 모양)하거나, 위구(危懼 : 위태로워 두려워 함)하여서는 안 된다. 잘 청심과욕(淸心寡慾)하여 진정(眞精)을 보전해야 하지 않겠는가?

여기서 한 걸음 더 나아가면 사다함(斯陀含)이 된다.

【初入道門者는 可不栗栗危懼이라. 善爲淸心寡欲하여 以保眞精乎인가? 進此하면 則爲斯陀含이라】

---

4) 入道하는 처음에는 漏盡을 이루기 어려우므로 "坎"중의 一陽을 찾아 얻어 그 沙陀를 制服하여야 金氣가 응결되니 자연히 무너져 흩어지지 않게 된다.

"사다함(斯陀含)"이란 일왕래(一往來)라 이르나 실제로는 왕래가 없다.

【斯陀含者이란 名一往來이나 而實無往來이라】

"일왕래(一往來)"란 즉 정좌(靜坐)하여 고수(孤修 : 혼자 외롭게 닦음)로 양기(陽氣)를 수섭(收攝 : 이끌어 거두어들임)하는 것이다.

그 방법은 양기(陽氣)가 발동(發動)할 때에, 신광(神光)을 황정(黃庭 : 단전기혈)에 반조(返照 : 돌이켜 비춤)하여, 그 양기가 발동(發動)한 것을 거두어 돌이키는 것이다.

【一往來란 卽靜坐하여 孤修之收攝陽氣也라.其法은 以陽氣가 發動時에 用神光返照于黃庭하여 以收回之其陽氣發動이라】

형세[勢]가 장차 아래도 떨어지면 즉 왕(往 : 감)이고, 그 양기(陽氣)가 떨어지는 것을 거두어 돌이켜 아래로 떨어지지 않게 하면, 즉 래(來 : 옴)인 것이다.

그러나 비록 왕래가 있다 해도, 일월(日月)이 함께 합하여 밝은 것이 아니고, 성명쌍수(性命雙修)와 같이 일(日)이 가고 월(月)이 오는 실공(實功)과 같은 것이 아니다.

고(故)로 비록 일왕래(一往來)라 이르나 실제로는 왕래하는 것이 없다.

【勢가 將下墜하면 卽往也이고 其陽氣가 收回使墜者를 不墜하면 卽來也라. 然이나 雖有往來해도 而日月이 並未合明이

고 非若性合雙修者처럼 有日往月來之實功이라. 故雖名一往來이나 而實無往來이라】

"함(含)"이란 앞의 사(沙), 타(沱)가 쉽게 무너지는 것과 같은데, 지금에는 이미 이것을 수섭(收攝 : 거두어 이끎)하여 함용(含容 : 머금어 수용함)하였으니, 수다원(須陀洹)에 비해서 조금은 비교적 느긋하다.5)

그러므로 련성(煉性)할 때에 또한 이러한 과(果)를 얻었다는 생각이 없어야 비로소 사다함(斯陀含)을 얻게 된다. 여기서 한 걸음 더 나아가면 또 아나함(阿那含)이 된다.

【含者란 前此如沙沱之易潰者인데 今已收攝하여 而含容之이니 比須陀洹하여 稍爲較穩이라. 故로 煉性時에 亦不可存此得果之念이라야 方能得斯陀含也라. 進此하면 又爲阿那含이라】

"아나함(阿那含)"이란 그 정기(精氣)를 이미 지켜서 정(定)을 얻었음을 말하는 것인데, 다만 운홍(運汞)하여 영연(迎鉛 : 진연을 맞이함)하지 못할 뿐이다.6)

【阿那含者란 其精氣를 已守得定인데 但不能運汞迎鉛耳라】

아(阿)"란 아호(阿護)이다.

【阿者란 阿護也라】

---

5) 후천기를 먹는 것이나 또한 수명을 늘릴 수 있다.
6) 性이 고요해지면(定) 氣는 자연히 돌아온다.

"나(那)"란 피가(彼家)로, 즉 곤궁(坤宮)이다.

【那者란 彼家也로 卽坤宮也라】

"함(含)"이란 정기(精氣)를 함용(含容 : 머금어 쌈)하여 주설(走泄 : 달아나 배설됨)하지 않게는 할 수 있으나, 피(彼 : 兌宮)에서 진양(眞陽)이 오는 것을 아직은 얻을 수가 없다. 고(故)로 불래(不來)라 한다.

【含者란 可以含容精氣하여 不使走泄이나 而莫由得彼眞陽之來이라. 故로 名爲不來라】

그러나 비록 피(彼)에서 오는 것을 얻을 수는 없다 해도, 온온(溫溫)한 문화(文火)로 가히 난환(煖煥 : 따뜻하고 밝음)하여 조금이라도 정(精)을 보태고 수(水)를 보충하므로, 실제로는 오지 않음이 없다.

그러나 과(果)를 얻었다는 생각이 없어야 비로소 아나함(阿那含)을 얻게 된다. 여기서 한 걸음 더 나아가면 곧 아라한(阿羅漢)이 된다.

【然이나 雖不能得彼之來해도 而溫溫文火로 可以暖烘하여 亦可稍爲添精하고 補水하므로 而實無不來也라. 然이나 亦不可有得果之念이라야 方能得阿那含也라. 進此하면 便爲阿羅漢이라】

"한(漢)"이란 천한(天漢 : 銀河)이고, "라(羅)"란 대라(大羅 : 크게 펼침)이다.

【漢者란 天漢이고 羅者는 大羅也라】

이때에 지하(地下)의 해수(海水)가 곧게 천한(天漢)[7]과 상통(相通)하여 크게 포라(包羅 : 온통 쌈)하는데, 이 같은 방법이 바로 대도(大道)의 실공(實功)이 된다.

【斯時에 地下의 海水가 直與天漢과 相通하여 大能包羅인데 此方이 是大道之實功이라】

불(佛)께서 고(故)로 수보리에게 물어 말씀하기를 "아라한(阿羅漢)이 능히 이런 생각을 하되, 내가 아라한(阿羅漢)의 도(道)를 얻었다."하겠는가? 하셨는데,

여기서 "도(道)"라는 글자를 보면 오른 쪽에 수(首)가 붙어있는데, 즉 선천기(先天炁)를 말한다. 또 왼 쪽에는 착(辶 : 쉬엄쉬엄 감)이 붙어 있는데 사행(乍行 : 잠시 가고)과 사지(乍止 : 잠시 머무름)하는 모습이다.

대개 수행이 여기에 이르러야 비로소 소승(小乘)을 여의고 대승(大乘)의 문(門)으로 들어가게 된다.[8]

【佛께서 故로 問須菩提曰 阿羅漢이 能作是念하되 我得阿羅漢道否가? 道字에는 從首인데 先天炁也라. 又從辶인데 乍行과 乍止之象이라. 蓋行至此라야 方離小乘하고 而入大乘之門이라】

---

7) 천한(天漢) : 도가에서는 눈을 일컬음
8) 實學이 있는 사람이라면 조금도 스스로 자랑하지 말고 마음을 비어 계곡과 같아야 하고, 스스로 교만하지 않아야 비로소 얻음이 있게 된다. 그렇지 않으면 가득차서 넘치게 된다.

수보리가 곧 바로 대답하여 말하기를 "아라한이 만약 내가 아라한의 도(道)를 얻었다는 생각을 낸다면, 곧 아(我), 인(人), 중생(衆生), 수자(壽者)에 집착하는 것이니, 실로 도(道)를 패(敗)할 것입니다."고 하였다.

【而須菩提直應之曰 阿羅漢이 若作是念하여 我得阿羅漢道이면 卽著我人衆生壽者이니 實足以敗道矣라】

수보리가 또 세존(世尊)을 칭송(稱頌)한 것은, 라한(羅漢)의 과(果)와 불(佛)이 멀지 않기 때문이다.

【須菩提가 又稱頌世尊者는 蓋羅漢之果와 與佛이 不遠也라】

곧 현신(現身 : 몸을 드러냄)하여 설법(說法)으로 말하기를 "불(佛)께서는 제가 무쟁삼매(無諍三昧)9)를 얻은 사람 중에 제일이라 하시니, 이는 욕심을 떠난 제일의 아라한(阿羅漢)이라 하셨습니다."

아마도 나에게 피(彼)가 허락된 것은, 원래 한 터럭의 염려(念慮)도 없었기 때문일 것입니다.

【卽現身以說法曰 佛說我가 得無諍三昧人中에 最爲第一이니 是第一의 離欲阿羅漢이라. 蓋吾之許彼者는 原以其無一毫念慮也라】

"무쟁(無諍)"이란 입으로 망령된 말을 하지 않는 것으로, 이

---

9) 무쟁삼매(無諍三昧) : 예로부터 直解한 것이 적었는데 여기서 홀로 집어냈으니 學人은 心領神會하라.

른바 아는 사람은 말이 없고[知者不言], 말하는 사람은 알지 못한다[言者不知]는 것이다.

【無諍者란 口不妄言으로 所謂知者는 不言하고 言者는 不知也라】

"삼매(三昧)"란 이(二)의 중(中)에서 나온 것으로, 모두 어두운데서 비치는 태양의 진화(眞火)이다.

【三昧란 二出中으로 皆有暗然日章之眞火也라】

"매(昧)"라는 글자는 왼쪽은 일(日)로, 평일(平日)에 달아나 잃어버리는 일정(日精)은 이미 하늘로 돌아갔다는 것이고, 오른쪽은 미(未)로, 미(未)는 양(羊)에 속하고, 이는 태궁(兌宮)이 된다. 일정(日精)이 이미 태궁(兌宮)의 월화(月華)를 얻은 것을 말한다.

【昧字는 左從日로 平日에 走失之日精은 已還於天也이고 右從未로 未屬羊이고 乃兌宮也라. 言日精이 已得兌宮之月華也라】

여기에 이르러야 비로소 일월(日月)이 합하여 밝아지게 된다. 그러나 비록 일월(日月)이 이미 합하여 밝아졌다 해도, 오직 자기 한 사람만 홀로 알고, 홀로 볼 뿐으로, 다른 사람은 마침내 알거나 볼 수가 없다. 삼전(三田)이 다 이와 같은 까닭에 삼매(三昧)라 말한다.

【至此라야 方爲日月合明이라. 然이나 雖日月已合明해도 惟自己一人獨知하고 獨見할 뿐 而他人은 究不能知하고 不能

見이라. 三田이 皆如是하므로 故曰三昧이라】

"욕심을 떠난 제일의 아라한(阿羅漢)"이란 이때는 욕(慾)에 있으면서 욕(慾)을 떠났으므로, 인간의 대장부로 부끄럽지 않고, 인간 세상에서 가장 희유(稀有 : 드물게 있음)한 까닭에 제일의 아라한이라 한다.10)

【第一離欲阿羅漢者란 此時는 在欲出欲하므로 不愧人間大丈夫하고 人世에서 最這希有인 故로 謂之第一阿羅漢이라】

그러나 행공(行功)할 때에는 마침내 이러한 라한(羅漢)의 과(果)를 얻었다는 생각이 없어야 한다.
만약 이러한 생각이 있다면, 쉽게 탐(貪), 진(嗔), 치(癡), 애(愛)의 마(魔)에 들어가게 되어 실제로 도(道)를 패(敗)하게 되는 것이니, 어찌 능히 라한과를 얻을 수 있겠는가?

【然이나 行功之時에는 究未嘗有此羅漢果之念이라. 若有此念頭하면 則易入貪嗔癡愛之魔하여 實足以敗道이니 安能得此羅漢果乎가?】

수보리가 스스로 말하기를 "당일에 내가 만약 이런 생각을 하되 내가 아라한(阿羅漢)의 도(道)를 얻었다."고 하였으면 불(佛)께서 당일에 저를 인허(認許 : 인가와 허가)하여 아란나행(阿蘭那行)을 즐기는 자라고 하지 않았을 것입니다.

【須菩提自言하기를 當日에 我若作是念하되 我得阿羅漢道

---

10) 이 같은 善을 얻어 護符로 삼게 되면 欲에 있으면서 欲을 제거하고 여여부동하니 氣가 자연히 돌아오는 것이다.

면 而佛께서 當日에 亦不稱許他是樂阿蘭那行者也라】

"아란나행(阿蘭那行)"이란 선천기(先天炁)가 이미 충족한 것으로, 오히려 채화(採花 : 꽃을 채취함)하는 사람이 이미 왕자(王者)의 향(香)을 얻은 것과 같아, 가히 유행(遊行)에 자재(自在)한 것이다.

【阿蘭那行者란 先天炁가 業已充足으로 猶采花者가 已得王者之香하여 可以遊行自在也라】

사람이 처음 접명(接命 : 명을 이음)할 때에는, 마땅히 오니(汚泥 : 더러운 진흙)에서 나오는 그 채취(採)한 꽃(花)에 물들지 않아야 한다.

만약 물 가운데서[水中] 채집[採]하는 연(蓮)이라면 모름지기 배를 타고 채집해야 하므로, 늘 위험이 많은 까닭에 연꽃[蓮花]으로 접명(接命)의 시작을 비유하고, 접명(接命)을 이미 이룬 후에는 그 채집한 꽃[花]은 이미 주인에게로 돌아가게 된다.11)

---

11) 유마경 불도품에 말하기를 "좋은 집안의 아들이여, 無爲를 봄으로써 이미 궁극의 결정에 이른 사람은, 無上의 완전한 깨달음에 대해 발심하지 못합니다. 그와는 반대로 번뇌의 창고인 有爲속에 몸을 두고, 아직 진리를 보지 못한 사람이야말로, 무상의 깨달음을 향해 발심할 수 있습니다. 좋은 집안의 아들이여, 예를 들면 돌이 많은 땅에는 우트파라, 파드마, 쿠무다, 백련같은 향기 놓은 꽃은 피지 않습니다. 그것들이 피는 곳은 진흙과 물 속의 섬입니다.

그것과 마찬가지로 무위의 궁극성을 얻은 사람에게는 佛法은 생겨나지 않습니다. 그것이 생기는 것은 번뇌의 진흙과 물 속의 섬과 같은 사람에게 있어서입니다. 예를 들면 씨는 공중에서는 피지 않고 땅 속에 두어야만 합니다.

그것과 마찬가지로 무위를 궁극으로서 얻은 사람들에게는 불법은 생장하지 않습니다. 수미산과 같은 높고 거만한 我見을 일으키고 그리고 깨달음에 대해 發心

【人이 當初接命時에 當出汚泥而不染其所采之花이라. 若水中采蓮이면 須駕舟하고 以採之이므로 每多危險하니 故로 以蓮花으로 比接命之始하고 而接命旣成後에는 其所採之花는 已歸於主人이라】

"란(蘭)"은 꽃 중(花中)의 왕(王)으로, 란(蘭)은 유곡(幽谷: 깊숙한 골짜기)에서 사는데, 그것을 캐는(採)데는 지극히 평온(平穩)하여 위험이 없다. 고로 란화(蘭花)로 접명(接命)의 끝[終]을 비유한 것이다.
【猶蘭은 爲花中之王으로 蘭은 生於幽谷인데 其采之也에는 極平穩하여 而無危險이라. 故以蘭花로 比接命之終이라】

불(佛)께서 당일(當日)에 수보리를 인가하시면서, 수보리가 실제로 행한바가 없는 이것을 일러 수보리는 아란나행(阿蘭那行)을 즐긴다고 하셨다.
【佛께서 當日之稱許須菩提하면서 以須菩提가 實無所行을 而名須菩提는 是樂阿蘭那行이라】

수보리는 불(佛)에게 심전구수(心傳口授)하였는데, 저가 공행(功行)이 원만하지 않았을 때에는 조금도 행공(行功)한다는

할 때 거기에 불법은 생장하는 것입니다. 이렇게 생각함으로서 모든 번뇌는 如來의 家系에 속하는 것으로 알아야 합니다.
예를 들면 큰 바다를 건너지 않으면 無價의 신기한 보물을 얻을 수는 없습니다. 그것과 마찬가지로 번뇌의 큰 바다를 밟지 않고서는 一切知의 마음은 일어나지 않습니다."라고 하였다.

망상(妄想)의 념(念)으로 스스로 그 입도(入道)의 복(福)을 껶지 않았다.

이것은 진실로 진심(眞心)으로 도(道)를 즐기고, 용감히 가서 도(道)를 행하며, 감히 뛰어넘지 않은 까닭에, 이러한 아란나행(阿蘭那行)을 즐긴다고 말한 것이다.

【蓋須菩提는 得佛心傳口授인데 而彼當功行이 未圓時에는 毫無妄想行功之念으로 以自折其入道之福이라. 是誠眞心으로 樂道하고 勇往行道하며 而不敢躐等者니 故曰是樂阿蘭那行이라】

오호라! 지금에 일지반해(一知半解)인 사람이 곧 천연(天緣)을 망상(妄想)하여 급히 행공(行功)한다면 이것은 진실로 스스로 그 복덕(福德)을 잃고, 스스로 그 도기(道基 : 도의 기초)를 패(敗)하는 것이니 슬프지 않겠는가?

【噫라! 今之一知半解者가 便妄想天緣하여 急於行功이면 是誠自損其福德하고 自敗其道基也니 不可悲哉인가?】

頂批

수도(修道)하는 사람이 만약 마왕(魔王)의 보거(保擧 : 보호와 받듦)를 얻지 못한다면, 이 공덕(功德)은 부족하여, 군마(群魔)에 복종할 수밖에 없어, 끝내는 반드시 마(魔)에 떨어지게 된다.

【修道者가 若不得魔王의 保擧하면 是功德은 不足하여 以服群魔하여 終必眷屬이라】

곳곳에서 말하기를 "평일(平日)의 심성(心性)에서 견성(見性)하는 공

(功)이 우선이 된다."고 하였다.

【處處言平日의 心性에서 可見性功이 爲先이라】

허공(虛空)이 바로 선불(仙佛)을 생산하는 근원이며, 학인(學人)이 안신(安身)하고 입명(立命)하는 장소이니 어찌 조종(祖宗 : 으뜸)이 되지 않겠는가?

【虛空이 是算仙佛之源이며 學人이 安身하고 立命하는 地이니 安得不爲祖宗인가?】

허공(虛空)은 부서지지 않는데, 법신(法身)은 허공(虛空)을 따라 생산된다.

이것은 사람에게 착안(着眼)할 곳을 보이신 것이니, 학자(學者)가 힘쓰지 않아서 되겠는가?

이곳은 사람에게 색상(色相)을 공(空)하게 하는 법(法)을 보이신 것이다.

【虛空은 不壞인데 法身은 從虛空産也라. 此示人以着眼處이니 學者可不勉哉인가? 此示人以空色相之法이라】

법신(法身)은 색신(色身)으로 말미암아 얻는데, 만약 색신(色身)이 없다면 법신(法身)을 무엇으로 말미암아 얻겠는가?

【法身은 由色身으로 而得인데 若無色身이면 法은 何由得乎인가?】

모름지기 먼저 공과격(功過格)을 받들어 행하여, 입도(入道)의 으뜸[長]으로 삼고, 오래 오래 힘쓰게 되면, 자연히 선불(仙佛)께서 감격(感格)하여 도묘(道妙)를 전수하실 것이다.

【須先遵行功過格하여 以爲入道之長하고 久久無閒하면 自能感格仙佛하여 授以道妙이라】

선불(仙佛)께서 가장 사랑하시는 것은 도통(道統)을 계승하는 사람으로, 자애로운 어머니가 아들을 사랑하는 것보다 더한 것이니, 어찌 구하는데 응(應)해 주시지 않겠는가?

【蓋仙佛最愛繼道統之人으로 甚於慈母之愛子이니 豈猶有求인데 而不應乎가?】

천지(天地)가 열릴 때에도 또한 이 도(道)를 지닌 사람을 의지한다.

이 복덕(福德)은 바로 천상(天上)의 청복(淸福)이지, 인간(人間)의 호복(浩福)은 아니다.

【天地가 開時에도 亦甚賴此有道之人이라. 此福德은 是天上의 淸福이지 不是人間之浩福이라】

이 일념(一念)으로 사상(四相)의 마음을 비우고, 거듭 확충(擴充 : 넓히고 충실하게 함)해야 한다.

착상(着相 : 모양에 빠짐)하면 곧 고해(苦海)에 빠지게 되고, 착상하지 않으면 홍진(紅塵)을 뛰쳐나가게 된다.

유상(有相)하면 법(法)에 구애되어 법(法)에 묶이고, 상(相)에 집착하지 않으면 즉 법에 신묘하여 법(法)을 생(生)한다.

【此一念으로 空四相之心하고 再三擴充이라. 着相하면 卽沈溺苦海하고 不着相하면 則超出紅塵이라. 有相則拘於法하여 而爲法所縛하고 不着相이면 則神乎法하여 而爲法所生矣라】

삼존(三尊)이란 원시천존(元始天尊), 영보천존(靈寶天尊), 도덕천존(道德天尊)이다.

대라천상(大羅天上)에는 특별한 신(神)이 없고, 다 충효인(忠孝人)일 뿐이다.

【三尊者는 元始天尊, 靈寶天尊, 道德天尊이다. 大羅天上에는 無別神 盡是忠孝人이라】

莊嚴淨土分[1]

成就莊嚴 淨明心地

장엄을 성취하여 심지를 맑게 밝힘

佛이 告須菩提하사대

於意云何오

如來가 昔在然燈佛所하야

於法에 有所得不[2]아

不也니이다 世尊하

如來가 在然燈佛所하사

於法에 實無所得이니이다

須菩提야 於意云何오

菩薩이 莊嚴佛土不아

不也니이다 世尊하

何以故오 莊嚴佛土者는

則非莊嚴일새 是名莊嚴이니이다

是故로 須菩提야
諸菩薩摩訶薩이
應如是生淸淨心[3]이니
不應住色生心하며
不應住聲香味觸法生心이요
應無所住하야
而生其心[4]이니라

須菩提야 譬如有人이
身如須彌山王하면
於意云何오
是身이 爲大不아
須菩提가 言하사대
甚大니이다 世尊하
何以故오 佛說非身이
是名大身이니이다

原文解釋

부처님께서 수보리에게 이르시되,
　어떻게 생각하느냐.
여래가 옛적에 연등불 회상에서
법에 얻은 것이 있느냐.
　아닙니다. 세존이시여!
여래께서는 연등불 회상에서
법에 실로 얻은 것이 없습니다.

수보리야, 어떻게 생각하느냐.
보살이 불국토를 장엄하느냐.
　아닙니다, 세존이시여!
왜냐하면 불국토를 장엄한다는 것은
곧 장엄이 아니고 그 이름이 장엄입니다.

　이런 까닭으로 수보리야,
모든 보살 마하살은
응당 이와 같이 청정한 마음을 낼지니,
응당히 색에 머물러서 마음을 내지 말며,
응당 성, 향, 미, 촉, 법에 머물러서 마음을 내지 말 것이요,
응당 머문 바 없이 그 마음을 낼지니라.

수보리야, 비유하건대, 어떤 사람이
몸이 수미산 왕만 하다면
어떻게 생각하느냐.
그 몸이 크다고 하겠느냐.
수보리가 말씀드리되,
　매우 큽니다, 세존이시여.
왜냐하면 부처님께서는 몸 아닌 것을 일러
큰 몸이라 하셨기 때문입니다.

1) 장엄정토분 : 본분과 上分은 연관된 分으로 상분에서는 賢果를 얻었다는 마음이 있으면 안 된다고 하였고 여기서는 聖果 또한 얻었다는 마음이 있어서는 안 된다고 하였다.

만약 얻었다는 마음이 있게 되면 곧 相에 住하게 된다. 이미 相에 住하게 되면 妄境을 벗어날 수 없어 곧 여래를 볼 수가 없게 된다. 그러나 범부는 의심하기를 반드시 賢果[四果]를 이미 얻은 바가 없다면 어떻게 賢果란 이름이 있으며, 聖果도 또한 얻은 바가 없다면 어떻게 佛祖라는 칭호를 세웠는가? 라고 할 터인데 어찌 이것이 모두 범부의 住相하는 병이 아니겠는가? 전부 塵相을 法性이라 하는 俗見일 뿐이다.

성현이란 명칭은 모두 가명이다. 전부 有爲法을 빌려 無爲法을 나타내고자 한 것이다. 그러므로 般若로 곳곳에서 집착을 부수고 있는데 오직 범부가 유위법에 탐착할까 걱정이 될 뿐이다.

이른바 "정토를 장엄한다."는 것은 범부의 눈에 보이는 색상으로 장엄하는 것이 아니고 실제로 이것은 相이 아닌 법신을 말한 것이며 無形인 眞土로 形質로 취할 수 없고 色相으로 볼 수 없는 法性의 장엄을 말한다.

2) 於法에 有所得不 : 佛께서 연등불의 처소에 계실 때 비록 無上菩提法을 얻었으나 그러나 얻은 것은 본래 開導하는 성질에 속하고 실제로는 오히려 自悟 自修하는 것으로 菩提는 이것이 "自家佛"이므로 법에 실로 얻는 것이 없는 것이다.

이른바 보리법이란 본래 자기의 본래면목으로 단지 明師를 만나지 못하면 "云何應住"를 알지 못하는 것에 불과할 뿐이다.

3) 應如是淸淨心 : 이것은 "如是"處를 따라 청정심을 生發하는 것이다. 청정심은 즉 보리심으로 "如是"處는 본래 보리심이 있는 곳이다. 고로 청정심은 "如是"處를 따라 생하는 것이다.

4) 應無所住 而生其心 : 이 二句는 學佛에 있어 요점에 해당하는 곳이다. 六祖혜능은 이 二句로 大徹 大悟하였다. "應無所住"는 바로 "不住" "不生"이고 "而生其心"은 "有住" "要生"이다.

不住와 不生은 바로 六塵相에 머물지 않고 妄念心을 생하지 않는 것이다.

有住와 要生은 바로 응당 如是住하여 청정심을 생하는 것이다. 이 두 가지에 하나는 止法이고, 하나는 觀法으로 합해서 말하면 곧 學佛에서 "止觀門"이다.

과(果)를 얻었다는 마음이 있으면 이미 옳지 않다.5)
【得果之心이면 旣不可有라】

수행자(修行者)는 일심(一心)이 청정(淸淨)하여야 한다. 그
러나 이 마음을 깨끗하게 씻어 다 맑게 하기는 참으로 어렵다.
【修行者는 可以一心淸淨矣라. 然이나 此心을 亦最難洗滌
淨盡이라】

내가 그런 까닭에 또 수보리에게 고(告)하여 말하기를 "네
뜻엔 어떠하냐? 여래(如來)가 연등불소(然燈佛所)에서 얻은
바 법(法)이 있겠느냐?"고 하셨는데, 연등불(然燈佛)께서는
내게 수기(受記)6)를 주신 스승으로, 마땅히 얻은 바가 있는
것인데도,
수보리(須菩提)가 대답하기를 "실로 얻은 바가 없습니다."
고 하니 곧 과(果)를 얻었다는 마음을 한꺼번에 쓸어버려 비운
것이다.
【吾因又告須菩提曰 于意云何요? 如來가 在然燈佛所에서
于法有所得不야? 夫然燈佛께서는 吾所受記之師로 是應有所
得矣인데도 而須菩提言하기를 實無所得하니 則得果之心을
眞一掃而空矣라】

---

5) 果를 얻었다는 마음이 있으면 즉 空이 아니다.
6) 수기 : 불께서 제자들에게 장래에 성불하여 부처가 될 것이라고 미리 예언하
시는 것을 말함.

오사(吾師)의 심성광명(心性光明)이 마치 유리보등(琉璃寶燈)을 켠 것과 같은 까닭에 연등(然燈)이라 하였다.

그러나 이 성(性)은 사람마다 제각기 갖추고 있는 것이니, 곧 사람마다 심등(心燈)을 갖추고 있다.

【吾師心性光明이 如點然之琉璃寶燈이니 故로 曰然燈이라. 但此性은 人人各具이니 卽人人마다 各有心燈이라】

비록 전등(傳燈)의 법(法)이 있다하나, 마침내는 가히 얻어야 할 법은 없다.[7]

【雖有傳燈之法이나 而究無可得之法이라】

"장(莊)"이란 단장(端莊)이고, "엄(嚴)"이란 위엄(威嚴)이다.

【莊은 端莊이고 嚴은 威嚴이라】

"불토(佛土)"란 황정(黃庭) 가운데의 진토(眞土)를 말한다. 사람이 이 진토를 닦으려면, 모름지기 그 밖을 단장(端裝)하고, 그 안에 위엄이 필요하다.

이것은 이 토대[基]를 쌓아 부서지지 않게 하려는 것인데, 그러나 이 진토(眞土)란 무형(無形)의 토(土)로 이오(二五)의 정(精)이 묘합(妙合)하여 응결된 것이다.[8]

【佛土란 黃庭中之眞土이라. 言人修此眞土려면 須要端莊

---

7) 미혹할 때는 스승께서 건네주고 깨달으면 스스로 건너는 것이다.
8) 말이 통하지 않으면 권속이 아니고 2개의 土가 妙하여 합하니 圭를 이룬다.

其外하고 威嚴其中이라. 乃能筑就此基하여 而使之不壞인데 然이나 此眞土란 乃無形之土로 二五之精이 妙合而凝이라】

비록 밖을 장엄하였어도 반드시 사람과 화열(和悅 : 마음을 화평하고 기쁘게 함)하고 상친(相親 : 서로 사이가 가까워짐)하는 것이 중요한데, 이것은 토(土)로 하여금 무너지지 않게 하려는 것이다.[9]
【已雖莊嚴于外이어도 要必使人之相悅하고 相親인데 而土로 乃不潰이라】

비록 그 안에 위엄이 있다 해도, 반드시 사람에게 유순(柔順)하여 따르는 것이 중요한데, 이것은 토(土)로 하여금 무너지지 않게 하려는 것이다.
【已雖威嚴其中해도 要必使人之柔順以從인데 而土로 乃不崩이라】

장엄한 중에는 오히려 허무(虛無)하고 혼합(混合)된 바탕이 공(空)하면서 신령(靈)하며, 또한 활발(活潑)한 기틀(機)을 갖추어 있는데, 이러한 장엄은 실제로 장엄이 아닌 것이다.
고(故)로 수보리와 모든 보살마하살(菩薩摩訶薩)은 모두 이와 같은 청정심(淸淨心)을 내어야 한다.
【莊嚴之中에는 仍具虛無混合之体가 空靈하며 活潑之機인데 是莊嚴而實非莊嚴이라. 故로 須菩提와 諸菩薩摩訶薩이 皆

---

9) 파시(播施 : 퍼뜨려 베풂)를 따뜻하게 펴면 土가 부드러워져 무너지지 않게 된다.

應如是生淸淨心이라】

　일념(一念)이 일어나지 않으므로 그것을 청(淸 : 맑음)이라
말하고, 영대(靈臺)에 아무런 물(物)이 없음을 정(淨 : 깨끗함)
이라 말한다.10)
　능히 그 청(淸)을 생(生)하고, 능히 그 정(淨)을 생(生)하면,
자연히 육진(六塵)에 물들지 않게 되니, 가히 장엄(莊嚴)하나
장엄은 아닌 것이다.
　【一念이 不起하니 謂之淸하고 靈台에 無物을 謂之淨이라.
能生其淸하고 能生其淨하면 自然히 不染六塵하니 可以莊嚴
하나 而非庄嚴矣라】

　“생(生)”이란 바로 자연(自然)히 발생한다는 뜻이다.
　【生이란 是自然發生之意라】

　내가 보인 청정(淸淨)을 생(生)하는 법이란 날마다 간에 즉
행주좌와(行住坐臥)를 말할 것도 없이 항상 묵묵히 태허(太
虛)하며 태청(太淸)한 광명(光明)의 밝음을 응신(凝神)하고 반
조(返照)하여 황정(黃庭)에 있게 하는 것을 말한다.
　【吾示以生淸淨之法이란 每日間에 無論行住坐臥에도 常默
太虛하며太淸한 光明의 亮을 凝神하고 返照하여 存于黃庭이
라】

　처음에는 지존(止存)하여 안에 있게 하고, 오래되면 무내무

10) 사람이 늘 淸淨하게 되면 천지가 모두 다 돌아온다.

외(無內無外)하고, 무변제(無邊際)하여, 무방체(無方體)하면 자연히 심등(心燈)이 밝게 비추어 대광명을 놓으면 삼천대천 세계(三千大天世界)를 조철(照徹)하게 된다.

【始則止存在內하고 久之則無內無外하고 無邊際하여 無方 体하면 自然히 心燈이 朗照하여 放大光明하면 而照徹三千大 千世界矣라】

그 처음에 내시(內視)할 즈음에는 마치 석화(石火)가 점삭 (點爍 : 돌이 부딪쳐 번쩍이는 빛)한 것 같고, 계속되면 마치 전광(電光)이 비양(飛揚)하는 것 같고, 행(行)하여 아주 오래 되면 성광(星光)이 발현(發現)하게 된다. 또 나아가면 주천(周 天)하는 성광(星光)이 반드시 나타나게 된다.

【當其始에 其內視也에는 如石火之點爍이고 其繼하면 如 電光之飛揚이고 行之久久이면 則有星光發現이라. 又進之하 면 而周天之星光이 畢現이라】

대개 하늘(天)에는 삼백육십오 도(三百六十五度)가 있고, 사람에게는 삼백육십오 골절(三百六十五骨節)이 있다.

사람이 능히 청심과욕(淸心寡慾)하여 적정(積精 : 기를 쌓 음)하고 루기(累氣 : 기를 묶음)하면 몸 두루에 있는 골절(骨 節)의 정기(精氣)가 자연히 응결(凝結)하여 주천(周天)의 성광 (星光)이 된다.

불(佛)께서 석월(腊月), 팔일(八日)에 밝은 별(明星)을 보고 오도(吾道)했다는 것이 이것이다.

【蓋天에는 有三百六十五度하고 人에는 有三百六十五段骨

節이라. 人이 能淸心寡欲하여 積精累氣하면 而周身骨節之精
氣가 自凝結하여 而成周天之星光이라. 佛于臘月八日에 睹明
星하고 而悟道者가 此也라】

　오호라! 청정(淸淨)한 마음은 때때[時時]로 생발(生發)하니,
건(乾)의 대생(大生)과 곤(坤)의 광생(廣生)이 곧 그 가운데
머물고 있다.
　정전(靜專)과 동직(動直) 그리고 정합(靜翕)과 동벽(動闢)
을 말할 것 없이, 다 조종(操縱 : 마음대로 다룸)이 나로 말미암
는 것이다.
　그러나 인심(人心)이 청정(淸淨)하지 못한 사람은, 다 육진
(六塵)의 연(緣)에 어지럽게 된다.
　【噫라！ 淸淨之心은 時時로 生發하니 而乾之大生과 坤之
廣生者가 卽寓其中이라. 無論靜專과 動直 그리고 靜翕과 動闢
이 皆可操縱由我矣라. 然이나 人心之不能淸淨者는 皆緣六塵
에 擾之也라】

　나는 한 생각[一念]도 일으키지 않아 영대(靈臺)에 아무 물
건이 없으니 공공동동(空空洞洞)하며 허허령령(虛虛靈靈)하
니 육진(六塵)중에 첫 번째 색자(色字)를 이미 먼저 득공(得
空)함을 얻고, 깨짐[得破]을 얻어, 마음에 머무는 바가 없으며,
성(聲)과 향(香), 미(味), 촉(觸), 법(法)도 다 마음에 머무는
바가 없게 된다.
　【而我能一念不起하여 靈台에 無物하니, 空空洞洞하며 虛
虛靈靈하니 卽六塵中之第一色字를 先已看得空하고 識得破하

여 無所住于心이며 而聲與香味觸法도 皆能無所住于心矣라】

　무릇 주(住)란 거주(居住 : 머물러 삶)를 말한다. 이미 주(住)
했다고 말한다면 반드시 의방(依傍 : 서로 가까이 함)하는 바
가 있어야, 비로소 능히 주(住)하게 된다.
　나의 마음이 이미 공동(空洞)하여 아무 물건이 없으니, 태허
(太虛)의 청광(淸光)과 더불어 밝게 비추는 것이 같은데, 그런
데도 육진(六塵)의 적(賊)이 나를 해친다하니, 나란 어느 곳을
따라 뿌리를 생(生)하며 족히 의탁하겠는가?
　【夫住者란 居住也라. 旣曰住이면 則必有所依傍이라야 而
始能住라. 我心이 旣已空洞하여 無物하니 與太虛之淸光과 明
亮一般인데 而六塵之賊이 我害하니 我者란 從何處하여 生根
하며 寄足인가?】

　그러므로 무릇 수행자(修行者)는 다 마땅히 머문바 없는 그
마음을 내어야 한다. 머문바 없는 마음을 낸다는 것은 즉 그
청정(淸淨)한 마음을 생(生)한다는 것이다.
　청정(淸淨)이 이미 생(生)하면 무릇 청정하지 못한 것은 나
의 적이니, 나를 해치는 것은 일제히 죽지 않을 수 없다.
　【故凡修行者는 皆應無所住而生其心이라. 生其心者는 卽
生其淸淨之心也라. 淸淨이 旣生하면 則凡不淸不淨之가 足以
賊我이니 害我者는 無不一齊死라】

　만일 이것을 육진(六塵)이 죽는다고 한다면 육진(六塵)이
이미 죽었으니 일심(一心)의 청정(淸淨)도 더욱 생(生)하고,

청정(淸淨)이 더욱 생(生)하면 건(乾)의 대생(大生)과 곤(坤)의 광생(廣生)이 곧 바로 나의 본명원신(本命元神)과 합하여 일체(一體)가 되니, 만겁(萬劫)을 장존(長存)하지 않을 수 있겠는가? 무릇 이와 같은 이라면 다 이것이 법신(法身)을 닦는 것이다.

【若是謂之六塵死이면 六塵이 旣死이니 而一心之淸淨도 愈生하고 淸淨이 愈生하면 而乾之大生과 与坤之廣生이 直与吾之本命元神과 合爲一体이니 有不萬劫長存者乎인가? 凡若此者라면 皆是修法身也라】

내가 수보리를 불러 말하기를 "비유컨대 만일 사람의 몸이 수미산왕(須彌山王)과 같다면 그 몸이 가히 크다고 할 수 있겠는가?"

수보리(須菩提)가 곧 바로 "매우 크다"고 하였는데, 그것은 몸에 대하여 말한 것이 아니고, 이른바 색신(色身)의 허망(虛妄)함을 말한 것이다.

【吾因呼須菩提曰 譬如有人의 身이 如須彌山王이면 其身可算大否가? 須菩提直以爲甚大인데 而以非身應之이고 所謂色身之虛妄也라】

무릇 수미산(須彌山)은 천하의 산(山)중에 왕(王)이며 또한 가장 큰 것이라. 색신(色身)이 비록 이와 같이 크다 해도, 끝내 이것은 가합(假合)이다.

법신(法身)은 그렇지 않으니, 그 크기로는 족히 육합(六合)의 밖을 싸고, 그 미세하기는 족히 침봉(針峰)의 미세함도 꿰

뚫으며, 일월(日月)이 비치는 곳을 걸어도 그림자가 없으며,
금석(金石)을 꿰뚫어도 소리가 없다.

　이것이야말로 진실로 신화무방(神化無方)한 것이니, 색신
(色身)의 크기와 어찌 같다고 보겠는가?

　【夫須彌山은 爲天下山中之王이며 亦可謂極其大矣라. 而
色身이 雖有如是之大해도 終是假合이라. 法身은則不然이니
其大는 足以包乎六合之外하고 其細는 足心透乎針鋒之微하며
步日月하여도 而無影이며 貫金石하여도 而無聲이라. 是誠神
化無方者이니 其視色身之大가 果何如也인가?】

頂 批

　대승경(大乘經)중에　가운데 실려 있는 고불원비(古佛原批)에는, 지선
(地仙)을 욕구(欲求)하는 사람은 마땅히 삼백선(三百善)을 세우고, 천선(天
仙)을 욕구하는 사람은 마땅히 일천삼백선(一千三百善)을 세워야 한다고
하였는데 지금의 법문(法門)에도 또한 그러하다.

　단 이 삼백선(三百善)을 세우는 것도 또한 쉽지 않다. 힘써 전생(前生)과
금생(今生)의 죄과(罪過)를 없앤 그 위에. 삼백선(三百善)과 일천삼백선(一
千三百善)을 더하여야 비로소 받아들여진다.

　【載在大乘經中인 古佛原批에는 欲求地仙者는 當立三百善하고 欲求天
仙者는 當立一千三百善인데 如今法門亦然이라. 但此三百善도 亦非容易라.
務要除去前生과 今生의 罪過에 剩有三百善과 與一千三百善이라야 方許이
라】

　뜻이 있어 계산하려는 사람은 재가(在家)나 출가(出家)를 막론하고, 두
루 공과격(功過格)을 비추어 보아 행지(行持)하여야 비로소 착락(着落)이
된다.

단 이미 전생(前生)과 금생(今生)의 그 죄과(罪過)에 다과(多寡)가 있어 한 결 같지 않으나 일체 중간에 그만두지 않아야 한다.

과연 능히 죄과(罪過)를 완전히 없애고 선공(善功)이 원만(圓滿)하다면 성선(成仙)이나 성불(成佛)이 안 될까 걱정할 필요가 없는 것이다.

【蓋數有志者는 無論在家나 出家하고 均要照功過格하여 行持하여야 始有着落이라. 但已之前生과 今生의 其罪過에 有多寡하여 不一切하나 不可半途而廢라. 果能除完罪過하고 善功이 圓滿하면 不患不能成仙成佛이라】

수진(修眞)에 있어 만약 단욕(斷慾 : 정욕을 끊음)을 하지 않는다면 모래를 쪄서 밥을 지으려는 것과 같으니 끝내 밥을 지을 수가 없다.

【修眞에 若不斷慾如蒸砂石作飯이니 終不能成이라】

단욕(斷慾 : 욕망을 끊음)이란 바로 욕(欲)에 있으면서 욕(欲)을 떠난 것으로, 즉 미타경(彌陀經)에 말하기를 "석가불(釋迦佛)께서 사바국토인 오탁악세(五濁惡世)에서 행(行)하셨으니 이것은 드물고 어려운 일이라는 뜻이 있다."고 하였다.

【斷慾者是在慾이면서 出慾으로 卽彌陀經云釋迦佛於婆國土인 五濁惡世에서 行此希有難事之意라】

비법(非法)은 이미 이것이 중하(中下)의 소승(小乘)이고, 비비법(非非法)은 반드시 지존(至尊)하고 무상(無上)하여 그것은 취하지도 못하고 말할 수가 없는 것으로 이른바 말해(說)주면 얻으나(得) 행(行)을 얻지 못하고, 행(行)하면 얻으나(行得) 말(說)로는 얻지 못한다는 것이다.

단 말(說)할 수 없다는 것은 그 사람이 아니면 말할 수 없다는 것이고, 그 때(時)가 아니면 말할 수 없다는 것이지, 진실로 말할 수 없다는 것은 아니다.

【非法은 旣是中下의 小乘이고, 非非法은 定爲至尊하고 無上하여 其不可取하고 不可說者로 卽所謂說하면 得하나 行不得하고 行하면 得하나 說로는 不得也라. 但不可說은 特非其人이면 不可說이고 非其時면 不可說이지 非眞不可說也라】

第十一 無爲福勝[1] 分

修無爲福勝於布施
무위복을 닦는 것이 보시보다 뛰어남

須菩提야
如恒河中所有沙數하야
如是沙等恒河가
於意云何오
是諸恒河沙가 寧爲多不아
須菩提가 言하사대 甚多니이다 世尊하
但諸恒河도 尙多無數어든
何況其沙리잇가

須菩提야
我今實言으로 告汝호리니
若有善男子善女人이
以七寶로
滿爾所恒河沙數三千大千世界하야
以用布施하면 得福이 多不아
須菩提가 言하사대 甚多니이다 世尊하

佛이 告須菩提하사대
若善男子善女人이
於此經中에 乃至受持四句偈等하야
爲他人說하면
而此福德이 勝前福德하리라

　수보리야!
항하에 있는 모래만큼이나
많은 항하가 또 있다면
어떻게 생각하느냐.
이 모든 항하에 있는 모래가 얼마나 많겠느냐
수보리가 말씀드리되,　매우 많사옵니다. 세존이시여!
단지 저 항하만이라도 오히려 무수히 많거늘
하물며 그 모래 수이겠나이까.

　수보리야! 내 이제 진실한 말로 너에게 이르노니,
만약 어떤 선남자 선여인이
칠보로써 저 항하의 모래 수와 같은 삼천대천세계에 가득 채워서
보시한다면 얻을 복이 많겠느냐.
수보리가 말씀드리되,　매우 많사옵니다, 세존이시여!

부처님께서 수보리에게 이르시되,
　만약 선남자 선녀인이
이 경 가운데 내지 사구게만이라도 받아 지니고
다른 사람을 위하여 설한다면
그 복덕이 앞에서 칠보로 보시한 복덕보다 수승하리라.

천하(天下)의 산(山)중에 가장 높은 곳은 오직 수미산(須彌山)이 있고, 강(河)으로 가장 큰 것은 항하(恒河)만 한 것이 없다. 항하(恒河)의 광주(廣周 : 산의 둘레)는 40리(里)나 되니, 그 흐르는 강의 길이를 가히 알 수 있다.

그 중에 모래가 지극히 많은데, 하나의 모래가 하나의 항하(恒河)로 화성(化成)하고 화성한 그 하나의 항하가 각기 현재의 항하의 모래만큼 갖추고 있다면 그 항하는 이미 무량수(無量數)에 속한다. 어찌하여 모래2)를 들어 말하는가?

이 중에 은우(隱寓 : 숨은 뜻)는 하나가 화(化)하여 만(萬)이 되고, 만(萬)이 화(化)하여 하나가 되는 이치이다.

【天下山之高는 惟有須彌이고 而河之大는 莫如恒河이라.

---

1) 무위복승 : 恒河에 가득한 모래 수와 같은 삼천대천세계에 가득한 七寶를 보시에 쓴다고 할지라도 끝내는 有相, 有爲, 有數, 有量, 有限한 까닭에 끝내 "受持 四句偈 爲他人說"하는 性功의 福德에 비해 많지 않다는 것이다.
이것은 性功 福德이 無相 無爲로 보시를 행하는 것이기 때문이다. 그런 까닭에 本分을 "無爲福勝分"이라 한다.

2) 모래 : 당 태종이 지은 "어제소요영(御製逍遙詠)"에 금강경의 위대한 비유는 모래에 있다고 하였는데, 헤바즈라 탄트라에서도 말하기를 "한 마음은 5개의 형상으로 존재한다. 5부족으로 전개되는 거기서부터 수 천개의 부족들이 현현한다. 그래서 궁극적인 大樂인 한 마음은 유일한 本性이며 탐욕 등 5번뇌로 분리되어 다섯으로 된다. 하나의 부족 안에는 여래승가들이 있으며 이것은 갠지스 강의 열 언덕에 있는 모래만큼 많다. 승가부족 안에는 많은 부족들이 있다. 이 부족들 안에는 무수한 부족들이 있고 더 나아가 10만 부족이 되고 천만의 부족이 되고 또 이 부족들 안에는 무수한 부족이 있다. 그러나 그 모든 것은 최승환희 부족으로부터 생긴다."고 하였다. 실로 깊은 뜻이 있으며 필자도 약간이나마 내면세계에서 이러한 것들을 보았기 때문에 감회가 깊은 비유의 말씀이라고 보겠다.

恒河之廣周는 四十里이니 其流之長河를 可知矣라. 其中之沙
가 可謂極其多矣인데 而以一沙가 化成一恒河하고, 一恒河가
各具此现在恒河之沙라면 其恒河는 已屬無量數이라. 何論其
沙인가? 此中에 隱寓는 一이 化하여 爲萬이고 萬이 化하여
爲一之理라】

　　사람이 능히 이러한 법신(法身)을 정수(精修)하면, 곧 백 천
만억(百千萬億)의 화신(化身)이 일진(一眞)의 체(體)임을 알
게 되고, 원래대로 자유자재하여 변화(變化)가 무궁(無窮)한
것이, 하나의 항하(恒河)의 모래로서 비유하기는 진실로 부족
한데, 곧 항하의 한 모래가 각각의 항하로 화(化)하고, 그 화한
뭇 항하가 갖춘 항하의 모래로도 또한 부족한 량(量)이다.
　　【人이 能知此精修法身하면 則百千萬億의 化身이 一眞之
体이고 仍然自如하여 而變化無窮이 一恒河之沙로서는 固不
足以擬之인데 卽恒河沙가 所化之恒河하고 衆恒河가 所具之
恒河沙로도 亦不足以量之也라】

　　만약 스스로 법신(法身)을 닦지 않고 즉 선남자(善男子)나
선여인(善女人)이 항하(恒河)의 모래가 화(化)한 셀 수 없는
항하의 모래만큼 삼천대천세계(三千大千世界)에 칠보(七寶)
를 가득히 채워서, 백 천 만억(百千萬億)의 화신(化身)에게 일
일이 보시(布施)하여 호법조도(護法助道 : 법을 보호하고 도를
돕는 것)하는 것을 닦는 것은, 마침내 자가(自家)에 적덕(積德)
하며 공(功)을 쌓음만 못하다.
　　【若不自修法身하고 卽有善男子나 善女人이 以七寶滿恒河
沙가 所化한 恒河沙之無數三千大千世界하여 以爲修百千萬億

化身者에게 一一이 布施하여 護法助道는 終不若自家에 積德累功이라】

　이 경(經)중에서 사전(師傳 : 스승의 전함)을 받고 사구게(四句偈)등을 행지(行持)하여, 다른 사람을 위해 해설(解說)하는 그 복덕(福德)은 다시 항하의 모래가 변하여 셀 수 없는 항하의 모래만큼 삼천세계(三千世界)에 칠보(七寶)를 가득히 채워서 보시(布施)하여 호법조도(護法助道)하는 것보다 낫다.
　【于此經中에서 受師傳하고 而行持四句偈等하여 爲他人解說하는 其福德은 更勝于以七寶滿恒河沙가 所化한 恒河沙之無數世界로 布施하여 護法助道也라】

　세간(世間)의 복덕(福德)을 닦는데 그치는 것은 곧 출세(出世)의 복덕(福德)이 아니다. 항하사(恒河沙)가 변화하여 항하사의 수(數)만한 칠보를 삼천대천세계(三千大天世界)에 가득히 채워서 보시(布施)에 쓰는 것은, 끝내 유한(有限)한 복덕(福德)에 속한다.
　【止修世間之福德은 則非出世界之福德이라. 卽以滿恒河沙가 所化之恒河沙數七寶를 遍三千大千世界하여 以用布施는 終屬有限之福德이라】

　내가 진실로 수보리에게 고(告)하는 것은 바로 선남자(善男子)나 선여인(善女人)이 이 경중(經中)에서 사구게(四句偈)를 수지(受持 : 받아 지님)하고, 아울러 다른 사람을 위해서 설(說)하여, 자기도 제도하고 다른 사람을 제도하기를 바라는 것이니, 이것이 항하사(恒河沙)가 화(化)한 항하사(恒河沙)만큼의 복덕(福德)보다 뛰어난 것이다.

【吾之實言以告須菩提者는 正望善男子나 善女人이 于此經
中에서 受持四句偈하고 並爲他人하여 度已度人이니 以修勝
于恒河沙가 所化之恒河沙數福德이라】

　　頂批

하늘(天)의 신(神)은 태양(日)에서 발(發)하고,
사람(人)의 신(神)은 눈(目)에 깃들었다.
눈(目)은 신(神)의 문호(門戶)인데, 문호(門戶)가 높고 크며,
신(神)이 그 집(宅)을 지키는데 마(魔)가 어찌 들어갈 수 있겠는가?
【天之神은 發於日하고 人之神은 樓於目이라. 目은 神之門戶인데 門戶
가 高大하며 神이 守其宅인데 魔가 豈能入인가?】

신명(神明)이 내청(內聽)하여 그 장소를 벗어나지 않으면, 기(氣)가 바야
흐로 와서 조궐(朝闕)하게 되어 구멍[竅]이 통(通)하게 될 것이다.
【神明이 內聽하여 不外地하면 而氣方得來하여 朝闕하면 竅가 可得以
通矣라】

보시(布施)는 하나 스스로 심성(心性)을 닦지 않는 것은 비유하면 재물
이 있는 사람이 자기 집에서 다른 사람이 대신 독서(讀書)해주기를 청하여
도움 받는 것과 같으니, 다른 사람이 읽는 것은 진실로 자기의 유익과는
관계가 없는 것이다.
【布施하나 而不自修心性은 譬如有財者가 自家에서 賴讀書請他人代爲
幇이니 讀於人은 固有益於己是無涉이라】

아미(蛾眉)가 나타나는 곳이 바로 가향(家鄕)이다.
【蛾眉現處가 是家鄕이라】

第十一 尊重正教[1] 分

受持正敎天人尊重
바른 가르침을 받아 지니니 천인이 존중함

復次須菩提야
隨說是經호대
乃至四句偈等[2]하면
當知此處는 一切世間天人阿修羅가
皆應供養을 如佛塔廟[3]어든
何況有人이 盡能受持讀誦가
須菩提야 當知是人은
成就最上第一希有之法이니
若是經典所在之處[4]에는
則爲有佛과 若尊重弟子이니라

原文解釋

"그리고 또 수보리야,
어디서나 이 경을 설하되
사구게 만이라도 설한다면,
마땅히 알라. 이곳은 일체세간의 천상, 인간, 아수라 등이

공양하기를 부처님의 탑묘와 같이 할 것이거늘,
어찌 하물며 어떤 사람이 능히 경을 다 수지하고 독송함이겠는가.
수보리야, 마땅히 알라. 이 사람은 최상이며,
제일인 희유한 법을 성취하리라.
만약 이 경전이 있는 곳에는
곧 부처님과 존중할 제자가 계심이 되느니라.

---

1) 正敎 : 불교중의 正宗이며 또한 自性으로 해탈하는 가르침이다. 이미 알고
있듯이 佛의 一代 설교는 사람의 자질에 따라 가르친 것이다. 또 평등벅과 無上法
이 다른데 그렇다면 이 正敎는 마땅히 "無上法"을 가르친 것이라 하겠다.

2) 수설시경(隨說是經) 호대 내지사구게(乃至四句偈) : 이 二句는 이미 수보리
가 이해했던 것으로 즉 "無上法"에 연유하여 覺性이 있는 곳을 끌어낸 것이다.
아래의 "當知此處"의 구절은 즉 수보리가 指點받은 覺性體가 있는 곳을 분명하게
지적하여 말한 것이다.

3) 일체세간천인아수라(一切世間天人阿修羅)가 개응공양(皆應供養)을 여불탑
묘(如佛塔廟)어든 : 이것은 "覺性體"가 있는 곳의 존귀성을 말한 것이다. 일반적으
로 말한다면 "玄關竅는 값을 따질 수 없는 보물로 指開하면 곧 蓬萊島이다."는
것이다. 또 "사람마다 靈山塔이 있으니 사람들은 탑 아래를 향하여 닦는 것이 좋으
리라."는 것인데 이것은 모두 이 覺性體 가 있는 곳을 곧 바로 누설한 형용어이다.
  이 佛塔廟所는 그 장소를 비유한 것으로 즉 금일에 이른 바 "玄關"인 것이다.
頭陀寺 비석에 말하기를 "玄關의 幽鍵(그윽한 열쇠)은 感해야 마침내 通한다."고
하였고, 백거이의 詩에 말하기를 "힘들지 않는 특별한 修道는 곧 이 玄關이라."고
하였다.

4) 약시경전소재지처(若是經典所在之處) : 이것은 중생의 몸에 있는 것으로 능
히 自性이 있는 곳을 투철하게 깨닫는 것을 말한 것이다. 바꾸어 말하면 明師의
指點을 받아 얻고 그 받은 指點處가 곧 경전이 있는 곳이다. 그러므로 이 경전은
形相이 없고 문자를 떠난 경전이다.

"복차(復次)"란 현지우현(玄之又玄)한 중묘지문(衆妙之門)이다.
【復次者는 玄之又玄한 衆妙之門也라】

"어디서나 이 경을 설하되[隨說是經]"란 손을 대면[着手] 봄[春]이 된다는 것이다.
【隨說是經은 着手하면 成春라】

"내지 사구게등(乃至四句偈等)이란" 인(人), 아(我), 중생(衆生), 수자(壽者)등의 상(相)에 한 터럭도 집착하지 않음을 말한다.
【乃至四句偈等이란 于人我衆生壽者等의 相에 一毫도 不着也라】

"세간(世間)"이란 세상에 머무는 사람이고,
【世間이란 住世之人也이고】

"천인(天人)"은 세상 밖의 사람이다.
【天人은 世外之人也라】

"아수라(阿修羅)"는 도(道)를 깨뜨리는 마왕(魔王)이다. 마왕(魔王)을 왜 아수라(阿修羅)라고 하는가?

저가 비록 도를 깨뜨리는 마(魔)에 속하나, 나의 심성(心性)이 청정(淸淨)하고 공행(功行)이 숭고(崇高)하면, 저가 도를 깨뜨릴 수가 없으니, 곧 패도(敗道)의 마(魔)가 오히려 변하여 호법(護法)하는 신(神)이 된다.

고(故)로 아수라(阿修羅)라고 말하는데, 수행하는 사람을 호지(護持)하여 대라(大羅)로 오르게 한다.

【阿修羅는 敗道之魔王也라. 魔王을 何以謂之阿修羅인가? 蓋彼가 雖屬敗道之魔이나 而我之心性이 淸淨하고 功行이 崇高하면 彼가 無從而敗之이니 則敗道之魔가 反化爲護法之神이라. 故謂之阿修羅인데 言護持修行之人하여 而上大羅也라】

"다 공양(供養)하기를 마땅히 불(佛)의 탑묘(塔廟)5) 같이 한

---

5) 탑묘(塔廟) : "벽암록" 제18칙에는 남양혜충 국사가 입적할 때에 숙종 황제에게 이음새가 없는 탑(無縫塔)을 만들어 줄 것을 간청하는 선문답을 다음과 같이 싣고 있다.

숙종 황제가 혜충 국사에게 물었다. "국사께서 입적한 뒤에 필요한 물건이 무엇입니까?"

국사는 대답했다. "노승을 위해서 이음새가 없는 탑(無縫塔)을 만들어 주십시요."

황제는 말했다. "국사께서는 탑의 모양을 말씀해 주십시오."

혜충 국사가 한참 동안 말없이 있다가, "알았습니까?"라고 하자,

황제는 "모르겠습니다."라고 했다.

국사가 말했다. "나의 법을 부촉한 제자 탐원(耽源)이 있는데, 이 일(此事)을 알고 있습니다. 조서를 내려 그에게 묻도록 하십시오,"

국사가 입적한 뒤에 황제는 조서를 내려 탐원에게 물었다. "이 국사가 말씀한 이 일의 의미는 무엇입니까?"

탐원이 말했다. "상주(湘州)의 남쪽, 담주(潭州)의 북쪽"

(설두가 착어 했다. "한 손으로는 소리가 나지 않는다.") "거기에는 황금이 있어

다."는 것은 경(經)을 존중한다는 뜻이다.

【皆應供養하기를 如佛塔廟者는 所以尊經也라】

이 경(經)은 아주 신비로워 전처(全處 : 온전한 곳)에서는 진실로 무궁한 변화가 계속되고, 편처(偏處 : 치우친 곳)에서도 또한 음양(陰陽)으로 헤아릴 수 없는데, 하물며 사람이 수지(受持)하여 독송(讀誦)하고 전경(全經)을 낭괄(囊括 : 자루에 넣고 주둥이를 동여맴)함에랴!

【此經은 最神하여 全處에서는 固屬變化無窮하고 偏處에서도 亦是陰陽莫測인데 何況有人이 受持하여 讀誦하고 囊括全經乎에랴?】

이 경(經)을 수지(受持)하면 즉 능히 구혼(拘魂 : 혼을 잡음)하며 집백(執魄 : 백을 잡음)하여 혼(魂)이 올라가 비양(飛揚)하는 것을 날아가지 못하게 하고, 백(魄)이 내려가 밑으로 떨어지는 것을 떨어지지 않게 한다.

【受持하면 則能拘魂執魄하여 魂之升하여 而飛揚者를 不使之飛하고 魄之降하여 而墜下者를 不使之墜이라】

이 경(經)을 독송(讀誦)하면 능히 궁리(窮理)하고 진성(盡

온 나라에 가득하다"

(설두가 착어 했다. "산처럼 생긴 주장자로다") "그림자 없는 나무아래 함께 타는 배가 있다."

(설두가 착어 했다. "바다는 잠잠하고 강물은 맑다") "유리로 만든 궁전위에 아는 사람이 없도다"

(설두가 착어 했다. "무봉탑에 대하여 할 말은 다했다")

性)하여, 이치(理)의 현묘(玄妙)함을 밝히기 어려운 것도 능히 밝게 할 수 있고, 성(性)이 묘명(杳冥)하여 보기 어려운 것도 능히 볼 수 있게 하니, 이 사람이 성취(成就)한 것은 진실로 제일(第一)의 희유(稀有)한 법(法)이므로, 도(道)라고 하지 않고, 복덕(福德)이라 하지 않고, 공덕(功德)이라 하지 않고 법(法)이라 말한다.

【讀誦하면 則能究理하고 盡性하여 理之玄妙함을 難明者도 能使之明하고 性之杳冥하여 難見者도 能使之見이니 而是人之所成就는 眞爲第一希有之法也이니 不曰道하고 不曰福德하고 不曰功德하고 而曰法者라】

이 도가 비록 가히 말할 법이 없다하나, 구전심수(口傳心授)가 있으니, 자연히 법이 없는[無法] 법(法)6)이 있게 마련인데, 앞에서 말한 "비법(非法)과 비비법(非非法)"이 바로 이것이다.

【蓋此道가 雖無法可說이나 而口傳心授이니 要自有無法之法인데 前所謂非法과 非非法者가 此也라】

사람이 능히 수지(受持)하고 독송(讀誦)하면, 내가 그 정성(精誠)을 살펴서 무법(無法)한 법(法)을 전해주어 이 대도(大道)를 깨닫게 하리니, 이로서 그 금강불괴(金剛不壞)의 법신

---

6) 무법(無法)한 法: 세간에 유행하여 전해진 말은 "中庸"의 도에 지나지 않아 사람마다 얻어 들을 수 있다. 金剛不壞하는 稀有한 非法을 어떻게 종이에 먹으로 써서 물의를 일으키겠는가?

고로 여래께서 말하기를 "말할 수 없으니 欲界의 법부는 그 일에 탐착할 뿐이다." 고 하였다. 음부경에 말하기를 "君子가 그것을 얻으면 몸을 굳건히 하고 小人이 그것을 얻으면 목숨이 위태롭다."고 하였다. 노자께서 말하기를 "下士가 도를 들으면 크게 웃는다."고 하였다.

(法身)이 온전해지는 것이다.

【人이 能受持하고 讀誦하면 吾乃鑒其精誠하여서 未有不
授以無法之法하여 而了此大道이니 以全其金剛不壞之法身也
라】

무엇 때문인가? 대개 이 경(經)이 비록 글이 있는 경(經)이지
만, 그 안에 무자진경(無字眞經)이 암장(暗藏)되어 있다.

고(故)로 무릇 이 경전(經典)이 있는 곳에는, 곧 불(佛)께서
계시므로 받들어 지니고 독송(讀誦)하는 사람은, 즉 제자(弟
子)나 수보리(須菩提)나 모든 보살(菩薩)과 같이 존중해야 할
것이다.

【何也오? 蓋此經은 雖是有文之經이지만 而其中에 暗藏
無字眞經이라.故로 凡經典이 所在之處에는 卽爲佛之所在이
므로 而奉持하고 讀誦之人은 卽是尊重弟子나 與須菩提나 諸
菩薩과 一般也라】

頂批

성(性)은 하늘(天)로 항상 머리에 잠기어 있고, 명(命)은 바다(海)로 항상
배꼽(臍)속에 잠겨 있다.

【性者는 天也로 常潛於頂하고 命者는 海也로 常潛於臍이라】

정(精)은 영근(靈根)을 기르고, 기(炁)는 신(神)을 기르니, 이러한 진실
외에 다시 진실은 없다.

【精은 養靈根하고 炁는 養神이니 此眞之外에 更無眞이라】

성도(性道)의 정(精)은 요요명명(窈窈冥冥)하여, 그 정(精)이 매우 참(眞)되고, 그 중(中)에 신(信)이 있다.

【性道之精은 窈窈冥冥하여 其精이 甚眞하고 其中에 有信이라】

하늘 위[天上]의 일두(日頭)는 땅 아래로 구르고[轉], 바다 밑[海底]의 선연(嬋娟 : 달을 가리킴)은 하늘 위로 날아가네.

【天上의 日頭는 地下로 轉하고 海底의 嬋娟은 天上으로 飛하네】

건곤(乾坤)과 일월(日月)은 본래 돌지 않으나, 모두 두병(斗柄)으로 인해 그 기틀[機]이 궁구른다.

【乾坤과 日月은 本不運이나 皆由斗柄으로 轉其機라】

삼매(三昧)라는 두 글자는, 예로부터 설명 한 사람이 없었는데, 여기에 연달아 몇 가지 뜻을 들었으니, 신수염래(信手拈來)하면 모든 것[頭頭]이 바로 도(道)인 것이다.

학자(學者)가 이것을 보면 곧 심령신회(心領神會)할 것이다.

【三昧라는 二字는 從古로 無人講出인데 此乃連擧數義이니, 信手拈來하면 頭頭가 是道라. 學者가 觀此하면 便可心領神會라】

고불원비(古佛原批) : 사람은 천지(天地)의 기(氣)가운데 있고, 천지(天地)는 사람의 심중(心中)에 있다.

고(故)로 말하기를 "사람이 항상 청정(淸淨)하면 천지(天地)가 모두 다 돌아온다."고 한 것이다.

【古佛原批 : 人은 在天地之氣中하고 天地는 人之心中이라. 故로 曰人이 能常淸淨하면 天地가 悉皆歸라】

고불원비(古佛原批) : 황정(黃庭)의 가운데를 알고자 한다면, 황정경(黃庭經)을 세밀하게 읽어라.

【古佛原批 : 欲知黃庭中이면 細讀黃庭經하라】

 如法受持分

當如此法承受行持
마땅히 이 법과 같이 이어 받아 행지함

爾時[1]에 須菩提가 白佛言하사대
世尊하 當何名此經[2]이며
我等이 云何奉持하리잇고
佛이 告須菩提하사대
是經은 名爲金剛般若波羅蜜[3]이니
以是名字로 汝當奉持하라
所以者何오 須菩提야
佛說般若波羅蜜이 則非般若波羅蜜일새
是名般若波羅蜜[4]이니라

須菩提야 於意云何오 如來가 有所說法不아
須菩提가 白佛言하사대
世尊하 如來가 無所說이니이다

須菩提야 於意云何오
三千大千世界所有微塵이 是爲多不아
須菩提가 言하사대 甚多니이다 世尊하

須菩提야 諸微塵을 如來가 說非微塵일새
是名微塵이며
如來가 說世界非世界일새
是名世界니라

須菩提야 於意云何오
可以三十二相으로 見如來不아
不也니이다 世尊하
不可以三十二相으로 得見如來니
何以故오 如來가 說三十二相이 卽是非相일새
是名三十二相이니이다

須菩提야 若有善男子善女人이
以恒河沙等身命으로 布施어든
若復有人이 於此經中에
乃至受持四句偈等하야 爲他人說하면
其福이 甚多니라

原文解釋

그 때에 수보리가 부처님께 사뢰었다
  세존이시여, 이 경전을 무엇이라 이름하며
저희들이 어떻게 받들어 지니오리까.
부처님께서 수보리에게 이르시되,
  이 경은 금강반야바라밀이니
이 이름으로써 너희들은 마땅히 받들어 지닐지니라.
그 까닭이 무엇인가. 수보리야!

부처님이 설 한 반야바라밀은 곧 반야바라밀이 아니고
그 이름이 반야바라밀이니라.

수보리야! 어떻게 생각하느냐. 여래가 설한 바 법이 있느냐.
수보리가 부처님께 사뢰어 말씀드리되,
　세존이시여! 여래께서는 설한 바가 없습니다.
　수보리야! 어떻게 생각하느냐.
삼천대천세계에 있는 미진이 많지 않겠느냐.
수보리가 말씀드리되,　매우 많사옵니다, 세존이시여!
　수보리야! 모든 미진을 여래가 설하되 미진이 아니라
그 이름이 미진이며,
여래가 설한 세계도 세계가 아니라 그 이름이 세계니라.

수보리가 어떻게 생각하느냐.
삼십이상으로 여래를 볼 수 있겠느냐.
　아닙니다, 세존이시여!
삼십이상으로 여래를 볼 수 없습니다.
왜냐하면 여래께서 설하신 삼십이상은 곧 상이 아니고
그 이름이 삼십이상이기 때문입니다.

　수보리야! 만약 어떤 선남자 선여인이
항하의 모래 수와 같은 많은 목숨으로 보시를 했을지라도,
만약 또 어떤 사람이 이 경 가운데서
사구게 만이라도 받아 지녀서 다른 사람을 위해 설한다면
그 복이 저 복보다 더 많으니라.

1) 爾時 : 이때란 바로 수보리가 이미 般若의 정체를 분명히 깨닫고 다시 여래불께 상세하게 妙法을 물어 이해한 후로 전체 大用을 깊이 알게 된 때를 말한다. 고로 하나의 구체적인 이름을 들어서 보여주시기를 청한 것이다.

2) 當何名此經 : 師父께서 나에게 無上般若妙法을 가르쳐 주시기를 희망하여 말한 것이다. 이것은 비구들이 문자언설로 들은 평등법과는 전혀 같지 않은 것이다. 이 경은 본래 비밀에 속하여 때가 아니면 내려주지 않으며 非人이면 또 전하지 않는다. 만일 그 사람이 아니라면 至道를 귀하게 여기지 않는다. 佛門의 제자가 비록 백만이나 된다 해도 이 妙法을 얻은 사람은 실로 드물다.

3) 금강반야바라밀 : 이 7字는 후세 사람들이 正法을 失傳한 후에 이 경의 이름과 금강반야바라밀경의 文字經을 하나로 섞어 버려 단지 문자만을 중요시하여 문자이외에 妙理를 밝지 못하게 되었다. 실제로 佛께서 법을 설하실 당시에 어찌 문자로 된 經卷이 있었겠는가? 다시 만일 이 문자 경을 받들어 지녀 열심히 외운다고 하지만 끝내 어디에 쓸 곳이 있겠는가?

지금에 大道가 다시 중흥하는 때에 우리들은 비로소 "金剛"이 "眞如性"을 비유한 것임을 알았는데, 佛旨에는 見性해야 비로소 成佛할 수 있다고 말하고 있으며 이 實相은 儒敎의 養性해야 비로소 도를 이룰 수 있다는 것과 같은 것이다.

그렇다면 이 性을 보고 이 性을 기르는 소재지는 당연히 學佛이나 希聖하는 핵심처가 될 것이다. 그러므로 만일 친히 指傳을 받지 않는다면 자신의 핵심처를 알지 못하게 된다. 비록 이미 깊게 金剛이 바로 性을 비유한 것이라고 이해했더라도 또한 배가 있으나 키가 없고 말을 타도 재갈이 없는 것과 같아 끝내는 功效를 거두기 어려운 것이다. 般若라는 이 두 글자는 당연히 지혜라는 뜻이다.

이 지혜와 후천의 총명과 영리와는 다르며, 般若 이 두 글자는 실제로 覺과 迷를 가르는 시금석이며 다시 性功을 실천하는 지남침이다. 대승교의에서 般若를 떠나지 않는다는 것(六祖의 마하반야바라밀이 가장 존귀하고 뛰어나고 으뜸이 된다)이 이 뜻이다. 그러나 般若妙法은 반드시 반야실상을 의지하여 生하며 妙智慧는 결코 智慧體를 떠나서는 안 된다. 고로 覺性의 所在는 즉 妙智慧를 生發하는 핵심처인 것이다.

만약 "如是處"를 알지 못하고 단지 文字나 씹어 지혜를 생하거나 혹은 많이 구하고 들어서 지혜를 구하는 총명객이 자고이래로 얼마나 많은지 알지 못한다. 청해 묻건대 끝내 몇 사람이나 성인의 경지에 들어갔겠는가? 儒佛에 두루 통한

혜가가 비록 한 때 설법으로 명예가 남북으로 통했으나 그러나 끝내 "一歸何處"를 알지 못했다. 고로 오히려 달마문하에 엎드려 예배하고서야 비로소 證道하였다. 德山大師가 비록 周金剛이란 호가 있었으나 끝내는 찻집 노파의 한 마디에 다년간의 학식이 도에 도움이 안 되었으나 의외로 노파의 한 마디에 비로소 正果를 이루게 되었다. 이로 볼 때 이 반야라는 두 글자를 말하기가 어찌 쉽다고 하겠는가?

만일 般若實相을 알지 못하고 제멋대로 많이 듣고 보는 것으로 지혜를 삼는 사람은 아는 것이 많으나 오히려 막히고 아는 것이 많을수록 장애가 더욱 두터울 뿐이다. 고로 學佛하는 사람이 妙智慧를 개발하고자 한다면 반드시 먼저 般若體를 알고 體로 인해 用을 생하면 지혜가 이르러 자연히 해탈하게 되는데 오래되면 자연히 피안에 이르게 된다.

五祖께서는 일찍이 말하기를 "本心을 알지 못하면 學法에 이익이 없다."고 하였다. 이 心은 즉 般若體이다. 고로 이 반야 두 글자를 해석하려면 반드시 實相을 함께 참구해야 한다. 만일 실상을 밝히지 않는다면 즉 일반적으로 말하는 지혜는 족히 취할 것이 못 된다.

4) 시명반야바라밀 : 금강반야는 본래 相迹이 없고 다시 일정한 법도 없다. 고로 그 크기로는 밖이 없고 그 작기로는 안이 없다. 만약 佛께서 설하신 반야를 가지고 반야라고 집착한다면 이것은 佛의 원래의 뜻이 아니다.

그러므로 부처님이 설한 "반야바라밀은 곧 반야바라밀이 아니고 그 이름이 반야바라밀이니라."고 한 것이다.(금강반야는 능히 識神을 다스린다)

然燈古佛眞解

"이 때[爾時]"란 선천(先天)중의 선천(先天)이 피가(彼家 : 兌宮을 말함)에서 발동(發動)하는 때[時]이다.

【此爾時者는 先天中之先天이 發動于彼家也라】

수보리는 이때를 잃어버리면 안 됨을 알기에, 불(佛)께 청(請)하여 "이 경(經)을 무엇이라 이름하며, 어떻게 우리들이 받들어 지녀야?"하느냐고 말씀해주시기를 청하였다.

【須菩提는 知此時不可失이라 因請命于佛하여, 當何名此
經이며? 我等은 云何奉持이니까?】

이 경(經)은 천상(天上)의 지보(至寶)임을 깊이 알아서, 소홀
히 하여 지나쳐 버려서는 안 된다.5)

【蓋深知此經爲天上至寶하여 不可忽略錯過也라】

불(佛)께서 고(告)하여 말씀하기를 "이 경(經)은 마땅히 금
강반야바라밀(金剛般若波羅密)이라 이름하라."고 사람에게
보이시며 이름과 뜻을 생각하고 마음에 새기게 하였다.

【佛告之曰 是經은 宜名爲金剛般若波羅蜜하고 示人以顧名
思義也라】

"이 명자(名字)를 너희는 마땅히 봉지(奉持)하라."는 것은
이른바 "고양이가 쥐를 사로잡는 것 같고, 토끼를 본 매와 같은
바로 그 때가 있다."는 것이다.

【以是名字를 汝當奉持者는 所謂如貓捕鼠하고 如兔見鷹한
正在此時라】

무엇 때문인가?
이 경(經)이 비록 금강반야바라밀(金剛般若波羅密)이라는

---

5) 天地가 氣交로 사귀는 중에 때때로 陽氣를 발생하니 이것이 至寶가 된다.
사람에게 四句偈를 행하라고 가르쳐 空을 보게 하고 반야바라밀를 행하여 凡俗을
뛰어넘게 하셨다. 때를 마주하여 어긋나 지나치면 안 되니 佛의 苦心을 소중히
여겨야 한다.

이름이 있다하나, 오히려 이것은 진성(盡性)하고 지명(至命)하는 실사(實事 : 실제적인 일)가 있기 때문이다.

그러므로 금강반야바라밀이라고 말하나, 오히려 반야바라밀(般若波羅密)이 아닌 것으로, 특별히 이름을 빌려 반야바라밀이라고 한 것뿐이다.

경(經)이란 이미 이와 같은 것이다.

【何也오? 是經이 雖有般若波羅蜜之名이나 而卻是盡性하고 至命之實事이라. 故所說般若波羅蜜이나 卻非般若波羅蜜로 特假借하여 名之爲般若波羅蜜耳라. 經이란 旣如此라】

"여래(如來)께서 설(說)하신 법(法)이 있느냐?"고 물었는데, 수보리가 곧 바로 "말씀하신 법(法)이 없습니다."하니

【試問如來께서 有所說法否가? 而須菩提가 直以爲無所說하니】

무엇 때문인가?

대개 설법(說法)이란 진성(盡性)하여 지명(至命)하는 허리(虛理 : 실행이 따르지 않는 이치)를 말하는데 그칠 뿐으로, 그 진성(盡性)하여 지명(至命)하는 실사(實事)를 말할 수는 없다.6)

이 경(經)은 바로 천기(天機)로 비밀(密秘)이니, 진실로 그 사람이 아니면 얻어들을 수 없다.

【何也오? 蓋說法이란 止說盡性至命之虛理로 不能說其盡

---

6) 五祖께서 가사로 문을 가리시고 은밀하게 의발을 전하셨으니 그 신중함을 가히 알 수 있는데, 즉 非法이 아닌 것은 말할 수 없는 것이다.

性至命之實事라. 以此經은 乃天機로 秘密이니 苟非其人이면
不可得而聞也라】

　이 경(經)속에는 무자진경(無字眞經)이 갈무리되어 있는데,
이 무자진경을 듣고자 한다면, 반드시 먼저 육진(六塵)을 내버
려야 한다.
　육진(六塵)이 천지에 있는 것이 오히려 삼천대천세계(三千
大天世界)중의 미진(微塵)이 세계(世界)에 편만(遍滿 : 두루
가득함)함과 같다.
　【蓋此經中에는 藏有無字眞經인데 欲聞此無字眞經이면 必
先割捨六塵이라. 而六塵之在天地가 猶如三千大千世界中之微
塵이 遍滿世界라】

　"가히 많다고 할 수 있겠는가?" 물으니
　수보리(須菩提)가 곧 바로 말하기를 "많습니다" 대답하니,
　불(佛)께서 고(告)하여 말씀하기를 "모든 미진(微塵)은 진실
로 많으나, 그 체(體)가 부유(浮遊 : 떠다님)하여 무정(無定
: 안정이 없음)하다."고 하였다.
　【試問可謂多否가? 而須菩提가 直以爲多하니 佛因告知曰
諸微塵은 固多하나 其体가 浮游하여 無定이라】

　또한 세계(世界)에 편만(遍滿)한 미진(微塵)은 능히 세계 중
에 붙어서 의지할 뿐인데, 어찌 12만년(萬年)에 대겁(大劫)이
이를 때에 세계가 또한 부서지는 것을 알 수 있겠는가?
　【且微塵之遍滿世界는 以其能著于世界之中하여 有所依附

耳인데 豈知十二萬年에 大劫到時에 世界俱壞인가?】

　그런데도 무엇 때문에 미진(微塵)을 말하랴?
　고(故)로 여래께서는 모든 미진을 다 세어서 미진을 얻을
수 없는 까닭에 억지로 일러 미진(微塵)이라 말한 것이다.
　여래께서는 모든 세계를 다 셀 수가 없는 까닭에 세계를
억지로 일러 세계라 말하는 것이다.
　【何論微塵이랴? 故로 如來께서는 以諸微塵을 皆算不得
微塵이라 故로 强名之曰微塵이라. 如來께서는 以諸世界를 皆
算不得하므로 世界를 故로 强名之曰世界라】

　사람이 능히 궁리(窮理)하여 여기에 이르면 즉 만유(萬有)
가 다 공(空)한데, 어찌 세계가 있을 수 있으며, 어찌 세계에
미진(微塵)이 있겠으며, 또 어찌 오심(吾心 : 나의 마음)에 육
진이 있겠는가?
　진심(塵心)이 이미 없으면, 또 어떻게 인(人), 아(我), 중생
(衆生), 수자(壽者)라는 상(相)이 있겠는가?
　【人이 能窮理하여 至此하면 則萬有가 皆空인데 何有于世
界하며 何有于世界之微塵이며 而又何有于吾心之六塵인가?
塵心이 旣無하면 而又何有于人我衆生壽者之相인가?】

　상(相)에 집착할까 하여 "가히 32상(相)으로 여래(如來)를
볼 수 있겠는가?[7] 라고 물었는데, 무릇 32상(相)은 세상 사람
이 보아도, 또한 복덕상(福德相)이라 말하지만, 마침내 실상

────────────

7) 眞空을 꿰뚫어 안다면 한 물건도 없다.

(實相)을 얻었다 할 수 있겠는가?"

수보리(須菩提)가 곧 바로 응(應)하여 말하기를 "32상(相)으로 여래를 볼 수가 없습니다."고 하였다. 왜냐하면 32상(相)은 즉 가합(假合 : 거짓으로 합함)의 비상(非相)이기 때문에 억지로 일러 32상(相)이라 하는 것이다.

【若著于相하여 試問可以三十二相으로 見如來否인데 夫三十二相은 在世人看來하여도 亦可謂之福德相矣이나 究竟可算得實相否인가? 而須菩提가 直應之曰 不可以三十二相으로 得見如來라. 何以故오? 三十二相은 卽是假合之非相이므로 故로 强名之曰 三十二相이라】

만약 선남자(善男子)나 선여인(善女人)이 실상(實相)을 정수(精修)해야 함을 알지 못하고, 다만 항하사(恒河沙)의 수(數)만큼 사신수명(捨身授命)하여 보시(布施)한다면 그 복(福)을 얻음이 많지 않은 것은 아니나, 모두 이 경(經)가운데에서 사구게(四句偈)를 수지(受持)하고, 다른 사람을 위하여 설(說)하여 자기도 제도하고 다른 사람을 제도하여 획득하는 복이 더욱 많은 것이다.8)

【若有善男子나 善女人이 不知精修實相하고 徒以恒河沙數만 捨身受命하여 以布施之하면, 其獲福이 非不多也이나 總不若於此經中에서 受持四句偈等하고 爲他人說하여 度人度己하여 其獲福이 尤爲多이라】

___

8) 몸을 회생하는 捨身보시도 四相을 空하게 하는 것만 못하며, 法身을 精修하여야 이 같은 妙道를 성취하게 된다.

귀숙(歸宿)은 나로 말미암는 조종(操縱)에 있으니, 즉 "달마조사[達祖] 가 단련한 통천영검(通天靈劍)이 이것이다.
【歸宿은 在操縱由我이니 卽達祖所煉한 通天靈劍是也라】

고불원비(古佛原批) : 진실로 합하여 일체(一體)가 되지 않는다면, 어찌 능히 만겁(萬劫)을 장존(長存)하겠는가?
【古佛原批 : 苟非合爲一體라면 安能萬劫을 長存인가?】

호법(護法)하고 조도(助道)하는 그 보시(布施)의 공덕(功德)이 작은 것이 아니지만, 단 호법(護法)하고 조도(助道)한 나머지에 더욱 자가(自家)에서 수성(修成)함이 중요하니, 바야흐로 그것은 오로지 사람이 좋은 옷을 입고 시집가는 것을 말하는 것이 아니다.
【護法하고 助道하는 其布施之福德이 非不大也지만 但護法하고 助道之餘여 尤要自家修成이니 方非專爲人作嫁衣裳耳라】

이른바 명심견성(明心見性)하는 공(功)인 것이다.
【卽所謂 明心見性之功也라】

오색(五色) 구름가운데, 우리들은 아침마다 부지런히 진경단(眞經壇)을 접인(接引)해야 하는데, 과연 어떤 사람이 실보(實寶)에 가서 닦으랴!
【五色雲中에 吾輩들은 朝朝에 勤接引眞經壇인데 果何人이 實寶去하여 修爲하랴!】

이 때란, 즉 삼봉조사(三丰祖師)의 이른바 "이슬과 같고, 전기와 같고, 안개와 같고, 연기와 같은데 잠간사이[霎時]에 계수(癸水)가 생(生)하고, 경각(頃刻)에 경(經)으로 변하여 흐르는 때이다."고 하였다.

그 실제적인 일(實事)은 그 사람이 아니면 말할 수 없고, 그 때가 아니면
말할 수 없는 것이다.

　　【此時란 卽三丰祖師의 所謂 如露하고 如電하고 如霧하고 如煙한데 霎
時에 而生癸水하고 頃刻에 而變經하여 滲之時也라. 其實事는 非其人이면
不說이고 非其時면 不說이라】

 離相寂滅¹⁾ 分

離相寂滅

離諸形相自得寂滅
모든 형상을 여의니 자연히 적멸을 얻음

爾時에 須菩提가
聞說是經하사옵고
深解義趣하사
涕淚悲泣하사 而白佛言하사대
希有世尊하
佛說如是甚深經典은
我從昔來所得慧眼으로
未曾得聞如是之經호이다.

世尊하
若復有人이 得聞是經하고
信心淸淨하면 卽生實相하리니
當知是人은
成就第一希有功德이니이다.
世尊하 是實相者는
卽是非相일새
是故로 如來가 說名實相이니이다.

世尊하 我今得聞如是經典하고
信解受持는 不足爲難이어니와
若當來世後五百歲에
其有衆生이 得聞是經하고
信解受持하면
是人은 卽爲第一希有이니다.
何以故오 此人은
無我相하며 無人相하며
無衆生相하며 無壽者相이니

所以者가 何오 我相은 卽是非相이며,
人相 衆生相 壽者相이 卽是非相이라.
何以故오 離一切諸相이 名諸佛이니이다.

佛이 告須菩提하사대
如是如是하다.
若復有人이 得聞是經하고
不驚不怖不畏하면
當知是人은 甚爲希有니

何以故오 須菩提야
如來가 說第一波羅蜜이
卽非第一波羅蜜일새
是名第一波羅蜜이니라.

須菩提야 忍辱波羅蜜[2]을

如來가 說非忍辱波羅蜜일새
是名忍辱 波羅蜜이니라.

何以故오 須菩提야
如我昔爲歌利王에
割截身體하야
我於爾時에
無我相하며 無人相하며
無衆生相하며 無壽者相호라

何以故오 我於往昔節節支解時에
若有我相人相衆生相壽者相이면
應生嗔恨일러니라.

須菩提야
又念過去於五百世에 作忍辱仙人하야
於爾所世에 無我相하며 無人相하며
無衆生相하며 無壽者相호라.
是故로 須菩提야
菩薩은 應離一切相하고
發阿耨多羅三藐三菩提心이니
不應住色生心하며
不應住聲香味觸法生心이요,
應生無所住心이니라.

若心有住면 卽爲非住니
是故로 佛說菩薩이

心不應住色布施라 하노라
須菩提야 菩薩이
爲利益一切衆生하야
應如是布施니라.
如來가 說一切諸相은
卽是非相이며
又說一切衆生이
卽非衆生이니라.

須菩提야
如來는 是眞語者며 實語者며
如於者며 不誑語者며
不異語者니라.

須菩提야 如來所得法은
此法이 無實無虛하니라.

須菩提야
若菩薩이 心住於法하야 而行布施하면
如人이 入闇에
卽無所見이요.
若菩薩이 心不住法하야 而行布施하면
如人이 有目하야
日光明照에 見種種色이니라.

須菩提야
當來之世에 若有善男子善女人이

能於此經을 受持讀誦하면
卽爲如來가 以佛智慧로 悉知是人하며
悉見是人하야 皆得成就無量無邊功德하리라.

이때 수보리가
이 경 설하심을 듣고
깊이 그 뜻을 깨달아
눈물을 흘리고 슬피 울면서 부처님께 사뢰었다.
　희유하십니다, 세존이시여.
부처님께서 이렇게 심히 깊은 경전을 설하심은
제가 예로부터 얻은바 혜안으로도
일찍이 이와 같은 경을 얻어듣지 못하였습니다.

세존이시여,
만약 또 어떤 사람이 이 경을 얻어듣고
신심이 청정하면 곧 실상을 내리니,
마땅히 이 같은 사람은
제일 희유한 공덕을 성취한 사람임을 알겠습니다.
세존이시여, 이 실상이란 곧 상이 아님이니,
이 까닭에 여래께서 실상이라고 말씀하셨습니다.

세존이시여, 제가 지금 이와 같은 경전을 얻어듣고,
믿어 알고, 받아 지니기는 족히 어렵지 않거니와,
만약 오는 세상 후오백세에,
그 어떤 중생이 이 경을 얻어듣고서

믿고 알고 받아 지닌다면
이 사람은 곧 제일 희유함이 되겠습니다.
왜냐하면 이 사람은
아상이 없으며 인상이 없으며
중생상이 없으며 수자상도 없기 때문입니다.

왜냐하면 아상은 곧 이 상이 아니며
인상 중생상 수자상이 곧 이 상이 아닙니다.
왜냐하면 일체 모든 상을 떠난 것을 일러
모든 부처님이라 하기 때문입니다.

부처님께서 수보리에게 이르시되,
  그렇다 그렇다.
만약 어떤 사람이 이 경을 듣고
놀래지 않고 겁내지 않으며, 두려워하지 않으면
마땅히 알라. 이 사람은 심히 희유함이 되느니라.
무슨 까닭인가 수보리야,
여래가 설한 제일바라밀이란
곧 제일바라밀이 아님 일새
그 이름이 제일바라밀이니라.

수보리야, 인욕바라밀도
여래가 설하되 인욕바라밀이 아니라
그 이름이 인욕바라밀이니라.

어찌한 까닭인가. 수보리야,
내가 옛적에 가리왕에게 신체를 낱낱이 베일 때에

나는 그때에 아상이 없었고 인상이 없었으며
중생상도 없고 수자상도 없었느니라.

왜냐하면, 내가 옛적에 마디마디 사지를 베일 때에
만약 아상, 인상, 중생상, 수자상이 있었으면
응당 성내고 원망함을 내었으리라.

수보리야,
또 과거 오백세 동안에 인욕선인이었던 일을 생각하니,
그때의 세상에서도 아상이 없었으며 인상도 없고
중생상도 없었으며 수자상도 없었느니라.
그러므로 수보리야,
보살은 응당 일체 상을 떠나서 아뇩다라삼먁삼보리심을 낼지니,
응당 색에 머물러서 마음을 내지 말며,
응당 성, 향, 미, 촉, 법에 머물러서도 마음을 내지 말고,
응당 머문 바 없는 그 마음을 낼지니라.
만약 마음에 머묾이 있으면 곧 머묾 아님이 되느니라.
그러므로 부처님이 말하기를
"보살은 마땅히 마음을 색에 머물지 말고 보시하라."고 하느니라.

수보리야,
보살은 일체 중생을 이익케 하기 위하여
응당 이와 같이 보시하느니,
여래가 설한 일체의 모든 상은
곧 이 상이 아니며
또한 일체의 중생이라고 설함도
곧 중생이 아니니라.

수보리야,
여래는 참다운 말을 하는 자며 실다운 말을 하는 자며
사실과 같이 말하는 자며 거짓이 아닌 말을 하는 자며
다르지 않은 말을 하는 자니라.
수보리야! 여래가 얻은바 법인
이 법은 실다움도 없고, 헛됨도 없느니라.

수보리야,
만약 보살이 마음을 법에 머물러서 보시하면
마치 사람이 어두운 곳에 들어가매
아무 것도 보이는 바가 없는 것과 같고,
만약 보살이 마음을 법에 머물지 않고 보시하면
마치 사람이 눈도 있고
햇빛도 밝게 비쳐서 여러 가지사물을 보는 것과 같으니라.

수보리야,
오는 세상에서 만약 어떤 선남자 선여인이
능히 이 경을 받아 지니고 읽고 외우면,
여래가 부처님의 지혜로써 이 사람을 다 알며
이 사람을 다 보아서 한량없고 끝없는 공덕을 성취하게 하리라.

1) 離相寂滅 : 離相이란 즉 一切 幻相과 塵相을 떠나 집착하여 취하지 않는 것을 말한다. 寂滅에 이르러서는 처음에는 外塵을 굴복시키는 것으로 離相하여 妄境이 안으로 침범하지 못하게 하고, 그 다음에 內根을 맑게 하여 欲念을 다스려 妄心이 밖으로 생하지 않게 하는 것이다. 根塵을 이미 벗어나면 다시 人我와 法我을 깨뜨리고 覺해도 覺한 相을 또한 여의고 空해도 空한 相도 또한 없어 一相도 相이 없으면 萬緣이 모두 空하게 되니 이 때 萬籟가 모두 고요하고 皓月이 當空하니 寂滅이 자연히 바로 앞에 나타나게 된다.

도덕경으로 말하면 離相은 "致虛極"이고 寂滅은 "守靜篤"에 해당한다. 離相寂滅은 곧 妄想을 멸하고 이 覺性을 회복하는 것이다. 그러나 만일 覺性도 또한 멸하게 되면 적멸의 참뜻을 크게 어기게 된다.

2) 인욕바라밀 : 六度중에 가장 행하기 어려운 것으로 인욕할 수 없으면 반드시 妄想이 있게 된다. 만일 한 때에 인욕을 할 수 있으나 오래 인욕할 수 없는 것은 끝내 망상이 다하지 못한 까닭이다. 6바라밀중에 지혜가 가장 얻기 힘들므로 반드시 지혜로서 見知하고 다시 인욕이 가장 행하기 어려우므로 반드시 인욕으로 見行해야 한다.

지혜를 깨닫지 못하면 四相의 잘못을 洞見할 수 없고 인욕을 행하지 않으면 四相의 장애를 멀리 여읠 수 없게 된다. 고로 만약 지혜를 얻고 다시 인욕을 행할 때라야, 즉 보시 지계 정진 선정의 4바라밀의 실천에 비로소 막힘이 없게 된다. 그렇지 않고 먼저 이 두 바라밀을 행하지 않으면 즉 아 인 중생 수자 四相에 染着하게 되고 이미 사상이 생하면 즉 6度를 완전히 이룰 수 없으니 당연히 보살이 아닌 것이다. 그런 까닭에 佛께서 특별히 인욕바라밀을 중요시하신 원인이 여기에 있다.

"다시 이 때[爾時]"라고 말한 것은 청중들에게 정중(鄭重)함을 보인 것이다.

【再言爾時者는 示人鄭重也라】

수보리(須菩提)가 이 경(經)을 설(說)하심을 듣고 깊이 그 뜻을 깨달았는데, 이 때[爾時]가 바로 천고(千古)의 의단(疑團 : 의심 덩어리)을 타파(打破 : 쳐서 깨뜨림)하는 때이다.

【須菩提가 聞說是經하고 深解義趣인데 期時가 乃打破千古疑團이라】

홀로 굳게 일념(一念)이 정신(淨信)하여, 군생(群生)이 고해(苦海)에 침륜(沈淪)하여 생생사사(生生死死)하며, 빠져나올 기약이 없음을 환고(環顧 : 빙 둘러봄)하니, 눈물과 콧물이 뚝뚝 떨어지는 것이 마치 비 오는 것 같았다.

【獨堅一念淨信하여 而環顧群生淪苦海하여 生生死死하며 無有了期이니 不禁涕泗와 滂沱가 淚如雨下이라】

"이에 불(佛)을 향하여 말하기를" 진실로 희유(稀有)하십니다. 세존(世尊)이시여, 이렇게 깊은 경전(經典)을 설하심을 제자(弟子)가 도(道)를 배운 이래로, 이미 지혜(智慧)가 열렸고, 이미 혜안(慧眼)이 열렸으나, 마침내 일찍이 이와 같은 경(經)은 얻어듣지 못하였습니다."[3]

지금에야 이미 그것을 들었으므로, 진실로 금강불괴(金剛不壞)의 법신(法身)을 닦아 이룰 수 있습니다만, 세상 사람들이 만일 이 경(經)을 얻어듣고, 능히 청정한 신심(信心)을 낸다면 즉 실상(實相)을 냄[生]으로 고해(苦海)를 벗어나 제일의 희유(稀有)한 공덕(功德)을 성취해내지 않겠습니까?

　【而向佛言曰 眞是希有니다！世尊이시여 說如此甚深經典을 弟子가 自從學道以來로 已開智慧하고 已有慧眼이나 究竟未曾得聞如是之經니다. 今旣聞之하니 固能修成金剛不坏之法身이나 而世人이 倘有得聞是經하고 能信心淸淨이면 卽生實相이니 有不脫離苦海하여 而成就第一希有功德乎아？】

　그러나 비록 실상(實相)을 낸(生)다 해도, 실상(實相)과 태허(太虛)는 동체(同體)이니 곧 실(實)하나 오히려 허(虛)한 것입니다.

　그러나 오직 그 지허(至虛)한 까닭에 곧 허(虛)하면서 불허(不虛)한 것입니다. 이런 까닭에 여래(如來)께서는 실상(實相)이라고 불러 말씀한 것입니다.

　【然이나 雖生實相이라도 實與太虛는 同體이니 則實하나 而仍虛이라. 惟其至虛이므로 便虛하면서 而不虛이라. 是故로 如來께서는 說名實相이니이다】

---

3) 千古의 鐵饅頭(쇠로 된 만두)를 누가 능히 깨뜨려 씹을 수 있겠는가? 수보리같이 도를 배워 慧眼이 있다 해도 도리어 깊은 뜻을 꿰뚫어 깨닫지 못하였는데 하물며 우리들 같은 凡夫들이랴? 단지 하루 종일 經을 외우는 것은 아나 몸으로 힘써 행하는 것을 깨닫지 못하니 그런 까닭에 깨달았다 해도 늙고 죽게 되면 끝내 무익한데 한번 죽으면 서방에 이른다고 거짓말 하고 있다.

수보리가 또 말하기를 "나는 한 때(一時)에 이와 같은 경전 (經典)을 얻어 들어 진실로 쉽게 신해수지(信解受持)하오나, 다음 세상 오백세후(五百歲後)의 중생(衆生)이 능히 이 경(經) 을 듣는다면, 이 사람은 실로 가장 희유(稀有)한 일입니다."라 고 하였는데, 이것은 진실로 이른바 "백천만겁(百千萬劫)에도 만나기 어렵다."4)는 것이다.

【須菩提가 又以我는 一時에 得聞如是經典하여 固易信解 受持이나 而來世五百歲後之衆生이 能聞是經이면 是人卽爲第 一希有이니이다. 是誠所謂百千萬劫에도 難遭遇也라】

어찌하여 이 사람이 제일로 희유(稀有)한 것인가?
이 사람은 이미 아(我), 인(人), 중생(衆生), 수자(壽者)와 같 은 상(相)이 없으며, 바로 모든 상(相)이 다 거짓으로 비상(非 相)임을 알았기 때문이다.

【何以是人이 卽爲第一希有인가? 此人은 已無我人衆生壽 者等相이며 是知諸相이 皆假로 而爲非相矣라】

능히 모든 상(相)이 거짓임을 볼 수 있음을 기다려, 곧 거짓 (假)을 빌려 참(眞)을 닦아서 성선(成仙)과 성불(成佛)을 할 수 있는 것이다.

【能待諸相이 看得假하여 使能借假修眞하여 而成仙成佛이 라】

---

4) 이해한다는 것은 이치에 밝다는 것이고 지닌다는 것은 功을 행한다는 것이 니 사람들에게 종일 木魚처럼 살라고 가르치지 않아야 한다.

수보리가 이미 지혜(智慧)가 여기에 미친 것을 보고, 불(佛)께서 근기를 인정하시고 말씀하기를 "그렇다 그렇다[如是如是]"고 하시었다.

만약 어떤 사람이 이 경(經)을 얻어듣고, 놀라거나, 겁내거나, 두려워하지 않으면, 곧 결렬한(決烈漢)으로, 곧 대장부(大丈夫)[5]인 것이니 이 사람이 어찌 아주 희유(稀有)한 것이 아니겠는가?

【須菩提가 業已見及於此하고 佛께서 因迎機以示之曰 如是如是라. 若復有人이 得聞是經하고 不驚커나 不怖커나 不畏하면 便是決烈漢으로 便是大丈夫이니 而是人이 豈不甚爲希有乎아?】

무릇 이 경(經)은 바로 일용(日用 : 날마다 씀)하는 상도(常道)인데 듣는 사람이 어찌 대부분 두려워하는가? 대체로 모든 사람[衆人]은 모두 죽는 다는 것은 알고 있으나 죽음 속에서 삶[生]을 구하는 것에 대하여는 알지 못한다.

이 경(經)은 장생불로(長生不老)하는 경(經)으로, 그것을 얻는 사람은 곧 불생불멸(不生不滅)을 할 수 있다. 그러므로 듣는 사람은 다 놀래는 것이다.

【夫此經은 乃日用之常道인데 聞者가 何以多驚인가? 蓋衆人은 皆知有死이나 而不知於死中求生이라. 此經은 乃長生不老之經으로 得之者는 便能不生不滅이라. 故로 聞者多驚이라】

---

5) 근기를 인정하시고 "그렇다 그렇다"고 하시었는데 이 경을 전해주면 놀래거나 두려워하지 않는 冰心과 鐵骨(쇠처럼 굳은 마음)을 지닌 稀有한 사람을 기다린다.

왜 많이 겁내거나 두려워하는가? 이 일(事)이 비록 당도(當
道 : 자기가 배울 수 있는 도)이나, 실제로는 중용(中庸)에 속하
여 능히 감당할 수가 없다.

이 일이 부부(夫婦)가 어리석고 미련[不肖]해도, 서로 알고
[知], 함께 능(能)해도, 그 이르는데 미쳐서는 비록 성인(聖人)
이라도 또한 알지 못하거나 능(能)하지 못함이 있다.

이 때문에 황제(黃帝)께서도 반드시 광성(廣成)께 묻고 공
성(孔聖)도 노자(老子)에게 물은 것이니 모두 이 묘규(妙竅)의
무자진경(無字眞經)을 구하고자 한 때문이다.6)

【而何以多怖多畏인가? 蓋此事가 雖是常道이나 實屬中庸
하여 不可能이라. 是以夫婦之愚하고 不肖해도, 可以與知하
고 與能이나 及其至也에는 雖聖人이라도 亦有不知不能이라.
是以黃帝께서도 必問於廣成하고 孔聖도 必問於老子이니 皆
求此妙竅之無字眞經也라】

이러한 무자진경(無字眞經)을 비록 이미 들어서 안다고 해
도, 능히 궁리(窮理)하여 진성(盡性)하지 않으면, 또한 결단코
행지(行持)할 수 없다.

만약 억지로 그것을 행하게 되면 곧 성명(性命)을 지키려다.
오히려 성명(性命)에 근심이 있게 되니, 그 흉험(凶險)7)함은

---

6) 황제의 현명함도 오히려 광성자에게 도를 물어야 했다. 만약 枯坐로 능히
成道할 수 있다면 천하에 신선이 물 흐르듯 할 것이다. 이 가운데 위험은 스승에게
符火에 대한 가르침을 받지 않으면 전철을 밟지 않기가 드문 것이다.
7) 흉험 : 죽음 속에서 삶을 구하는 것인데 어찌 欲界의 범부가 갈수 있겠는가?
경솔하게 虎穴을 찾아가 목숨을 상하지 않은 사람이 없다.

말로 다 할 수 없다. 이리하여 범부(凡夫)가 그것을 듣고 두려워하거나 놀라지[畏怖] 않는 사람은 드문 것이다.

【而此無字眞經을 雖已聞知해도 而未能窮理하고 盡性이면 亦斷不能行持라. 若强爲行之하면 則欲保性命하려다 而反有性命之憂하니 其凶險은 有不可勝言者라. 是以凡夫가 聞之하고 鮮不畏怖也라】

어찌하여 그런가?

이 경(經)을 행지(行持)하려면 원래 고해(苦海)의 홍파(洪波: 큰 물결)가운데 있는 보배(寶)를 취해야 하는데, 그 포라(包羅)하는 것이 가장 비밀스럽다. 그러므로 그것을 제일(第一)의 바라밀(波羅密)이라고 한다.

그러나 제일의 바라밀이라고 하나, 진실로 해중(海中)의 바라밀(波羅密)은 아니고, 이는 사람의 몸[人身]에서 들을 수 없고[無聞] 볼 수 없는[無見] 바라밀이다.

그러므로 여래께서 말씀하신 제일의 바라밀은 곧 제일의 바라밀이 아니고, 이름이 제일의 바라밀인 것이다.

【何以故오? 行持此經하려면 原在苦海之洪波中에 取寶인데 其包羅가 最爲秘密이라. 故로 謂之第一波羅蜜이라. 然이나 所謂第一波羅蜜者하나 非眞是海中之波羅蜜이고 乃人身에서 無聞하고 無見之波羅蜜也라. 故로 如來께서 說第一波羅蜜은 卽非第一波羅蜜이고 是名이 第一波羅蜜이라】

또한 이 경(經)을 행지(行持)하려는 사람은 그 웅(雄 : 수컷)을 알고 마땅히 그 자묘(雌妙)를 지켜서, 유(柔)로 강(剛)을 이기는 데 있다. 그러므로 인욕바라밀(忍辱波羅密)이 된다.

　그러나 이 인욕(忍辱)이란 또한 평상적으로 외면(外面)에 있는 상(相)에 집착하는 인욕을 말하는 것이 아니다. 이것은 너의 집[室屋]의 틈[漏]가운데로 보거나 들을 수 없는 인욕(忍辱)이다.

　그러므로 여래(如來)께서 "인욕바라밀(忍辱波羅密)이 아니다."라고 말씀하시고, "이 이름을 인욕바라밀(忍辱波羅密)이라 한다."고 하셨다.

　【且行持此經者는　知其雄當하고　守其雌妙하여　在以柔로 克剛이라.故로　爲忍辱波羅蜜이라. 而此忍辱이란　又非尋常外 邊著想之忍辱이라.　乃爾室屋漏中에서　不睹不聞之忍辱이라. 故로　如來께서　說非忍辱波羅하시고　是名忍辱波羅蜜이라】

　어찌하여 그런가?

　이 일[事]은 조금이라도 적상(迹相 : 상의 자취)에 집착[着]해서는 안 되기 때문에, 대 영웅(大英雄)이나 대 호걸(大豪傑)이 아니면 행지(行持 : 지녀서 행함)하기 어려운 것이다.8)

　【何以故인가？ 此事는 毫不可著於跡相이므로 非大英雄이나 大豪杰이면 難以行持라】

　마치 옛 적에 나에게 가리왕(歌利王)이 신체(身體)를 할절(割截 : 갈라서 자름)한 것과 같다.

　【如我昔爲歌利王이 割截身体라】

---

8) 이와 같은 인욕은 사람이 참기가 어렵다. 고로 여래께서는 非非法은 전하지 않으셨으니 백천만겁이라도 만나기 어렵다.

"가(歌)"란 극락국(極樂國)으로 즉 사위대성(舍衛大城)가운데의 걸식처(乞食處)이다.

【歌者란 極樂國으로 卽舍衛大城中의 乞食處也라】

"리(利)"란 혜검(慧劍 : 지혜의 칼)의 봉(鋒 : 무기의 끝)이 예리한 것을 말한다.

【利者란 慧劍의 鋒利也라】

"왕(王)"이란 심군(心君)을 말한다.

【王者란 心君也라】

"신체(身體)를 할절(割截)한다."는 것은 대약(大藥)으로 훈증(薰蒸)하고, 환골탈태(換骨脫胎 : 뼈를 바꾸고 태를 벗어남)함을 말하는 것인데, 이때에는 혼신(渾身 : 몸 전체)이 마치 칼로 끓어내는 것과 같은 까닭에 그것을 일러 신체(身體)를 할절(割截)한다고 한 것이다.

【割截身體者는 大藥으로 薰蒸하고 換骨脫胎也인데 此時에 渾身이 如刀割相似하니 故로 謂之割截身体라】

"갈기갈기 찢어진다[節節支解]"고 한 것은 이때에는 온몸이 마치 콩이 볶아져서 터지는 것과 같은 것을 말한다.

네가 십분(十分) 대 영웅이나 대 호걸이라 하더라도, 이때에 이르러서는 또한 주재하는 이9)가 드문 것이다.

---

9) 여기에 이르러야 把握할 수 있으니 비로소 대 영웅이라 할 것이다.

【節節支解者는 此時에는 渾身이 如炒豆爆也라. 任你十分
大英雄이나 大豪杰이라도 到此時에는 亦鮮有主張이라】

나는 이때에 조금도 진한(嗔恨 : 성내고 원망함)이 없었는데,
그것은 내가 평일(平日)에 아(我), 인(人), 중생(衆生), 수자상
(壽者相)이 없었기 때문이었다.

만약 조금이라도 진한(嗔恨)을 내면, 즉 원신(元神)이 곧 궤
산(潰散 : 무너져 흩어짐)함에 따라 성명(性命)도 또한 가버리
는 것이다.

【我於此時에 毫無淪恨인데 以其於平日에 原無我人衆生壽
者相也라. 蓋稍生瞋恨하면 則元神이 卽從此潰散에 而性命도
亦□矣라】

오호라!

이른바 "저 대사(大死)에서 돌아와 지금에야 비로소 살아났
다."는 것이 이것이다.

가히 아(我), 인(人), 중생(衆生), 수자상(壽者相)이 없는 공
부(工夫)가 바로 철시철종(徹始徹終)의 제일(第一) 관건(關
鍵)인데, 이때가 더욱 관건이 되며, 내가 료도(了道)함도 또한
이와 같았다.10)

【噫라 ! 所謂這回大死하여 今方活者가 此也라. 可知無我
人衆生壽者相之工夫가 乃徹始徹終之第一吃緊인데 而此時가
更爲吃緊也며 我之了道도 如此라】

---

10) 이 인욕을 떠나고서는 大道를 이룰 수 없다.

"또 과거 오백세(五百歲)동안에 인욕선인(忍辱仙人)이었던 때를 생각하니, 다 이와 같이 상의 자취(迹相)에 집착하지 않고 닦았다.

이런 까닭에 무릇 수보리 및 모든 보살은 일체상(一切相)을 여의고 아뇩삼먁삼보리심(阿耨三藐三菩提心)을 내어 제일이 되려고 한다면, 응당 색(色)에 머물러 마음을 내지 않아야 한다. 이른바 "인색(忍色 : 욕망을 참음)하여 양관(陽關)을 굳게 한다."는 것이다

"응당 향(香), 미(味). 촉(觸), 법(法)에도 머물지 않고 마음을 낸다."는 것은 모든 마(魔)를 베어 죽인다는 것이다.

【又念過去五百世後에 凡作忍辱仙人하니 皆當如是不著跡相以修라. 是故로 凡欲爲須菩提及諸菩薩者는 皆應離一切相하고 發阿耨三藐三菩提心者면 第一不應住色生心이라. 所謂忍色하여 以固陽關也라. 不應住香味触法生心者는 斬絶群魔也라】

"응당 머문바 없는 마음을 낸다."는 것은 이른바 "심사(心死)하니 신활(神活)한다."는 것이다.

【應生無所住心者는 所謂心死하니 神活이라】

대개 인심(人心)이 머문바가 있으면, 곧 일분(一分)의 후천(後天)이 있게 되어, 선천(先天)은 곧 머물 곳이 없게 된다.[11] 이런 까닭에 보살(菩薩)은 마음에 응당 색(色)에 머물지 않고 보시(布施)하여야 비로소 능히 선천(先天)의 기(炁)를 초섭

---

11) 생각이 움직이면 모든 緣이 모이고 손님이 가면 주인이 평안하다. 주인이 바야흐로 없다면 眞空은 본래 자연이라.

(招攝 : 불러서 끌어들임)할 수가 있다.

　그러나 보살(菩薩)이 수지(受持)하여 먼저 자기를 제도하는
까닭은 바로 중생(衆生)을 두루 구제하기 위함이다.

　【蓋人心이 有住이면 則有一分後天하여 而先天은 卽無可
住之地矣라.是故로 菩薩은 心에 不應住色하고 布施해야 方能
招攝先天之炁라. 然菩薩이 所以修持하여 而先度已者는 正欲
廣濟衆生也라】

　무릇 일체의 중생을 이익 되게 하려는 까닭에 다 응당 이와
같이 색(色)에 머물지 않고 보시(布施)하는 것이다.

　그러므로 여래께서 일체의 모든 상[諸相]은 곧 이것이 상
(相)이 아니라고 하셨고, 또 일체(一切)의 중생(衆生)은 곧 중
생이 아니라고 하셨으니 어찌하여 그러한가? 그것은 거짓[假]
으로 합한 허망(虛妄)한 것이기 때문이다.

　【凡爲利益一切衆生인 故로 皆應如是不住色布施라. 故로
如來께서 說一切諸相은 卽是非相이고 又說一切衆生은 卽非
衆生이니 何也오? 以其爲假合之虛妄也라】

　불(佛)께서 수보리를 부르시면서 말하기를 "여래(如來)께서
말씀하신 것은 진실(眞實)한 말씀이며, 여심(如心)의 말씀이
며, 기광(欺誑 : 속이거나 거짓인 것)한 말씀이 아니며, 괴이(怪
異)한 말씀이 아니다."고 하셨다.

　이것을 알아야 비로소 여래께서 얻으신 법(法)이 무실무허
(無實無虛)함을 알 수 있다.

　【佛因呼須菩提曰 如來께서 所說은 是眞實之語이며 如心

之語이며 不欺誑之語이며 不怪異之語이라. 知此라야 方知如
來所得之法이 無實無虛라】

  비법(非法)과 비비법(非非法)으로 법신(法身)을 닦아 이루
는 것이니, 모이면[聚] 형체를 이루고, 흩어지면[散] 기(炁)가
되며, 펼치면[放] 육합(六合)에 가득 차고, 말면[卷] 물러나 은
밀[密]한데 감추어진다.
  【蓋以非法과 非非法으로 修成法身이니 聚면 則成形하고
散하면 則爲炁이며 放之하면 則彌六合하고 卷之하면則退藏
於密이라】

  실(實)이라 말해도 안 되고, 허(虛)라고 말해도 안 되는 것이
니, 허(虛)하여도 허(虛)하지 않고 실(實)하여도 실(實)하지 않
아, 실실허허(實實虛虛)하며, 허허실실(虛虛實實)하여 변화를
헤아리기 어려우니, 수보리(須菩提)는 마땅히 알아라.
  "보살(菩薩)이 마음을 법(法)에 주(住)하여 보시(布施)하는
것은, 마치 암실(暗室)에 들어가면 하나도 볼 수가 없는 것과
같고, 반대로 하면 마치 곧 사람이 눈에 광명(光明)이 있어
사방을 비추어, 가지가지의 색(色)을 다 볼 수가 있는 것과
같은 것이다."고 한 것이다.
  【不可謂之實이고 不可謂之虛이니 虛而不虛하고 實而不實
하여 實實虛虛하며 虛虛實實하여 變化難測이니 須菩提는 當
知하라. 菩薩이 心을 住於法하여 而行布施는 如入闇室하면 一
無所見이고 反此하면 便如人이 有目光明하여 四照하여 種種
色을 皆見也라】

만약에 선남자(善男子)와 선여인(善女人)이 있어 수지(受持)하여 독송(讀誦)하면, 일념(一念)의 도심(道心)이 곧 여래(如來)의 혜안(慧眼)으로 들어가게 되어 다 아시고 다 보시게 되니 다 무량무변(無量無邊)한 공덕(功德)을 성취(成就)함을 얻게 된다.12)

특히 착상(着相)으로 인해, 순수한 도심(道心)으로 그 인심(人心)을 순화(純化)하지 못함이 걱정이 될 뿐이다.

【若有善男子와 善女人이 受持하여 讀誦하면 而一念之道心이 便入於如來之慧眼하여 悉知悉見이니 皆得成就無量無邊功德이라. 特患其著相으로 而不化其人心以純乎道心耳라】

頂 批

세계(世界)도 오히려 거짓인데, 세속의 정(俗情)과 세상의 일(世事)과 그리고 세상사람(世人)을 하필 참(眞)으로 아는가?

꿈속에서 깨어나지 못한 사람은 마땅히 성오(醒悟)해야 할 것이다.

【世界도 尙是假的인데 而俗情과 世事와 世人을 又何必認眞乎가? 在夢中에서 未醒者는 應醒悟矣라】

이것이 이른바 "형색(形色)이 천성(天性)이라"는 것인데, 오직 성인(聖人)이 된 연후에야 가히 형색(形色)을 밟을[踐]수 있다.

【此卽所謂形色이 天性也인데 惟聖人然後에 可以 踐形이라】

천고(千古)의 의단(疑團 : 의심 뭉치)을 누가 능히 타파(打破)할 것인가?

---

12) 一念의 道心은 곧 여래의 慧眼으로 들어갈 수 있다. 虛虛實實하여 마음이 법에 머물러서 보시를 행하게 되면 모두 무량한 성취를 얻게 된다.

【千古의 疑團을 誰能打破인가?】

유가(儒家)의 지성무식(至誠無息)은 반드시 무성무취(無聲無臭)에 이르러야 지극(至極)해 지는 것이니 그 이치는 하나인 것이다.
【儒家의 至誠無息은 必以造到 無聲無臭라야 爲至極이니 其理一也라】

그 흉험(凶險)은 정성을 쌓아 응격(應格)하여 선불(仙佛)께서 친히 오셔 수기(受記)하시지 않으면 일이 엎어지지 않을 수가 없다.
【其凶險은 非積誠應格하여 仙佛께서 親來授記하면 鮮有不覆事者라】

공(功)이 홀로 약수(弱水) 삼천장(三千丈)지나면 끝내는 봉산(蓬山)의 꼭대기에 이르러 노닐게 된다.
【功은 卽塊經弱水三千丈이면 終到蓬山의 頂上遊라】

이곳은 바야흐로 대약(大藥)을 얻는 경계(境界)를 한꺼번에 말하여, 사람으로 하여금 먼저 정견(定見)이 있어야함 말하였다.
【此處는 將方得大藥之境df 一齊說出하여 使人으로 先有定見也라】

고불원비(古佛原批)에 의하면 이것과 같은 것은, 즉 공자께서 병에 걸리니 자로(子路)가 기도로 간청할 때이다.
대개 평일(平日)에는 다 능히 상응상정(常應常靜)하지만, 오직 이 때에는 응사(應事)하지 못한 고(故)로 병(病)에 의탁한 것이다. 그렇지 않으면 성인(聖人)이 어찌 오히려 병(病)을 물리치지 못하겠는가?
가히 이 도(道)는 진실로 불이법문(不二法門)임을 알아야 한다.
【此同은 卽子가 疾病하니 子路가 請禱之時라. 蓋平日에는 皆能相應常靜하지만 惟此時에는 不能應事故로 託以疾이라. 不然聖人이 豈尙不能卻病耶인가? 可知此道는 眞是不二法門이라】

일념(一念)의 도심(道心)만이 곧 여래(如來)의 혜안(慧眼)으로 들어갈 수 있다.
【一念之道心만이 便入於如來之慧眼也라】

第十五 持經功德[1] 分

受持此經功德無量
이 경을 지니면 공덕이 무량함

須菩提야 若有善男子善女人이
初日分에 以恒河沙等身으로 布施하며
中日分에 復以恒河沙等身으로 布施하며
後日分에 亦以恒河沙等身으로 布施하야
如是無量百千萬億劫을 以身布施어든
若復有人이 聞此經典하고 信心不逆하면
其福이 勝彼하리니
何況書寫受持讀誦하야
爲人解說가

須菩提야 以要言之컨댄
是經은
有不可思議不可稱量無邊功德하니
如來가 爲發大乘者說이며
爲發最上乘者說이니라

若有人이 能受持讀誦하야 廣爲人說하면
如來가 悉知是人하며 悉見是人하야
皆得成就不可量不可稱無有邊不可思議功德하리니
如是人等은 卽爲荷擔如來阿◻多羅三◻三菩提니라.

何以故오 須菩提야
若樂小法者는
著我見人見衆生見壽者見일새
則於此經에
不能聽受讀誦하야 爲人解說하리라

須菩提야 在在處處에 若有此經하면
一切世間天人阿修羅의 所應供養이니
當知此處는 卽爲是塔²⁾이라
皆應恭敬作禮圍繞하야
以諸華香으로 而散其處³⁾하리라

原文解釋

　수보리야! 만약 어떤 선남자 선 여인이
아침에 항하의 모래 수와 같은 몸으로 보시하고
낮에 다시 항하의 모래 수와 같은 몸으로 보시하며,
다시 저녁에도 또한 항하의 모래 수와 같은 몸으로 보시하여,
이와 같이 무량한 백 천 만억 겁 동안을 몸으로 보시하더라도,
만약 또 어떤 사람이 이 경전을 듣고 믿는 마음이 거슬리지 않으면
그 복이 저 몸을 보시한 복보다 수승하리니,
하물며 경을 받아 지니며 읽고 외워서

남을 위해 해설해 줌이겠는가?

수보리야! 요약해서 말할진댄
이 경은
생각할 수도 없고 말할 수도 없는 끝없는 공덕이 있느니라.
여래가 대승을 발심한 자를 위하여 이 경을 설하며
최상승에 발심한 자를 위하여 이 경을 설하느니라.

만약 어떤 사람이 능히 이 경을 받아 지니고 읽고 외우며
널리 사람들을 위하여 설한다면
여래는 이 사람을 모두 알며 이 사람을 모두 보나니,
이 사람은 헤아릴 수 없고 말할 수 없으며 끝이 없고 생각할 수
없는 공덕을 모두 성취하게 되리라.
이런 사람은 여래의 아뇩다라삼먁삼보리를 짊어짐이 되니라.

무슨 까닭인가 수보리야!
만약 작은 법을 좋아하는 자는
아견, 인견, 중생견, 수자견에 집착하게 되므로
곧 이 경을
능히 받아듣고 읽고 외우며 남을 위해서 해설하지 못하느니라.

수보리야! 어느 곳이든지 만약 이 경이 있는 곳이면
일체 세간의 천상과 인간과 아수라 등이 응당 공양하게 되리니,
마땅히 알라. 이곳은 탑이 됨이라.
모두가 공경히 예배하고 돌면서
여러 가지 꽃과 향으로써 그 곳에 흩으리라.

1) 지경공덕 : 前分에서 설한 忍辱捨身은 모두 我執을 깨는 것이다. 아집을 깬 후에는 다시 般若의 理를 깨달아야 한다. 만약 단지 忍辱捨身만 알고 經典을 受持하지 않는다면 다시 識情이 用事할 뿐으로 眞性과는 함께 하지 못한다. 만일 忍辱捨身하고 또 經典을 수지하여 我執과 法執의 잘못을 투철히 깨달아 二執을 모두 버리게 되면 얻은 바 法性의 功德은 즉 불가사의하게 된다.

2) 탑 : 이것은 金剛般若의 "實相"을 비유한 것이다. 이 般若의 無相한 眞經이 있는 곳이 곧 自性佛의 거처이다.

3) 而諸花香으로 而散其處 : 그 處란 바로 持經하는 곳을 가리킨 말이다. 바꾸어 말하면 금강반야의 "實相"이 있는 곳이다. 이곳은 體가 있는 곳으로 이미 "탑"으로 비유하여 장엄이 가장 뛰어남을 보이셨고 用으로 말하면 다시 大功行을 生發하고 불가사의한 大功德을 성취한다. 고로 자연히 "여러 가지 꽃과 향으로써 그 곳에 흩으리라."고 한 것이다.

然燈古佛眞解

전에 말한 "세계(世界)에 가득한 칠보(七寶)"와 "항하(恒河)의 모래 수 같은 세계"와 "항하(恒河)의 모래 수와 같은 신명(身命)"으로 보시(布施)한다는 것은, 오히려 아직도 지극한 곳[極處]에 까지 확장했다고는 못할 것이다.

【前言七寶滿世界와 與恒河沙數世界와 與恒河沙數等 같은 身命으로 布施는 猶未推到極處라】

여기서 말한, "초일분(初日分), 중일분(中日分), 후일분(後日分)에 등신보시(等身布施)를 무량백천만억겁(無量百千萬億劫)동안 한다."는 것은, 가히 그 극(極)까지 확장했다고 할 수 있다.

【此言初日分, 中日分, 後日分에 等身布施를 無量百千萬
億劫은 可謂推其極矣라】

"삼천대천세계(三千大天世界)에 가득한 칠보(七寶)로 보시
(布施)한다."는 것은 변변치 못한 보시로 어려움을 구하고 급
한 것을 구제하는 것들이다.

【蓋以七寶滿三千大千世界布施는 是泛泛布施로 救難濟急
之類是也라】

"항하(恒河)의 모래 수만큼 가득한 보물로서, 삼천대천세계
(三千大天世界)에 보시(布施)한다."는 것은, 절요보시(切要布
施)와 소재장의(疏財仗義)의 외호(外護)인 것이다.

【以其寶滿恒河沙數之三千大千世界布施는　是切要布施와
疏財仗義之外護也라】

13분(分)에서 말한 "항하사(恒河沙)의 등신(等身)으로 보시
(布施)한다."는 것은 바로 같은 마음(同心)과 일지(壹志 : 오로
지 한 뜻)인 사람(人)과 신기(神氣)를 상교(相交 : 서로 사귐)하
는 것으로 보시(布施)를 삼는 것이다.

다시 깨달아야 할 중요한 것은 즉 내 반려(內伴侶)[4]이다.

【十三分言한 恒河沙等身布施는 乃同心과 壹志之人과 神
氣相交로 以爲布施이라. 更覺切要는 卽內侶伴也라】

---

4) 내반려 : 內外伴侶가 같은 마음으로 서로 돕고 분지(奮志)로 固守해야 하고
또 賴行하는 사람이 잘 부촉해야만 이 大事를 마칠 수 있다.

이 분(分:제 15분)은, 초(初), 중(中), 후(後)와 다시 무량백천만겁(無量百千萬劫)을 보태어 말한 것이다.

【此分은 言初、中、後와 更加以無量百千萬億劫이라】

"초일분(初日分)"이란 련정화기(煉精化氣)의 공(功)이고,
【初日分은 煉精化气之功也오】

"중일분(中日分)"은 련기화신(煉氣化神)의 공(功)이고,
【中日分은 煉气化神之功也】

"후일분(後日分)"은 련신환허(煉神還虛)의 공(功)이다.
【後日分은 煉神還虛之功也라】

"등신(等身)으로 보시(布施)한다."는 것은, 곧 양체(兩體)가 대좌(對坐 : 마주 보고 앉음)하여 이경(二景)이 현전(現前)할 때에 바라밀공(波羅密功)을 행하는 실제적인 일[實事]이다.

【等身布施는 卽兩體가 對坐하여 二景이 現前時에 行波羅蜜功之實事也라】

강한 사람[剛人]이 바라밀공(波羅密功)을 행할 때는, 곧 부드러운 사람[柔人]의 등신보시(等身布施)를 의지하고, 부드러운 사람이 바라밀공을 행할 때는, 강한 사람의 등신보시(等身布施)를 의지한다.

【剛人이 行波羅蜜之功은 則賴柔의 等身布施하고 柔人이

行波羅蜜之功은 則賴剛人等身布施이라】

"등(等)"이란 평등(平等)한 사람이고.
【等이란 平等之人也오】

"신(身)"이란 평등(平等)한 색신(色身)이다.
【身이란 平等之色身也라】

"보시(布施)"란 연투홍합(鉛投汞合 : 연을 던져 홍에 합함)하여 서로가 상제(相濟 : 서로 구제함)하는 것이다. 이와 같이 무량백천만겁(無量百千萬劫)을 몸으로 보시하여 사람을 도와 도(道)를 이루게 하면, 그 복덕(福德)은 본래 무량(無量)한 것이다.[5]

단 사람을 도와 도(道)를 이루게 하는 것도 진실로 아름다운 일[美事]이나, 자기가 닦아 이루면 더욱 아름다운 일이 된다.
【布施者는 鉛投汞合하여 兩兩相濟也라. 如是無量百千萬億劫을 以身으로 布施하여 助人成道하면 其福德原無量也라. 但助人成道도 固是美事이나 自己가 修成하면 更爲美事라】

그러므로 선남자와 선여인이 무량백천만겁을 등신(等身)으로 보시하여 사람을 도와 도(道)를 이루게 하는 것은, 마침내 이 바라밀의 경전(經典)을 듣고 신심(信心)이 거역하지 않고, 성명(性命)을 쌍수(雙修)하여 대도(大道)를 요달[了]하느니만 못하니,[6] 그 복(福)이 저가 등신(等身)으로 무량백천만겁(無

---

5) 이 같은 보시로 사람을 도와 成道케 하는 것은 古來로 적었다.

量百千萬劫)을 보시하는 것보다 났다.

　【故로 有善男子와 善女人이 無量百千萬億劫을 等身으로
布施하여 以助人成道는 終不若聞此波羅密之經典하고 信心이
而不悖逆하고 性命을 雙修하여 以了大道이니 其福이 勝彼之
等身으로 布施無量百千萬億劫也라】

　"신심(信心)"이란 명명(冥冥 : 어둡고 그윽함)한 중에 믿음
(信)이 있는데, 그것을 얻는 것이 가장 참된 것이나, 마음에
호의(狐疑 : 여우같은 의심)가 없어야 한다.
　【信心者는 冥冥한 中에 有信인데 得之最眞이니 而心無疑
也라】

　"거스르지 않는다[不逆]"는 것은 감히 스승께서 전해주신
것[師傳]을 거스르지 않는 것을 말한다.
　【不逆者는 不敢悖逆師傳也라】

　"사서(寫書)"란 도(道)를 이룬 후에 장차 얻은 것을 책에다
써서, 이러한 묘경(妙經)을 전하는 것을 말한다.
　【寫書者란道成後에　將所得之筆于書하여　以傳此妙經也
라】

　"서사(書寫), 수지(受持), 독송(讀誦)하여 타인(他人)을 위해
설(說)한다"는 것은 평일(平日)에 스승에게 가르침 받은 것을
서사(書寫)하고 행지(行持)하며 독송(讀誦)하는 것으로, 수사

---

6) 사람을 이루게 하면 자기도 이루게 된다.

(修士)를 위하여 해설(講解)할 때, 상세하게 말하려고[詳說]하는 것이다.

【書寫와 受持, 讀誦하여 爲他人說者는 書寫平日所受于師하고 以爲行持하며 讀誦者로 爲修士하여 講解詳說也이라】

다시 "수보리(須菩提)불러 요약해서 말하심"은 수수(授受 : 주고받음)할 즈음에, 비록 해설(解說)하는 것이 마땅하지만, 단 요긴한 말로 번거롭지 않아야 함을 보이신 것이다.

【再呼須菩提하여 以要言之者는 示授受之際에 雖宜解說이나 但宜要言不煩也라】

"이 경(經)은 불가사의칭량(不可思議稱量)하고 무변공덕(無邊功德)7)이 있다."고 불리는 것은 요컨대 번거롭지 않는 중에 무량(無量)한 사람을 제도하기 때문이다.

【是經은 有不可思議稱量하고 無邊功德者는 要言不煩之中에 度人無量也라】

이 경(經)의 전하심은 본래 여래(如來)이신데, 여래께서 어찌하여 이 바라밀묘경(波羅密妙經)을 말씀하셨는가? 그것은 대승(大乘)과 최상승(最上乘)을 발(發)한 사람을 위하여 말씀(說)하신 것이다.

그러므로 천인(天人), 신귀(神鬼), 비잠동식(飛潛動植)을 한꺼번(一齊)에 두루 제도(普度)한다.

【是經之傳은 本于如來인데 而如來께서 何以說此波羅蜜妙

---

7) 이치가 밝아 하나로 꿰뚫으니 至道가 번거롭지 않다.

經哉가? 蓋爲發大乘과 與最上乘者說이라. 故로 天人, 神鬼, 飛潛動植을 一齊히 普度라】

　사람이 능히 수지(受持)하고 독송(讀誦)하여 사람을 위하여 해설(解說)해주면, 이것은 대승(大乘)과 최 상승(最上乘)의 법(法)을 스스로 맡아, 곧 여래(如來)와 합하여 한 사람이 되는 것이니, 여래께서 다 아시고 다 보시지 않으심이 있겠는가?[8]
　【人이 能受持하고 讀誦하여 爲人解說하면 是以大乘과 與最上乘之法을 自任하여 便與如來와 合하여 爲一人이니 而如來께서 有不悉知하고 悉見者乎가?】

　무엇을 대승(大乘)이라 하는가?
　"대(大)"란 구전대환단(九轉大還丹)이다. 곧 역경(易經)의 64괘(卦)의 전공(全功)이 된다.
　【何爲大乘인가? 大者란 九轉大還丹也라. 卽易經의 六十四卦之全功이라】

　"승(乘)"이란 즉 건괘(乾卦)의 시승육룡(時乘六龍)의 뜻이다. 승(乘)이란 탄다는 뜻으로, 즉 바라밀공(波羅密功)을 행할 때, 역괘(易卦)의 진태감리(震兌坎離)의 사귐[交]을 이용하는 것이다.
　감태(坎兌)와 사귀는 때에, 흡사 용(龍)을 타는 모습이 있다. 그러므로 그것을 탄다고 말한 것이다.
　대승(大乘)이란 상승(上乘)과 최상승(最上乘)을 포함하여

---

8) 見性하여 成佛하려는 사람은 주의해서 보기를 바란다.

부른 것이다.

【乘이란 卽乾卦의 時乘六龍之意라.蓋乘者란 騎也로 卽行波羅蜜功時에 用易卦의 震兌坎离之交也라. 而交時之坎兌에 有似乘龍之象이라. 故로 謂之乘이라. 大乘者란 包上乘과 最上乘하여 而名之也라】

불법(佛法)에는 오승(五乘)이 있는데, 첫째는 하승(下乘), 둘째는 소승(小乘), 셋째는 중승(中乘), 넷째는 상승(上乘), 다섯째는 최상승(最上乘)으로, 마치 선(仙)에 품(品)이 있는 것과 같다.

【蓋佛法에는 有五乘인데 初曰下乘이오, 次曰小乘이오, 次曰中乘이오, 次曰上乘이오, 次曰最上乘으로 猶仙之有品也라】

상승(上乘)이란 중승(中乘)보다 위이고, 중승(中乘)은 바라밀공(波羅密功)을 행하는데 중도(中途)에 이르러 그쳐서 아직 상승(上乘)에 이르지 못한 것이다.

【上乘者란 上于中乘也이고 中乘者는 行波羅蜜功인데 中途而止하여 未至于上乘也라】

상승(上乘)은 즉 바라밀(波羅密)의 공(功)을 주완(做完 : 완성에 힘씀)한 것으로, 64괘(卦)의 화후(火候)를 이미 마쳐서 승룡(乘龍)의 공(功)을 쓰지 않고, 단지 하도(河圖)의 오행(五行)이 생극(生剋)하는 자연조화(自然造化)를 행하는 것이다. 오직 그것은 무승(無乘 : 승이 없음)인 까닭에 상승(上乘)이라 부른다.

【上乘은 則做完波羅蜜之功으로 六十四卦의 火候를 已畢하여 不用乘龍之功하고 止行河圖의 五行이 生克之自然造化也라. 惟其無乘인 故로 名上乘이라】

최상승(最上乘)이란 바로 대역(大易)의 잡쾌전(雜卦傳)의 공부이다. 즉 바라밀(波羅密)을 행하여 금강불괴(金剛不壞)를 련성(煉成)하는 것으로, 부좌(敷坐 : 자리를 깔음)의 공(功)을 써서 형신구묘(形神俱妙)와 타파허공(打破虛空)하는 것이다.9)

【最上乘者란 乃大易의 雜卦傳之功夫라. 卽行波羅蜜하여 煉成金剛不壞로 用敷座之功하여 使之形神俱妙와 打破虛空也라】

소승(小乘)이란 중승(中乘)보다 작은 것이고, 하승(下乘)이란 중승(中乘)보다 아래로, 단지 잠룡(潛龍)의 공(功)을 행할 뿐으로, 다 승룡(乘龍)의 법(法)은 얻지 못하였다.

【小乘者란 小于中乘也이고. 下乘者는 下于中乘也로 只行潛龍之功으로 皆未得乘龍之法也라】

이미 승룡(乘龍)의 법(法)을 얻지 못하였는데, 또한 승(乘)이라 부른 것은, 고수(孤修)로 쌍수(雙修)의 근기(根)를 심는 것이다.

그러나 사람들 대부분은 옛 습성을 따라 용맹정진(勇猛精

---

9) 上乘인 非非法을 행하려는 사람은 많지 않다.

進)하지 못해 대승(大乘)과 최상승(最上乘)에 이르기 어려운 것인데, 오직 이 경(經)만이 오로지 대승(大乘)의 원력(願力)를 발(發)한 사람과 최상승자(最上乘者)를 위하여 설(說)한 것이다.

【既未得乘龍之法인데 而亦以乘名之者는 以孤修로 卽種雙修之根也라. 然이나 人多因循하여 不能勇猛精進이니 難以臻于大乘과 與最上乘인데 惟此經만이 則專爲發大乘願力者說與最上乘者說이라】

그러므로 무릇 수지(受持)하고 독송(讀誦)하여 널리 사람을 위하여 말해주는 사람은, 곧 칭량사의(稱量思議)할 수 없고, 변제(邊際)가 없는 공덕(功德)을 성취할 것이니, 즉 여래의 아뇩다라삼먁삼보리(阿耨多羅三藐三菩提)를 짊어질 것이다.[10]

이것이 어찌 하승(下乘), 소승(小乘), 중승(中乘)의 소법(小法)을 즐기는 것이겠는가?

만약에 작은 법(小法)을 즐기는 사람은 곧 아(我), 인(人), 중생(衆生), 수자(壽者)의 견해에 집착하게 되니, 곧 이 경(經)에서 사람을 위하여 해설하는 것을 듣고 받아들일 수 없다.

【故凡受持하고 讀誦하여 廣爲人說者는 便成就不可稱量思議하고 無有邊際功德이니 卽爲荷擔如來之阿耨多羅三藐三菩

---

10) 외우기만 하고 지니지 않고 말 밖의 가르침을 정밀하게 연구하지 않으니, 만약 오로지 외우기만 하여 漢唐에서 지금까지 그러한 사람이 없었다면 누가 능히 여래의 삼먁삼보리를 짊어지겠는가? 凡人이 바라밀공을 행하고자 하면 결국 德을 쌓고 修持해야만 이에 仙佛을 만나 친히 口訣을 전수받아 몸으로 닦은 후에 가정을 구제할 수 있다. 만약 환자가 침상에 누워있다면 비록 진수성찬이나 화려한 옷도 쓸모가 없는 것이다.

提라. 此豈樂下乘과 小乘、中乘之小法者哉인가? 若樂小法者
는 便著我人衆生壽者之見이니 卽于此經에서 不能聽受爲人解
說也라】

이 때문에 이 경(經)이 사람들 사이에 흘러 전해져 곳곳에
있는데, 무릇 이 경을 가지고 있는 사람에게는 일체의 세간(世
間)이나 천인(天人), 아수라(阿修羅)가 다 마땅히 공양(供養)
할 것이며, 이 경(經)이 있는 곳은 즉 바로 영롱보탑(玲瓏寶塔)
이니, 다 마땅히 공경(恭敬)하며 작례(作禮)하고 위요(圍繞)하
며 아울러 모든 화향(花香)을 그 곳에 흩을 것이다. 모든 화향
은 곧 묘법연화경(妙法蓮華經)의 향화(香花)이다.

【是以此經이 流傳人間하여 在在處處인데 凡有此經者는
一切의 世間이나 天人, 阿修羅가 皆應供養이며 而此經在處가
卽是玲籠寶塔이니 皆應恭敬하며 作禮圍繞하며 幷諸華香을
而散其處라. 諸華香은 卽妙法蓮華經之香花也라】

꽃[華]은 한 사람의 마음을 분별하는데, 제천(諸天)이 판공
(辦供)하는 것이니 일체(一切)의 인연(因緣)은 하늘에서 주지
않음이 없다.

세상의 수행자가 명심견성(明心見性)하지 못하는 이유는,
아(我), 인(人), 중생(衆生), 수자(壽者)의 상(相)에 집착하는
것 만한 것이 없다.

【花는 一人瓣心인데 諸天이 瓣供이니 一切因緣은 莫非天
授이라. 無如世之修行者가 不能明心見性은 而著于我人衆生
壽者之相이라】

行波羅蜜 之功은 即相剛人等身布施이라】

비록 선화(鮮花)의 묘정(妙鼎)이 있어도, 또한 반드시 로잔(爐殘)하고 정패(鼎敗)에 이르게 하는 데는, 일체의 천인(天人)과 아수라(阿修羅)가 오직 판공(辦供)할 뿐 아니라, 아울러 많은 마장(魔障)을 설치해 패(敗)하게 하는 것이다.

【雖有鮮花妙鼎이라도 亦必至於爐殘하고 鼎敗에는 而一切天人과 阿修羅가 不惟不爲瓣供이며 幷多設魔障하여 以敗之矣라】

頂 批

제8분(分)에는 삼천대천세계(三千大天世界)보다 또한 많다고 말했고, 제11분(分)에서는 삼천대천세계(三千大天世界)위에 항하사수(恒河沙數)를 더하여 다시 그 많음을 깨닫게 하고, 제13분(分)에는 칠보(七寶)를 말하지 않고 항하사(恒河沙)같은 신명(身命)으로 보시(布施)하여 다시 대단히 많음을 말하였다.

이 분(分)에서는 다시 초, 중, 후 일분(初中後日分)같은 신명(身命)의 보시(布施)를 무량백천만억겁(無量百千萬億劫)하고 다시 더욱 더 무량(無量)한 수(數)가 많음을 말하였다.

【古佛原批 第八分에는 言三千大天世界보다 亦云多矣하고, 十一分에서는 於三千大天世界之上에 加以恒河沙數하여 更覺其多하고 十三分에는 不言七寶하고 言以恒河沙等身命으로 布施하여 更爲喫緊之多라. 此分에서는 加以初中後日分같은 身命布施를 無量百千萬億劫하고 更爲喫緊中에 無量數之多也라】

말[言]에는 천근(淺近)이 있으나, 어(語)에는 차제(次第)가 있어, 조금도 중복(重複)되지 않았다.

【言有淺近하나 語에는 有次第하여 毫不重複이라】

삼봉조사(三丰祖師)가 말하기를 외호(外護)를 찾아 다녔지만 고현(高賢)을 만나지 못하였는데 다행히 소재(疏財)와 장의(仗義)를 갖춘 심만산(沈萬山)을 만났다.

단 외호(外護)가 되는 사람도 또한 마땅히 분지(奮志)로 고수(苦修)하여야 한다.

【三丰祖師云訪外護이나 未遇古賢인데 幸遇着疏財와 仗義한 沈萬山이라. 但外護者도 亦宜奮志苦修라】

강인(剛人)과 유인(柔人)은 과연 이것이 어떤 종류의 인물(人物)인가? 학자(學者)는 일체 잘못 알지 말 것이다.

【剛人과 柔人은 果是何等人物인가? 學者는 切莫誤認이라】

내반려자(內伴侶者)가 되는 이도 또한 분지(奮志)로 고수(苦修)함이 마땅한데, 이것이 또 행도(行道)하는 사람에게 의지하여 잘 부촉(咐囑)케 하는 것이다.

【爲內伴侶者도 亦宜奮志苦修인데 此又賴行道者하여 善爲咐囑也라】

심향(心香)을 일변(一辯)하니 실같은 한 기운 같네.
학을 타고 날아서 멀리 존전(尊前)앞에 이르러
지성(至誠)으로 천향(天香)을 끌어당기니
상서로운 인온(氤氳)의 기(氣)가 영롱탑(玲瓏塔)에서 나오네.

一辯心香하니 一縷烟이네.
乘鶴遠至尊前하여
至誠引得天香하니
出瑞氣氤氳이 玲瓏塔이네

일체(一切)의 수행하는 사람(修士)이 움직여서 의방(疑謗 : 의심과 비방)을 만난다 해도, 의방(疑謗)을 알지 못한다면, 바로 이것이 죄업(罪業)의 일을 없애버리는 것이니, 학인(學人)이 이것을 안다면, 곧 진한(嗔恨)의 마음을 평정할 수 있을 것이다.

【一切修士가 動遭疑謗해도 不知疑謗이면 正是消除之事이니 學人知此하면 則嗔恨之心乎矣라】

내가 일찍이 사람이 도(道)를 하는 것을 비유하여 말하기를 "한 사람이 만인(萬人)과 싸우는데 있어, 갑옷을 입고 훈련을 받은 병사가 출문(出門)하여 대전(大戰)하는데, 마음에 겁을 먹어 담약(膽弱)하여 곧 스스로 물러나 달아나거나, 혹 중도에 돌아오거나 혹은 격투(格鬪)하다가 죽거나 혹 대승(大勝)하여 다시 나라로 돌아오는 것과 같다."고 하였다.

【吾嘗言人之爲道를 譬如하기를 一人이 與萬人과 戰에 被甲操兵이 出門하여 大戰인데 意怯膽弱하여 便自退走하거나 或半道還하거나 或格鬪而死하거나 或得大勝하여 還國이라】

能淨業障[1] 分

復次須菩提야

善男子善女人이

受持讀誦此經호대

若爲人輕賤하면

是人이 先世罪業으로

應墮惡道언마는

以今世人이 輕賤故로

先世罪業[2]이 卽爲消滅하고

當得阿耨多羅三藐三菩提하리라

須菩提야

我念過去無量阿僧祇劫에

於然燈佛前에

得値八百四千萬億那由他諸佛하야

悉皆供養承事하야

無空過者호라

若復有人이 於後末世에
能受持讀誦此經하면
所得功德은 於我所供養諸佛功德으로
百分에 不及一이며
千萬億分과 乃至算數譬喩로 所不能及이니라

須菩提야
若善男子善女人이
於後末世에
有受持讀誦此經하는
所得功德을 我若具說者면
或有人이 聞하고 心卽狂亂하야
狐疑不信하리라
須菩提야 當知하라
是經은 義도 不可思議며
果報도 亦不可思議니라

原 文 解 釋

다시 수보리야!
어떤 선남자 선 여인이
이 경을 받아 지니며 읽고 외우더라도
만약 남에게 업신여김을 당하면,
이 사람은 전생에 지은 죄업으로
응당 악도에 떨어질 것이로되
금생의 사람들이 업신여김으로써
전생의 죄업이 모두 소멸되고

마땅히 아뇩다라삼먁삼보리를 얻으리라.

수보리야!
내가 과거 무량 아승지 겁을 생각하니
연등불을 뵙기 전에도
팔백사천만억 나유타의 여러 부처님을 만나서
모두 다 공양하고 받들어 섬겼으며
헛되이 지냄이 없었느니라.

만약 또 어떤 사람이
앞으로 오는 말세에
능히 이 경을 받아 지니고 읽고 외우면
그 얻는 공덕은 내가 모든 부처님께 공양한 공덕으로는
백분의 일도 미치지 못하며
천만억분 내지 산수와 비유로도 미칠 수 없느니라.

수보리야!
만약 선남자 선 여인이
앞으로 오는 말세에 이 경을 받아 지니며 읽고 외워서
얻는 공덕을 내가 다 갖추어 말한다면,
혹 어떤 사람은 듣고 마음이
몹시 산란하고 믿지 않으리라.
수보리야! 마땅히 알라,
이 경의 뜻도 가히 생각할 수 없으며
과보 또한 생각할 수 없느니라.

복차(復次)란 즉 대동경(大洞經)에 이른바 "천화만합(千和
萬合)3)하면 자연(自然)히 성진(成眞)한다."는 뜻이다.

【復次卽大洞經에 所謂千和하고 萬合하면 自然히 成眞之
意也라】

단 세상이 쇠락(衰)하여 도(道)가 미약(微)하니, 선남자나
선 여인이 이 경(經)을 수지 독송(受持讀誦)하다가 사람들에
게 업신여김을 당하는 사람이 많은데, 그러나 사람에게 업신

---

1) 能淨業障 : 업장이란 이것이 前業이나 혹은 現業으로 모두 眞性을 가로 막고
덮는다. 前業은 숙세의 업으로 숙세의 업은 가히 계산할 수 없다. 왜냐하면 無始劫
來로 만들어진 업은 모두 八識의 밭에 納入되어 있는데 緣을 만나면 發하고 果가
익으면 곧 生한다. 六度로 뒹굴면서 쉴 때가 없는 것은 모두 이 불가사의한 업력에
끄달리기 때문이다.
  經에 말하기를 "衆生의 業에 만약 體相이 있다면 허공계가 다해도 수용할 수
없다."고 하였다. 만약 중생이 이 경을 수지 독송하여 깊이 일체의 幻相이 모두
唯心에서 나타나 五蘊이 본래 空하고 六塵이 非有한 것임을 깨달아 物에 궁구르지
않고 능히 物을 궁구르게 된다면 이 虛妄한 苦를 받지 않게 된다.
  그러나 唯心을 깨닫고자 한다면 반드시 般若에 깊이 통해야 한다. 만약 반야에
깊이 들어가서 諸法이 空함을 깨닫게 되면 즉 일체의 虛妄이 모두 맑아진다. 고로
오직 반야라야 능히 업장을 맑게 할 수 있다.
  2) 선세죄업 : 先世는 곧 前念의 妄心이고, 今世는 즉 後念의 覺心이다. 後念의
覺心으로 前念의 妄心을 輕賤하게 되면 妄心이 머물 수가 없다. 고로 선세의 죄업
이 곧 소멸하게 된다. 妄念이 이미 멸하면 죄업이 이룰 수가 없어 곧 보리를 얻게
된다.
  3) 천화만합(千和萬合) : 자신 속에 있는 구류중생(九類衆生)을 모두 화하고 모
두 합하여 하나가 되게 하고 모두 滅度하여 무여열반에 들게 하는 것으로 금강경
제3장인 대승정종분을 참고할 것.

여김을 일으키는 사람은 반드시 이 사람이 전생(前世)의 죄업(罪業)으로 마땅히 악도(惡道)에 떨어질 것이로되, 금생에 이러한 업신여김을 받음으로, 숙세(宿世)의 죄업이 곧 소멸하게 될 것이며, 죄업이 이미 사라지면 공행(功行)이 점점 깊어지게 되니, 어찌 보리(菩提)의 과(果)를 얻기가 힘들겠는가?[4]

【但世衰道微하니 而善男子나 善女人이 受持讀誦此經이라가 多爲人所輕賤인데 然所以惹人輕賤者는 必是人前世罪業으로 應墮惡道이되 今受此輕賤으로 宿世의 罪業이 便從此消滅이며 罪業이 旣消하면 而功行이 漸深이니 何難得菩提之果하랴?】

세상 사람의 업신여김이 없어지면, 곧 후회하여 물러서고 싶은 마음[退悔心]이 생기게 된다.

이것은 마치 불(佛)께서 지난날에 일찍이 무량아승지겁(無量阿僧祇劫)의 고(苦)를 겪었던 것과 같다.

【切莫以世人의 輕賤之故면 便生退悔心也라. 卽如佛께서 往日에 曾經無量阿僧祇劫之苦라】

---

4) 세계의 조류는 모두 습관에 따라 평가하므로 "천도제" "염불" "枯坐"같은 수행은 사람들이 모두 인정하여 결코 의심이나 비방이 생기지 않는다. 呂祖께서 말하기를 "비밀스런 일은 은밀하게 하지 않으면 곧 害가 발생한다."고 하였으니 이것은 일반적으로 正道를 알지 못하는 범부들에게 분명하게 말한 것으로 한 번 非非法을 들으면 기존의 수행과는 워낙 다르므로 훼방이 갖가지로 생기고 災禍가 곧 이르게 된다. 예를 들면 六祖와 紫賢은 모두 승복을 벗어버리고 和光하여 大事를 마쳤으니 비방을 만나도 물러설 뜻이 생기지 않는 까닭에 성취하게 된다.

저가 가르침을 주신 스승인 연등불(然燈佛)을 만나기 이전에, 팔백 사천만억 나유타(八百四千萬億那由他)의 모든 불(佛)을 만나, 모두 다 공양(供養)하고 승사(承事 : 일을 받듦)하여 헛되이 보내지 않았었다.

　　【于我授說之師인 然燈佛前에 得遇八百四千萬億那由他諸佛하여 悉皆供養하고 承事하여 無空過者라】

　　"팔백사천만억(八百四千萬億)"이란 역도(易道)의 역수(逆數)를 비유한 것이고,

　　【八百四千萬億者란 喩易道之逆數이고】

　　"나유타제불(那由他諸佛)"이란 피가(彼家)의 광명(光明)한 진기(眞炁)를 비유한 것이고,

　　【那由他諸佛者이란 喩彼家의 眞炁之光明이고】

　　"모두 다 공양(供養)하며 승사(承事)했다."는 것은 저 때에는 공행(功行)이 원만하지 못하여, 감히 바라밀(波羅密)의 공(功)을 행하여 대약(大藥)을 채취하지 못한 것을 말한다.

　　【悉皆供養承事者는 彼時에는 功行이 未圓하여 不敢行波羅蜜之功하여 以採大藥이라】

　　"헛되이 보내지 않았다"는 것은 오직 성공(性功)을 단련했음을 말한 것이다.

　　【無空過者란 惟煉性功而已이라】

만일 어떤 사람이 이 다음 말법(末法) 세상에 이 경을 받아
지니고 읽고 외워서, 명심견성(明心見性)하여 바라밀(波羅密)
의 공을 행하는데 이르러 얻은 공덕은, 내가 전날에 부처님께
공양한 공덕으로는 백 분에 일도 미치지 못하며, 천 만억(千萬
億)분에 일도 미치지 못하며 산수(算數)나 비유(譬喩)로도 미
치지 못한다.5)

【若復有人이 于後末世에 能受持讀誦하여 以至于明心見性
하여 波羅蜜之功인데 則較我前日에 供養諸佛功德으로는 百
分不及一千萬億分이며 并至算數나 譬喩로도 所不能及이라】

그것을 아는 것이 어려운 것이 아니라, 행하는 것이 더욱
어렵다.

문도(聞道)하는 사람이 겸허하여 그 결(訣)을 얻었어도, 행
도(行道)하는 것만 못한 것이니, 그 공(功)을 실천(實踐)하는
것과는 서로의 거리가 어찌 천연(天淵 : 현격한 차이)만 하랴!

【蓋知之非艱이나 行之維艱이라. 聞道者가 虛得其訣해도
不如行道者인 實踐其功과는 相去가 何啻天淵也라!】

단 이 경(經)의 비밀(秘密)은 장애 때문에 낮은 근기(根基)의
사람에게는 말하기 어렵다.

이 때문에 선남자나 선 여인이 뒤의 말세(末世)에, 이 경(經)
을 수지(受持)하여 독송(讀誦)하면 그 공덕을 진실로 다 말하
기 어려운 것이니, 내가 만약 하나하나 그것을 말한다면, 듣는
사람의 마음이 오히려 대부분 광란(狂亂)하거나 혹 호의(狐擬

---

5) 明心見性한 후에 속히 바라밀 功을 행해야 한다.

: 여우같은 의심)하여 믿지 않을 것이다.

【但以此經秘密은 礙難으로 下辭이라.是以로 善男子나 善女人이 于後末世에 有受持續誦此經하면 而功德誠難具說이니 我若一一具說하면 而聞者之心이 反多狂亂하거나 或狐疑不信이라】

광란(狂亂)한 사람은 사정(肆情 : 방자한 정)의 욕망을 따라서 음사(淫辭)에 빠진 것도 알지 못할 것이니, 이것은 진실로 지옥(地獄)의 종자(種子)인 것이다.

【狂亂者는 肆情縱欲하여 不知淫辭之所陷也이니 是誠地獄種子이라】

호의(狐疑)로 불신(不信)하는 사람은 비방(誹謗)을 불러들일 것이니, 실로 대도(大道)의 적(賊)이 되는 것이다.[6]

내가 그런 까닭에 수보리(須菩提)를 불러서, 후세(後世)를 경계하여 말하기를 "이 경의(經義)가 뜻하는 것은 매우 심오하여 불가사의(不可思議)한데 과보(果報)를 또한 어찌 가히 사의(思議)할 수가 있겠는가?" 하였다.

【狐疑로 不信者는 招搖誹謗이니 實爲大道之賊이라.吾因呼須菩提하여 以警後世曰 是經의 義趣는 深蘊하여 不可思議한데 而果報를 亦安可思議哉라?】

---

6) 佛께서 만약 곧 바로 말씀하셨다면 중생들이 반드시 놀래고 의심으로 狂亂할 것이므로 할 수 없이 下乘法을 보이시어 우는 아기를 잠시 달래려고 하신 것이다.

　고명인(高明人)이 만일 그 마음을 굳게 지녀 정진(精進)하고 예행(鋭行)하여, 세속(世俗)에 빠져 광사(狂思)한 말에 미혹되지 않은 사람이라면 욕(慾)을 멸(滅)하고 악(惡)을 제거 할 수 있으니 득도(得道)는 틀림이 없다.

　【高明人이 苟能牢持其心하여 精進하고 鋭行하여 不惑於流俗狂思之言者는 慾滅하고 惡消이니 得道必矣라】

　저의 조상이 하늘에 나서 성도(成道)한 이라도, 공행(功行)이 아직 원만하지 않으면 오히려 감히 바라밀공(波羅密功)을 행할 수 없는 것인데, 어찌하여 지금에 학인(學人)이 공행(功行)을 쌓지도 않으면서, 급하게 접명(接命)하고자 하니, 이것은 진실로 생각할지 말아야 할 것이다.

　【他祖가 天生하여 成道者라도 功行이 未圓하면 猶不敢行波羅密功인데 奈何今之學人이 未積功行이면서 가輒欲接命하니 是誠弗思耳矣라】

第十七 究竟無我¹⁾分

成佛究竟本無我相
성불하여 구경에 이르면 본래 아상이 없음

爾時에 須菩提가 白佛言하사대
世尊하 善男子善女人이
發阿耨多羅三藐三菩提心하나는
云何應住며
云何降伏其心하리잇고

佛이 告須菩提하사대
若善男子善女人이
發阿耨多羅三藐三菩提心는
當生如是心이니
我應滅度一切衆生호리라
滅度一切衆生已하야는
而無有一衆生도 實滅度者니라
何以故오 須菩提야 若菩薩이
有我相人相衆生相壽者相이면
卽非菩薩이니라
所以者何오 須菩提야

實無有法發阿耨多羅三藐三菩提心者니라
須菩提야 於意云何오
如來가 於然燈佛所에
有法得阿耨多羅三藐三菩提不아
不也니이다 世尊하
如我解佛所說義컨댄
佛이 於然燈佛所에
無有法得阿耨多羅三藐三菩提니이다
佛言하사대 如是如是하다
須菩提야
實無有法如來得阿耨多羅三藐三菩提니라

須菩提야
若有法如來得阿耨多羅三藐三菩提者인댄
然燈佛이 卽不與我授記[2]하사대
汝於來世에 當得作佛호대
號를 釋迦牟尼어니와
以實無有法得阿耨多羅三藐三菩提일새
是故로 然燈佛이 與我授記하사 作是言하사대
汝於來世에 當得作佛하야 號를 釋迦牟尼라하시니
何以故오 如來者는 卽諸法如義니라

若有人이
言如來得阿耨多羅三藐三菩提라하면
須菩提야
實無有法佛得阿耨多羅三藐三菩提하니
須菩提야 如來所得阿耨多羅三藐三菩提는

於是中에 無實無虛하니라
是故로 如來가 說一切法이
皆是佛法이라하노니
須菩提야 所言一切法者는 卽非一切法일새
是故로 名一切法이니라

須菩提야
譬如人身長大하니라
須菩提가 言하사대
世尊하 如來가 說人身長大가
卽爲非大身일새 是名大身이니이다

須菩提야 菩薩도
亦如是하야 若作是言호대
我當滅度無量衆生이라하면
卽不名菩薩이니
何以故오 須菩提야
實無有法名爲菩薩이니라

是故로
佛說一切法이
無我無人無衆生無壽者라하노라

須菩提야 若菩薩이 作是言호대
我當莊嚴佛土라하면
是不名菩薩이니 何以故오
如來가 說莊嚴佛土者는

卽非莊嚴일새 是名莊嚴이니이다
須菩提야
若菩薩이 通達無我法者는
如來가 說名眞是菩薩[3]이니라

그 때, 수보리가 부처님께 사뢰었다.
　세존이시여, 선남자 선여인이
아뇩다라삼먁삼보리심을 발한 이는
어떻게 마땅히 머물며,
어떻게 그 마음을 항복받으리까.

부처님께서 수보리에게 이르시되,
　만약 선남자 선여인이
아뇩다라삼먁삼보리심을 발하였으면
마땅히 이와 같은 마음을 낼지니,
내가 응당 일체 중생을 멸도하리라.
일체 중생을 멸도하고 나서는
한 중생도 멸도 함이 없느니라."
무슨 까닭인가 수보리야! 만약 보살이
아상, 인상, 중생상, 수자상이 있으면
곧 보살이 아니니라.
그 까닭이 무엇인가 하면 수보리야!
실로 법이 있어서
아뇩다라삼먁삼보리심을 발한 것이 아니니라.

수보리야! 어떻게 생각하느냐.
여래가 연등불 처소에서
법이 있어 아뇩다라삼먁삼보리를 얻었느냐.
　아닙니다. 세존이시여!
제가 부처님이 설하신 뜻을 이해하기에는
부처님이 연등불 처소에서 법이 있어
아뇩다라삼먁삼보리를 얻은 것이 아닙니다.
부처님께서 말씀하시되,　그렇다. 그렇다.
수보리야, 실로 법이 있어서
여래가 아뇩다라삼먁삼보리를 얻음이 아니니라.

수보리야!
만약 법이 있어서 여래가 아뇩다라삼먁삼보리를 얻었음 인댄
연등불이 곧 나에게 수기를 주면서
"너는 내세에 마땅히 부처를 이루어서
호를 석가모니라 하라."고 하시지 않았으려니와,
실로 법이 있어서 아뇩다라삼먁삼보리를 얻은 것이 아니므로
이 까닭에 연등불이 나에게 수기를 주시면서 말씀하시되,
"너는 내세에 마땅히 부처를 이루리니 호를 석가모라 하리라."
고 하시니라.
무슨 까닭인가 하면
여래라 함은 곧 모든 법이 여여하다는 뜻이니라.

만약 어떤 사람이 말하길
"여래가 아뇩다라삼먁삼보리를 얻었다."고 하면
수보리야! 실로 법이 있어서
부처님이 아뇩다라삼먁삼보리를 얻음이 아니니라.

수보리야! 여래가 얻은 바 아뇩다라삼먁삼보리는
이 가운데는 실다움도 없고 헛됨도 없느니라.

그러므로 여래가 설하되
"일체법이 다 불법이라."하시니,
수보리야!
말한 바 일체법이란 곧 일체법이 아님일세,
그러므로 일체법이라 부르니라.

수보리야!
비유하건대 사람의 몸이 장대함과 같으니라.
수보리가 말씀드리되,
　세존이시여, 여래께서 설한 사람 몸의 장대함도
곧 큰 몸이 아니고 그 이름이 큰 몸입니다.

　수보리야! 보살도
또한 이와 같아서 만약 이런 말을 하되,
　내가 마땅히 한량없는 중생을 멸도하리라.　한다면
곧 보살이라 부를 수 없음이니
무슨 까닭인가. 수보리야!
실로 법이 있어서 보살이라 부르지 않으니라.

그러므로 부처님이 설하되,
　일체법은
나도 없고 인도 없고 중생도 없으며 수자도 없다.　라 하느니라.

수보리야! 만약 보살이 이런 말을 하되

"내가 마땅히 불국토를 장엄하리라"한다면
이는 보살이라 부를 수 없음이니 무슨 까닭인가
여래가 설한 불국토의 장엄한다는 것은
곧 장엄이 아니고 그 이름이 장엄이니라.

수보리야!
만약 보살이 무아의 법을 통달한 자이면
여래는 이를 참다운 보살이라 부르느니라.

------

1) 구경무아 : 수보리의 住降하는 뜻에 조잡한 것은 이미 버렸으나 細惑은 녹이기 어려워 다시 住降하는 구경의 도리를 얻고자 하여 물은 것이다. 그런 까닭에 佛께서 자기가 겪은 것을 보이시며 人空과 法空하여 구경에는 無我임을 알게 하셨다.

2) 授記 : 성불한다는 표지이다. 또한 明師를 방문하여 나의 "實相"을 가르쳐 주기를 구하는 것이다(나의 실상을 가리켜 주시기 때문에 미래에 成佛한다는 기호가 된다) 그러나 반야실상을 비록 미리 알았다 해도 단지 實相만을 미리 안 것뿐이라, 오히려 곧 바로 성불할 수는 없고, 반드시 실상을 미리 안후에는 다시 때때로 이 실상을 觀照해야 한다(노자가 말한 "常無欲觀其妙"와 또한 中庸의 "喜 怒 愛 樂이 아직 일어나지 않는 것을 中이라."한 그 中處를 返觀하는 것이다) 眞般若를 발전시키려면(노자가 말한 "常有欲觀其徼"와 中庸의 "發而皆中節"이라) 고한 和에 이르러야 한다.

3) 참다운 보살(眞是菩薩) : 本分은 14분과 15분 그리고 16분의 小結分으로 이중에 滅度, 所得, 一切法, 莊嚴佛土의 일체 장애를 모두 하나하나 상세하게 破除하였는데 결론적으로 다시 특별히 거듭 "我"라는 글자를 破盡하였다. 만일 "究竟無我"를 통달하게 된다면 이것이 곧 본분의 참된 뜻을 얻은 것이다.
고로 최후에 한 대목에 佛께서 "만약 보살이 무아의 법을 통달한 자이면 여래는 이를 참다운 보살이라 부르느니라. 고 말씀하셨으니 학자가 만일 "究竟無我"를 통달한다면 이것이 최상의 성취를 달성하게 된다.

"이 때[爾時]"란 바로 용녀(龍女)가 모니보주(牟尼寶珠)를 바치는 때이다.4)

도가(道家)에서는 이때에 현주(玄珠)를 얻는다.

【此爾時者란 乃龍女가 獻牟尼寶珠之時也라.道家에서는 以此時에 爲得玄球라】

"수보리(須菩提)"이하로 부터 "실로 법(法)이 있어 아뇩다라삼먁삼보리심을 얻은 것이 아니다."에 이르는 구절과 제 삼분(三分)의 어의(語意)는 대략 같다.

단 제 삼분(三分)에서는 "사람은 마땅히 뭇 중생을 널리 제도하려는 마음을 내어야 한다."는 것을 말하였는데, 이 분(分)과 아울러 앞서(前)의 "뭇 중생을 널리 제도하려는 마음을 내야 한다."는 것은, 또한 혼화(渾化 : 둘을 섞어서 변화시킴)한 다음 마땅히 그것을 잊어버려야 한다.

【自須菩提以下에서 至實無有法發阿耨多羅三藐三菩提心者句와 與第三分語意는 略同이라. 但第三分에서는 言人當發普渡群生之心인데 而此分과 幷前에서 發普渡群生之心은 亦當渾化而忘之也라】

---

4) 아란야 행을 닦은 이 후에야 眞空의 지위에 이르게 되는데 이 때 龍女가 모니보주를 바친다. 만약 공덕이 하늘에 감응하지 않으면 세상에서 그 만남을 얻기는 어렵다.

처음 입도(入道)한 사람은 대 서원(大誓願)의 마음을 내어서, 스스로 책려(策勵)하여야 하는데, 공부(工夫)가 여기에 이르면 무릇 일체 평일(平日)에 대 서원의 마음을 내는 것은, 모두 이것이 성분(性分)의 안의 일이며, 직시(直視)만이 고유(固有)한 것으로, 터럭만큼 한 계자의 가시 같은 것도 남아 있어서는 안 된다.

　【初入道者는 以發大誓願之心하여 自爲策勵인데 而工夫至此하면 凡一切平日에 發大誓願之心은 皆以爲性分內這事이며 直視爲固有로 而絲毫不留芥蔕焉이라】

　"여래(如來)가 연등불소(然燈佛所)"에서부터 "무실무허(無實無虛)"에 이르는 구절과 제 칠분(七分)과 십사분(十四分)의 어의(語意)는 대략 같다.

　단 칠분(七分)에서 말한 "일정한 법(定法)이 없다."는 것은 오히려 법(法)이 존재하고 있음인데 이 법(法)은 오히려 공(空)한 것이 아니다. 여기서 실제로 법(法)이 없다고 한 것은 만법(萬法)이 다 공(空)임을 말한 것이다.

　십사분(十四分)에는 사상(四相)에 집착하지 않고, 오로지 보시(布施)와 인욕(忍辱)의 설(說)을 가리켰지만, 여기서는 즉 포괄하지 않음이 없다.

　【自如來于然燈佛所에서 至無實無虛와 與第七分과 十四分의 語意는 略同이라. 但七分에서 言한 無有定法은 尙有法在인데 是法은 尙未空也라. 此言實無有法은 而萬法이 皆空矣라. 十四分에는 不著四相하고 專指布施와 忍辱說이나 此則無所不包也라】

이러한 까닭에 "여래(如來)께서 설한 일체의 법(法)"에서부터 마지막 구절(末句)인 "참으로 이것이 보살(菩薩)이라."는 것과 제 십분(十分)과는 서로 비슷하다.

단 십분(十分)중에 "비장엄(非莊嚴)"이나 "비대신(非大身)" 등의 말은, 오히려 그 이치(理)가 허론(虛論)한 것이나, 여기에서는 즉 "무아법(無我法)에 통달하면 곧 참다운 보살(菩薩)이라."는 것이니 곧 바로 서서 성불하는(立地成佛)하는 것이 어렵지 않다는 것과 그 공효(功效 : 공의 효과)를 들었다.

【自是故로 如來께서 說一切法에서 至末句眞是菩薩과 與第十分相似라. 但十分中에 非莊嚴이나 非大身等語는 尙是虛論其理이나 此則通達無我法이면 便眞是菩薩이니 不難立地成佛과 幷擧其功效也라】

이 때 용녀(傭女)가 공경스럽게 모니보주(牟尼寶珠)를 바치는데, "수보리(須菩提)가 불(佛)게 사뢰기를 세존(世尊)이시여 선남자나 선여인이 보리심(菩提心)을 내면 마땅히 어떻게 머물며, 어떻게 그 마음을 항복 받아야 합니까?" 라고 운운(云云)한 것은, 이때의 성공(性功)과 앞서의 성공(性功)이 다른지 같은 것인지를 묻고자 한 것이다.

【爾時에 龍女가 敬獻牟尼寶珠인데 須菩提가 白佛言 善男子나 善女人이 發菩提心이면 云何應住하며? 云何降伏其心인가? 云云者는 蓋欲叩其此時之性功과 與前之性功이 有異同否也라】

불(佛)께서 고(告)하여 말하기를 "명공(命功)이란 바로 일시(一時)에 반환(返還)하는 일이고, 성공(性功)은 바로 철시철종(徹始徹終 : 처음부터 끝까지 투철히 함)하는 일이다." 고 하였다.

또한 이때의 성공(性功)은 전(前)에 비해서는 다시 순수(純粹)한 경지로 들어간 것이다.

【佛告之曰 命功이란 乃一時에 返還之事이고 而性功은 乃徹始徹終之事라. 且此時之性功은 比前更宜入于純粹也라】

"무릇 선남자와 선여인이 아뇩다라삼먁삼보리심을 낸 이는 마땅히 이와 같은 마음을 내라"고 한 것은 마땅히 그 도심(道心)을 내어 활활발발(活活發發)하고 공공동동(空空洞洞)하면, 나는 응당 일체의 중생(衆生)을 다 멸하여 제도하고, 일체의 중생을 멸도(滅度)하였으면, 한 중생도 실제로 내가 멸도(滅度)하였다는 마음이 없는 것을 말한 것이다.

무슨 까닭인가 하면, 그 마음에 조금이라도 사소한 것이 있으면, 전(前)과 같이 이것이 비록 아(我) 인(人) 중생(衆生) 수자(壽者)의 사상(四相)에 집착하지 않는다 해도, 지금에는 오히려 신화(神化)의 경지로 들어갈 수가 없는 것이다.

【凡善男子와 善女人이 發阿耨多羅三藐三菩提心者는 當生如是心은 言當生其道心하여 活活潑潑하고 空空洞洞하면 我應滅度一切衆生하고 滅度一切衆生已이면 而無有一衆生도 實爲我滅度之心이라. 何以故 ? 蓋其心에 稍有芥蒂이면 前此雖不著于我, 人, 衆生, 壽者之四相이라도 而今尚未入于神化也라】

무슨 까닭인가?

"일체(一切)의 중생(衆生)을 멸도(滅度)한다."는 것은 본래 성분(性分)에 관계된 고유(固有)한 일로, 법(法)으로 가히 배울 수 있는 것이 아니기 때문이다.

진적(陳迹 : 진술함)을 실천해야 비로소 삼먁삼보리(三藐三菩提)의 마음[心]을 낼 수가 있다.

【所以者何오? 蓋滅度一切衆生는 原係分固有之事로 幷非因有成法可學이라. 陳跡可踐해야 而始發此三藐三菩提之心也라】

"수보리(須菩提)야, 여래(如來)가 연등불소(然燈佛所)에서 법(法)이 있어 아뇩다라삼먁삼보리심을 얻었겠느냐?"라고 물으니

수보리가 곧 바로 "그렇지 않습니다."라고 대답하니,

내가 곧 심히 아름답게[深美] 말하기를 "그렇다 그렇다(如是如是) 실제로 법(法)이 있어 아뇩다라삼먁삼보리를 얻은 것이 아니다."고 하였다.

【試問須菩提야 如來于然燈佛所에서 有法하여 得阿耨多羅三藐三菩提心不가? 而須菩提가 直以爲無이니 吾乃深美之曰 如是如是라 實無有法得阿耨多羅三藐三菩提라】

만약 과연 법(法)이 있어 얻은 것이라면 연등불(然燈佛)께서 응당 나에게 성불(成佛)하는 법을 주셔서, 나로 하여금 입지성불(立地成佛)케 하셨을 것인데, 반드시 나에게 기(記)를

전해주시면서 말하기를 "너는 래세(來世)에 마땅히 불(佛)이 되어, 호(號)를 석가모니(釋迦牟尼)라 하라."고 하지 않으셨을 것이다.

【若果有法可得이면 而然燈佛께서 卽應授我以成佛之法하여 令我立地成佛인데 必不至授我以記曰汝于來世에 當得作佛하여 號釋迦牟尼라】

"래세(來世)"란 삼십년(三十年)이다.

【來世者란 三十年也라】

"석(釋)"이란 해(解)로 일체의 진연(塵緣)을 해탈(解脫)하는 것을 말한다.

【釋者란 解也로 解脫一切塵緣也라】

"가(迦)"란 증장(增長)이다.

【迦者란 增長也라】

대개 도(道)가 일척(一尺)이 높아지면, 마(魔)도 일장(一丈)이 높아진다.

그러므로 마장(魔障)은 늘 대도(大道)를 따라서 증장(增長)하는 것이니, 대공행(大功行)이 있지 않으면 능히 해탈(解脫)하여 군마(群魔)로 하여금 호위(護衛)하게 할 수가 없다.

【蓋道가 高一尺이면 魔高一丈이라. 而魔障은 每隨大道하여 以增長이니 非有大功行하면 不能解脫하여 而使群魔로 爲保衛也라】

"모니(牟尼)"란 즉 용녀(龍女)가 바친 보주(寶珠)이다.

반드시 이 보주(寶珠)를 얻어야 비로소 대장부(大丈夫)가 공(功)을 이루고 이름이 따르게 된다.

【牟尼者란 卽龍女가 所獻之寶珠也라. 蓋必得此寶珠하여야 方算大丈夫之功成名遂也라】

연등불(然燈佛)과 불(佛)의 수기(授記)가 이와 같으니, 실제로 법(法)이 있어 아뇩다라삼먁삼보리를 얻은 것이 아니다.

【然燈佛과 與佛授記가 如此하니 以實無有法得阿耨多羅三藐三菩提也라】

무릇 "기(記)"란 바로 전등(傳燈)의 심인(心印)이며, 성불(成佛)의 구결(口訣)이다.

그것을 이미 전해 받았으면, 반드시 대략 삼십년(三十年)후에 전부 자가(自家)의 노력에 의지하여 공행(功行)이 원만(圓滿)하면 비로소 감히 받은 기(記)를 준행(遵行)할 수 있다.

【夫記란 乃傳燈之心印이며 成佛之口訣이라. 旣授之이면 而必約以三十年之後에 可知全憑自家努力하여 功圓行滿하면 方敢遵行所授之記이라】

오호라!

실로 법(法)이 있어 얻을 수 있는 것이 아님을 깨달을 것이다. 그러나 법(法)이 없다고 하나, 또 나에게 주어서 기(記)를 전해주면, 곧 그 법이 실(實)과 흡사한 것이다.

이미 기(記)를 나에게 전해주시면 반드시 삼십년 후(三十年後)후 쯤에는 곧, 그 법(法)이 흡사 또 허(虛)에 속하게 된다.

【噫라! 實覺無有法可得也라.然以爲無法이나 而又授我以記이면 則其法이 似爲實이라. 旣授予我以記이면 而必限以三十年之後에는 則其法이 似又獨虛이라】

오호라!

여기에서 바로 그 기관(機關)을 자가(自家)에서 참상(參詳)하고, 자가(自家)에서 용맹(勇猛)함이 필요한 것이다.

그 법(法)이 바로 무실(無實)하며 무허(無虛)한 까닭에, "법(法)이 있어 가히 얻는 것이 아니다."고 하였다.

【噫라! 此其機關을 正要自家에서 參詳하고 自家에서 猛勇이라. 蓋其法이 乃是無實하며 無虛인 故로 無有法可得也라】

이런 까닭에 여래께서 말씀하신 일체의 법은 다 이것이 성불(成佛)하는 법이다.

그러나 말씀하신 일체의 법(法)은 마침내 성불(成佛)하는 법(法)은 아니다.

보리과(菩提果)를 증명하려는 사람은 신중히 하여 법(法)을 얻었다고 믿어서는 안 된다.

【是故로 如來께서 說一切法은 皆是成佛之法이라. 然所言一切法者는 究非成佛之法이라. 欲証菩提果者는 愼勿以得法爲可恃也라】

수보리가 간청해서 물은 "이름이 일체 법(一切法)"을 비유하여 "인신(人身)이 장대(長大)한데 그 신(身)을 가히 믿을 만한가?" 하니

수보리가 곧 말하기를 "여래(如來)께서 말씀한 인신(人身)이 장대(長大)하다는 것은 즉 대신(大身)이 아닙니다. 고로 억지로 이름하여 대신(大身)이라." 말한 것입니다.

하니 내가 그런 까닭에 수보리를 불러 말하기를 "보살(菩薩)도 또한 이와 같으니, 만약 이런 말을 하되, 내가 마땅히 무량중생(無量衆生)을 멸도(滅度)하리라." 한다면 곧 보살(菩薩)이라 부를 수 없는 것이다.

【試問須菩提 名이 一切法者를 譬如人身이 長大한데 其身을 可恃否가? 須菩提가 則曰 如來께서 說한 人身이 長大는 卽爲非大身이라. 故로 强名曰大身이니다. 吾因呼須菩提曰 菩薩도 亦如是이니 若作是言하되 我當滅度無量衆生이면 卽不名菩薩이라】

대개 말(言)이란 마음의 소리로, 이러한 말이 있으면 반드시 이러한 마음이 있다. 고(故)로 보살(菩薩)이라 부를 수 없는 것이다.

【蓋言者란 心之聲으로 有是言이면 必有是心이라. 故로 不名菩薩이라】

무엇 때문인가?

보살(菩薩)의 증과(證果)는 법(法)을 이루는 인(因)이 없이 처음 이러한 원력(願力)을 낸 까닭에 이름을 보살(菩薩)이라

한다. 을 입도(入道)한 사람은 대 처원(大誓願)의 마음을 내어

이런 까닭에 불(佛)께서 말씀한 "일체법(一切法)은 다 이것이 아(我) 인(人) 중생(衆生) 수자(壽者)의 법(法)이 없다."고 하셨다.

【何以故아? 菩薩之證果는 實無因有成法하여 而始發此願力으로 此所以名爲菩薩이라. 是故로 佛說一切法은 皆是無人我衆生壽者之法이라】

내가 또 수보리 불러 말하기를 "만약에 보살(菩薩)이 이런 말을 하되 내가 마땅히 불토(佛土)를 장엄(莊嚴)하리라." 한다면 이것은 즉 상(相)을 떠나 중생을 제도할 수가 없기 때문에, 또한 보살(菩薩)이라 부를 수가 없다.

【吾又呼須菩提曰 若菩薩이 作是言하되 我當莊嚴佛土하면 是卽不能離相하여 以度衆生이니 亦不可名爲菩薩이라】

어찌된 까닭인가?

보살(菩薩)은 대도(大道)로 사람을 제도하고, 아울러 보살이라는 마음도 다 잊었는데, 어찌 외상(外相)의 장엄(莊嚴)이 있겠는가? 만약 보살이 이러한 무아법(無我法)에 통달한다면 바야흐로 진정한 보살이라 할 수 있을 것이다.

【何以故오? 菩薩은 以大道로 度人하고 幷菩薩之心도 俱忘인데 何有于外相之壯嚴가? 若菩薩이 通達此無我法이면 方算眞是菩薩也라】

이 용녀(龍女)는 바로 공덕(功德)이 격천(格天)하면 강생(降生)한다.

용녀는 흡사 오천사십팔일(五千四十八日)과 합하는 것으로 일부(一部) 대장경(大藏經)의 숫자(數)이다.

【此龍女는 乃是功德이 格天하면 降生之라. 龍女는 恰合五千四十八日 之로 慨一部大藏經之數也라】

견성(見性)의 공(功)이 아직 끝나지 않았으면 망령되이 화공(火功)을 행하여서는 안 된다.

【可見性之功未絶이면 不可妄行火功이라】

음양(陰陽)을 합하는 대도(大道)를 닦고자 한다면 먼저 공덕(功德)을 쌓아 군마(羣魔)를 복종케 하여야 한다.

【欲合陰陽修大道면 先積功德하여 服群魔라】

불조(佛祖)께서 누누이 말씀하신 것이 이와 같은데 삼교(三敎)의 학인(學人)이 어찌 망령되게 걸 넘어서 명공(命功)을 행하는 것이 옳겠는가?

【佛祖께서 屢言이 如此한데 三敎의 學人이 豈可安莫躒等하여 而行命功乎아?】

부질없이 그 법(法)을 얻는 것이 어찌 그 일을 실천(實踐)하는 것과 같으랴!

이른바 "그것을 아는 것이 그것을 좋아하는 것만 못하고, 그것을 좋아하는 것이 그것을 즐기는 것만 못하다."는 것이다.

【空得其法이 何如實踐其事하랴! 所謂知之者가 不如好之者하고 好之者 不如樂之者也라】

第十八 一切同觀[1]分

萬法歸一本無二觀
만법이 하나로 돌아가서 본래 다르게 봄이 없음

須菩提야 於意云何오 如來가 有肉眼不아
如是니이다 世尊하 如來가 有肉眼이니이다
須菩提야 於意云何오 如來가 有天眼不아
如是니이다 世尊하 如來가 有天眼이니이다
須菩提야 於意云何오 如來가 有慧眼不아
如是니이다 世尊하 如來가 有慧眼이니이다
須菩提야 於意云何오 如來有法眼不아
如是니이다 世尊하 如來有法眼이니이다
須菩提야 於意云何오 如來有佛眼不아
如是니이다 世尊하 如來有佛眼이니이다

須菩提야 於意云何오
如恒河中所有沙를 佛說是沙不아
如是니이다 世尊하
如來가 說是沙니이다
須菩提야 於意云何오
如一恒河中所有沙하야 有如是沙等恒河어든

是諸恒河所有沙數佛世界가 如是寧爲多不아
甚多니이다 世尊하

佛이 告須菩提하사대
爾所國土中所有衆生의
若干種心을 如來悉知하노니
何以故오 如來가 說諸心이
皆爲非心일새 是名爲心이니
所以者가 何오 須菩提야
過去心不可得이며
現在心不可得이며
未來心不可得이니라

原文解釋

　수보리야! 어떻게 생각하느냐. 여래가 육안이 있느냐.
　그렇습니다. 세존이시여, 여래는 육안이 있습니다.
　수보리야! 어떻게 생각하느냐. 여래가 천안이 있느냐.
　그렇습니다. 세존이시여, 여래는 천안이 있습니다.
　수보리야! ,어떻게 생각하느냐. 여래가 혜안이 있느냐.
　그렇습니다. 세존이시여, 여래가 혜안이 있습니다.
　수보리야! 어떻게 생각하느냐. 여래가 법안이 있느냐.
　그렇습니다. 세존이시여, 여래가 법안이 있습니다.
　수보리야! 어떻게 생각하느냐, 여래가 불안이 있느냐.
　그렇습니다. 세존이시여, 여래는 불안이 있습니다.

　수보리야! 어떻게 생각하느냐.

저 항하 가운데 있는 모래를 부처님이 설하신 적이 있느냐.
그렇습니다. 세존이시여,
여래께서는 그 모래를 말씀하셨습니다.
수보리야! 어떻게 생각하느냐.
저 항하 에 있는 모래 수와 같이 이렇게 많은 항하가 있고
이 모든 항하에 있는바 모래 수만큼의 불 세계가 있다면
이는 얼마나 많음이 되겠느냐.
심히 많습니다. 세존이시여.

부처님이 수보리에게 이르시되,
저 국토 가운데 있는 중생의
가지가지 종류의 마음을 여래가 다 아느니라.
무슨 까닭인가 여래가 설한 모든 마음은
다 마음이 아니요 그 이름이 마음이기 때문이니라.
까닭이 무엇인가하면 수보리야!
지나간 마음도 얻을 수 없으며
현재의 마음도 얻을 수 없으며,
미래의 마음도 얻을 수 없음이니라.

----

1) 일체동관 : 여기서는 心과 佛 그리고 衆生, 이 셋이 차별이 없다는 것을 말했다. 중생을 떠나고는 佛이 없고 佛을 떠나고는 중생이 없다. 心을 떠나서는 중생도 없고 佛도 없다. 중생의 마음에 佛性이 있는데 六度를 돌아다니면서 業에 따라 궁구르고 있다.

佛의 性海중에는 본래 중생이 있고 萬有를 싸안으며 緣을 따라 변하지 않는다. 이름은 비록 다르나 그 體는 하나이다. 그 다른 점은 중생이 업을 따라 遷流하여 본체를 잃어버리지만 佛은 업을 따라 구르지 않고 眞心을 깨닫는다. 그 구르는 것과 구르지 않는 細微處는 바로 眞心과 妄心의 핵심이 된다.

깨달으면 全相이 性을 이루니 즉 妄慮에서 眞心을 본다. 迷하면 全性이 相을

이루니 즉 眞處에서 妄이 일어난다. 眞妄이 동시이고 하나도 아니고 다르지도 않다. 이른바 "一切同觀"이란 즉 중생에게 본래 있는 佛性과 佛은 원래 無二 無別하고 佛은 중생과 同體임을 안다. 동체이기 때문에 자비를 일으킨다.

본분은 前分의 無我法에 이어서 세워진 것으로 보살을 성취하지 못하는 것은 바로 무아법에 통달하지 못하였기 때문이고 무아법에 밝지 못한 것은 실제로 五眼을 갖추지 못하고 지혜가 부족한 까닭이다. 五眼이 작용을 발생하지 못한 원인은 실로 自昧 自失한 때문이다.

이에 五眼을 구족하는 이치에 깊이 통달해야 다시 육안과 나머지 4眼이 열려 無我法에 자연히 통달하게 된다.

然燈古佛眞解

이미 무아법(無我法)을 얻은 후에는 이미 실상(實相)을 증명한 것이다.

적연(寂然)이 아니면 각조(覺照)도 없다.

각조(覺照)가 있으면 곧 진공(眞空)이면서 불공(不空)이니, 자연히 실견(實見)이 있음을 증거 할 수 있다.

【旣得無我法之後에는 已證實相이라. 非寂然이면 無覺照也라. 有覺照이면 則眞空이면서 不空이니 自有實見을 可憑이라】

이 때문에 여래(如來)께서 수보리(須菩提)에게 "여래(如來)에게 육안(肉眼)이 있느냐?"고 물었는데, 육안(肉眼)이란 중생(衆生)의 형색(形色)을 조철(照徹)하는 것이다.

【因問須菩提 如來께서 有肉眼不아 ? 肉眼者는 照轍衆生의 形色也라】

또 "천안(天眼)이 있느냐?"고 물었는데, 천안이란 삼천대천세계(三千大天世界)를 편조(遍照)하는 것이다.

【且問天眼不아? 天眼者는 遍照三千大千世界也라】

또 "혜안(慧眼)이 있느냐?" 고 물었는데, 혜안이란 반관(返觀)하여 내조(內照)하는 것으로, 항상 유리세계(琉璃世界)와 같은데, 진성(眞性)에는 한 터럭의 하자(瑕疵)도 없다.

【且問有慧眼不아? 慧眼者는 返觀內照로 常琉璃世界인데 眞性에는 無一毫瑕疵也라】

또 "법안(法眼)이 있느냐?"고 물었는데, 법안(法眼)이란 대승(大乘)의 법(法)과 최상승(最上乘)의 법으로, 군생(群生 : 뭇 중생)을 널리 제도하고 또 만법(萬法)을 다 공(空)하게 하는 것이다.

【且問有法眼不아? 法眼者란 以大乘之法과 最上乘之法으로 普度群生하고 而又萬法을 皆空也라】

또 "여래(如來)에게 불안(佛眼)이 있느냐?"고 물었는데, 불안(佛眼)이란 위로는 삼십삼천(三十三千)을 비추어 백보(百寶)의 상서로운 빛을 나타나게 하고, 아래로는 십팔중(十八重)의 지옥(地獄)을 비추어 구유(九幽)의 흑암(黑暗)을 깨뜨린다.

【且問有佛眼不아? 佛眼者는 上照三十三天하여 現百寶之祥光하고 下照一十八重地獄하여 破九幽之黑暗也라】

수보리는 모두 있다고 하였는데, 불설(佛說)에 이 "오안(五眼)²⁾이 있으면 즉 청허(淸虛)한 광명(光明)의 기(氣)가 철상철하(徹上徹下)한다."고 하니, 이른바 "호연(浩然)한 기(氣)가 천지(天地)의 사이에 가득 차 있다."는 것이다.

【而須菩提는 俱以爲有인데 佛說에 有此五眼이면 則淸虛光明之氣가 卽澈上澈下라. 所謂有浩然之氣가 塞乎天地之間也라】

천하에 청허(淸虛)한 광명(光明)의 기(氣)가 있지 않은 곳이 없으니, 곧 불(佛)이 있지 않은 곳이 없고, 천하에 청허(淸虛)한 광명(光明)의 성(性)을 갖추지 않은 사람이 없으니 곧 불(佛)을 지니지 않은 사람이 없다.

그렇기 때문에 천하(天下)의 일체 중생(衆生)의 마음에 조금이라도 망심(妄心)이 있게 되면, 여래께서 어찌 다 알지 않을 수가 있겠는가?

【天下에 無處不有淸虛光明之氣이니 卽無處不有佛하고, 天下에 無人不具淸虛光明之性이니, 卽無人不有佛이라. 而天下一切衆生之心에 稍有妄心이면 如來께서 豈不能悉知乎아?】

수보리(須菩提)야 "항하(恒河)중의 모래가 있는데 불(佛)께서 이 모래를 말하였느냐?"라고 물으니 수보리가 말하기를 "이 모래를 말씀하셨습니다."고 하였다.

하나의 모래가 화(化)하여 하나의 항하(恒河)가 되고, 화(化)

---

2) 五眼 : 이것은 性中의 明覺으로 사람마다 모두 갖추고 있다.

한 하나의 항하가 오히려 이 항하의 모래수 만큼을 갖추어
있는데, 이러한 항하사(恒河沙)에 있는바, 항하사의 수만큼이
화(化)하여 하나하나가 불(佛)의 세계가 된다.

【試問須菩提 恒河中之沙를 佛說是沙不아? 須菩提說是沙
이니다. 而以一沙가 化作一恒河하고, 一恒河가 仍具此恒河
之沙數인데 而以此恒河沙之恒河沙數하여 一一이 化作一佛世
界라】

"이러한 불 세계(佛世界)가 항하사(恒河沙)의 수(數)같으니
그 세계가 가히 많지 않겠느냐?"고 물으니,
수보리(須菩提)가 곧 바로 "많습니다." 하니,
불(佛)께서 고(告)하여 말씀하기를 "저 국토(國土)중에, 만
약 이 항하사(恒河沙)수의 불 세계(佛世界)에 있는 일체의 중
생이 만약 가지가지 종류의 망심(妄心)을 여래(如來)께서는
다 안다."고 하였다.

【佛世界가 如此恒河沙數하니 其世界가 可算多不아? 而
須菩提가 直以爲多하니 佛因告之曰 爾所國土中에 若此恒河
沙數之佛世界에 所有一切衆生이 若干種種妄心을 如來께서
悉知이라】

무슨 까닭인가?
여래(如來)께서 말씀하신 모든 마음은 마음이 아니요, 이것
은 억지로 일러 마음이라 하는 것이다.
왜냐하면, 대개 사람은 과거(過去)의 기억에 사로 잡혀서도
(憶心) 안 되고, 현재(現在)의 유이(遊移 : 쉴 사이 없이 떠도는

마음)하는 마음에 있어도 안 되고, 미래(未來)를 기대하는 마음이 있어서도 안 되는 것이니, 이러한 세 가지 마음은 다 망심(妄心)이므로 도(道)에 들어갈 수 없기 때문이다.

【何以故오? 如來說諸心, 皆爲非心, 是强名爲心. 所以言者何. 凣人不可有過去之系憶心, 不可有現在之游移心, 不可有未來之期冀心. 此三种心. 皆是妄心. 不可以入道】

무릇 일체의 망심(妄心)을 불(佛)께서는 이미 알고 계시는데, 너희들의 일체 진심(眞心)을 불(佛)께서 어찌 알지 못하시겠는가?

그러므로 너희들이 무릇 일분(一分)이 진실(眞實)하여 망(妄)이 없으면, 불(佛)께서 곧 너에게 일분성분(一分性分)의 복덕(福德)을 주실 것이고, 무릇 일분(一分)의 허가(虛假)와 교식(矯飾)이 있으면, 불께서 너에게 일분세분(一分勢分)의 복록(福祿)을 덜 것이다. 너희들 일체의 유생(儒生)이나 일체의 승도(僧道)는 제각기 힘씀이 마땅할 것이다.

【夫一切妄心을 佛께서 旣能知인데 爾等一切眞心을 佛께서 豈不能知乎아? 故로 爾等이 凡有一分眞實하여 無妄이면 佛卽與爾一分性分之福德하고 凡有一虛假와 矯飾이면 佛卽減爾一分勢分之福祿이라. 爾等一切儒生이나 與一切僧道는 各宜勉之라】

불(佛)께서 영산(靈山)에 계시니 멀리서 찾지 말라.
영산(靈山)은 다만 너의 심두(心頭)에 있음이라.
사람 사람마다 영산 탑(靈山塔)이 있으니,
영산 탑 아래를 닦는 것이 좋으리라.

> 佛在靈山莫遠求
> 靈山只在汝心頭
> 人人有個靈山塔
> 好向靈山塔下修

단, 이 심(心)은 바로 진음(眞陰)과 진양(眞陽)이 회합(會合)한 도심(道心)을 지키는 것으로, 사정(肆情 : 제멋대로의 정)으로 욕망에 따르는 인심(人心)은 아니다.
【但此心은 守是眞陰과 眞陽이 會合한 道心으로 非肆情으로 縱慾之人心也라】

선불(仙佛)과 중생(衆生)의 마음은, 원래 식식(息息)이 상통(相通)하는 것이다.
무릇 사람이 기(氣)가운데 있으나, 그것이 기(氣)인지를 알지 못하는 것이, 오히려 물고기가 물속에 있으면서, 그것이 물인지를 알지 못하는 것과 같다.
【仙佛與衆生之心은 原息息이 相通이라. 夫人在氣中이나 不知其爲氣가 猶魚在水中이나 不知其爲水也라】

고(故)로 사람이 구비(口鼻)의 구멍을 막으면, 허무(虛無)의 기(氣)와 서로 통하지 못하게 되니 그 사람은 곧 죽게 된다.
【故로 人이 塞了口鼻之竅하면 不與虛無之氣相通하니 其人卽死라】

# 第十九 法界通化[1] 分

法身偏界通化無邊

법신이 세계에 두루 하니 무변을 다 교화함

須菩提야 於意云何오

若有人이

滿三千大千世界七寶로 以用布施하면

是人이 以是因緣으로 得福多不아

如是니이다 世尊하

此人이 以是因緣으로 得福이 甚多니이다

須菩提야 若福德이 有實인댄

如來가 不說得福德多어니와

以福德이 無故로 如來가 說得福德多니라

原文 解釋

　수보리야! 어떻게 생각하느냐.

　만약 어떤 사람이

　삼천 대천세계에 가득 찬 칠보로써 보시에 쓴다면

　이 사람이 이 인연으로 복을 얻음이 많겠느냐.

　　그렇습니다. 세존이시여!

그 사람이 이 인연으로 복을 얻음이 매우 많겠습니다.

수보리야! 만약 복덕이 실다움이 있을진대

여래가 복덕을 얻음이 많다고 말하지 않으련만

복덕이 없으므로 여래가 얻음이 많다고 말하느니라.

---

1) 法界通化 : 법계란 10法界이고, 통화란 慧가 법계에 가득하여 通化에 막힘이 없으니 융통하여 一法界를 이루는 것이다. 前分에서 三心은 얻을 수 없다고 하였는데 이미 마음에 얻은 것이 없다면 福도 또한 닦을 필요가 없다고 사람들의 오해가 생길 까 걱정된 까닭에 無福한 福과 無得한 得의 妙理로 告하였는데 無福한 福은 비록 보시가 있어도 보시를 잊는 것이고, 無得한 得은 비록 能所가 있어도 能所를 잊는 것이다.

무릇 住相布施는 모두 有爲의 功用이고 無住相布施는 無爲의 功用이다. 유위의 복은 끝나는 날이 있으나 무위의 복은 영원히 다하는 때가 없다. 위의 8分에서 말한 七寶布施는 見性으로 妙를 삼는 것만 못하고, 11分에서 말한 칠보보시는 持經의 뛰어남만 못하고, 여기서 말한 칠보보시는 離相으로 가장 뛰어남을 삼는 것만 못하다.

대개 住相은 有漏의 因이니 끝내 無漏의 果를 얻을 수 없다. 般若에 가장 깊은 곳은 즉 福德에 實性이 없다는 것을 말한 것으로 無我法중에 無碍를 眞空의 실제에 명료해지면 즉 法界의 무한 무변을 두루 교화한다.

然燈古佛眞解

무릇 일체의 망령된 마음(妄心)이 이미 있으면 안 된다.

망심(妄心)은 단지 입도(入道)하는데 불가(不可)할 뿐만 아니라, 곧 보시의 복덕(福德)을 닦는데도 또한 망심(妄心)이 있어서는 안 된다.

망심(妄心)이 있으면 미리 복덕을 희망하고 기대하므로, 보시(布施)할 때에 먼저 상(相)에 집착하게 되니, 그 복덕을 얻더라도 끝내는 한계가 있음을 깨닫게 된다.

【凡一切의 妄心이 旣不可有이라. 慨妄心은 不但不可以入道이며 卽以之修布施之福德에도 亦不可有妄心이라. 有妄心이면 則預爲希冀福德이므로 是布施時에 先著于相이니 其得福德也도 終覺有限이라】

수보리(須菩提)야? "만약 어떤 사람이 삼천대천세계(三千大天世界)에 가득한 칠보(七寶)로 보시(布施)에 쓴다면, 이 사람이 이 인연(因緣)으로 복(福)을 얻음이 많겠느냐?"고 물으니,

수보리가 "이 사람이 이 인연으로 복(福)을 얻음이 매우 많겠습니다."하니

불(佛)께서 그에게 고(告)하여 말씀하기를 "단 보시(布施)할 때에 상(相)에 집착하면서, 자기의 복덕(福德)이 실(實)이 된다고 하면 안 된다."고 하였다. 만약 스스로 실(實)이라고 하여 복덕을 닦는다면, 여래(如來)께서는 곧 복덕(福德)을 얻는 것이 많다고 말씀하지 않으셨을 것이다.

【試問須菩提야? 若有人이 以滿三千大千世界七寶로 以用布施이면 是人이 以是因緣으로 得福多否아? 須菩提가 以爲此人이 以是因緣으로 得福甚多이니다. 佛因告之曰 但布施時에 不可著于相하여 而以已之福德爲實이라. 若自以實하여 而修福德이면 如來께서는 卽不說得福德多也라】

오직 수행자(修行者)가 비록 널리 음덕(陰德)을 베풀어 복덕이 인간에게 편만(遍滿)해도, 조금도 복덕을 바라거나 기대하는 생각이 없어야, 이로써 복덕이 없게 된다.

고(故)로 여래께서 "복덕(福德)을 얻음이 많다."고 말씀하신 것이다.2)

【惟修行者가 雖廣施陰德하여 遍滿人間해도 毫無希冀福德之念이라야 是以福德이 爲無也라. 故로 如來께서 說得福德多이라】

이것과 제팔분(第八分)과는 대략 같다.

단 제팔분(第八分)에서는 "칠보(七寶)로 보시(布施)하는 것이 경(經)을 지니는 것만 못하다."고 하였는데, 이것은 사람이 도(道)에 들어가기를 바란 것으로, 오로지 보시(布施)로만 복덕(福德)을 삼아서, 마침내 성명(性命)을 닦지 않으면 안 됨을 말한 것인데, 그렇다고 보시(布施)를 쓰지 않아서도 안 된다.

【此與第八分과는 略同이라. 但第八分에서는 言七寶布施가 不若持經인데 是望人入道로 不可專以布施로 爲福德하여 遂不修性命인데 非不用布施也라】

여기서 "칠보(七寶)로 보시(布施)한다"는 것은 조금이라도 상(相)에 집착한 복덕(福德)은 한계가 있다는 것을 말한 것으로, 이것은 사람이 료도(了道)하는 데는 다시 평일(平日)에 상

---

2) 세상에 재물을 쌓은 그런 사람이 없지는 않아 보시 또한 쉽고, 비록 복덕을 바라는 마음도 없다 해도, 자기가 바라밀을 實修하여 얻는 것만 못하다.

(相)에 집착하지 않는 심성(心性)을 보수(保守 : 보전하여 지킴)하고, 보시를 행(行)하여야 비로소 선직(仙職)을 받고 불과(佛果)를 이루어, 무량한 복덕을 누리게 된다는 것을 말한 것이다.

성공(性功)은 진실로 이것이 철시철종(徹始徹終)의 일인 것이니 소홀히 하지 않아야 한다.

【此言七寶로 布施는 稍著于相福德有限으로, 是言人之了道에는 更要保守平日에 不著相之心性하고 以行布施해야 方可授仙職하고 而成佛果하여 以享無量福德甚矣라. 性功은 眞是徹始徹終之事也이니 毋忽毋忽이라】

第二十 離色離相[1]分

色相皆妄離妄見性
색과 상은 다 허망하니 허망을 여의고 성을 봄

須菩提야 於意云何오
佛을 可以具足色身으로 見不아
不也니이다 世尊하
如來를 不應以具足色身으로 見이니이다
何以故오 如來가 說具足色身은
卽非具足色身일새 是名具足色身이니이다

須菩提야 於意云何오
如來를 可以具足諸相으로 見不아
不也니이다 世尊하
如來를 不應以具足諸相으로 見이니이다
何以故오 如來가 說諸相具足은
卽非具足일새 是名諸相具足이니이다

수보리야! 어떻게 생각하느냐.

부처님을 가히 구족한 색신으로 볼 수 있겠느냐.

아닙니다. 세존이시여!

여래를 마땅히 구족한 색신으로써 볼 수 없습니다.

왜냐하면 여래께서 설하신 구족한 색신은

곧 구족한 색신이 아니고 그 이름이 구족한 색신입니다.

수보리야! 어떻게 생각하느냐.

여래를 모든 상이 구족한 것으로써 보겠느냐

아닙니다, 세존이시여!

여래를 모든 상이 구족한 것으로써 볼 수 없습니다.

왜냐하면 여래께서 설하신 모든 상의 구족함이

곧 구족이 아니고 그 이름이 모든 상의 구족함입니다.

---

1) 離色離相 : 經文에 말한 "諸相非相"은 한두 번 말한 것이 아니다. 여기에 이르러 離色 離相을 말하여 앞의 글에 비해 다시 한 층 깊다. 앞에서 말한 "諸相非相"은 사람에게 相分(즉 心이 일어날 때로, 즉 마음이 떠오르기 전의 相貌로 바꾸어 말하면 경계에 대한 主觀의 寫相으로 바로 外見을 따라 일어나는 것을 말한다)을 깨뜨리게 한 것이고, "究竟無我" 이 후로 부터는 見分(즉 이것은 相分에서 생긴 주관작용을 비추어 보는 것을 말하는데 바꾸어 말하면 自心에서 생겨난 觀念想像이다. 相分은 色法에 속하고 見分은 心法에 속한다(이 心은 般若眞心이 아니고 事理를 추측하는 妄心이다. 이 망심을 항복받지 못하면 時時로 六塵의 緣에 接하게 되며 塵沙가 만약 깨끗하지 않으면 自性이 다시 밝아질 수 없다)

수보리는 이미 人空의 지혜를 얻어 32相이 非相임을 알아 法身의 일을 분명하게 터득하였다. 非相을 분명하게 터득하면 相을 깬 것이고 見相이 非眞임을 밝게 터득하면 見을 깬 것이다. 人法이 모두 空하여 色心을 모두 버리면 즉 非空 非色과

非一 非異의 이치를 깨닫게 된다. 대개 色心 二法은 상대적으로 있는 것으로 그것을 여의어도 안 되고 即(접촉, 접근)해도 안 된다.

진정한 法身은 相으로 보아도 안 되고 또한 相을 떠나서 볼 수도 없다. 相으로 보면 住相하게 되고 相을 떠나서 보게 되면 斷滅이 된다. 만일 即相하나 住相하지 않고 離相하나 斷滅에 떨어지지 않으면 相中에서 그 非相을 깨닫게 되고 色中에서 非色을 깨닫게 되니 즉 진실로 離相離色의 妙理를 알게 된다.

然燈古佛眞解

보시(布施)로 복덕(福德)을 닦아 이미 망심(妄心)이 없으면, 자가(自家)의 신상(身相)을 어찌 공(空)으로 볼 수가 없겠는가?

【布施로 以修福德하여 即無妄心이면 而自家之身相을 豈猶不能看得空乎아？】

수보리에게 불(佛)께서 "가히 구족(具足)한 색신(色身)으로 볼 수가 있겠느냐?"라고 물으셨는데, 구족(具足)한 색신(色身)이란 마치 삼십이상(三十二相)으로 조금도 흠이나 결여된 것이 없는 것과 같다.

그러나 비록 구족(具足)하다고 해도 마침내 색신(色身)에 관계 될 뿐이다.

【試問須菩提佛可以具足色身見否？인데 具足한 色身이란 如三十二相으로 毫無欠缺之類라. 然이나 雖具足해도 究係色身也라】

이 때문에 수보리가 곧바로 "아닙니다. 볼 수가 없습니다." 라고 하였다.

이것을 구족(具足)한 색신(色身)으로 안다면 끝내는 공망(空亡)에 떨어질 뿐이다.[2]

【而須菩提가 直以爲不可見이라. 蓋知具足色身이면 終是落空亡也라】

또 여래(如來)께서 묻기를 "여래를 모든 상(相)이 구족(具足)한 것으로 볼 수가 있겠는가?" 하셨는데, 모든 상(相)이 구족하였다는 것은, 능히 비행(飛行)하고 변화(變化)하는 지선(地仙)의 부류로, 불(佛)에서는 라한과(羅漢果)가 이것이다.

【且問如來可以具足諸相見否아? 具足諸相은 能飛行하고 變化하는 地仙之類로 佛之羅漢果가 是也라】

이에 수보리가 곧 바로 "그렇게 볼 수 없다."고 하였다.

이것은 모든 상(相)을 구족하였다고 안다면, 능히 연신환허(煉神還虛)를 할 수가 없으니, 곧 허공(虛空)을 타파(打破)하는 것과 태허(太虛)와 더불어 동체(同體)가 될 수가 없다.[3]

이것과 제오분(第五分)과 그리고 십삼분(十三分)은 대략 같다.

【而須菩提가 直以爲不可見이라. 蓋知具足諸相이면 未能煉神還虛이니 卽不能打破虛空과 與太虛同体也라. 此與第五分과 十三分은 略同이라】

---

2) 色身에 집착한다면 끝내 어리석을 뿐이다.
3) 小乘에 그 心志를 움직여서는 안 된다.

단 오분(五分)에서 말한 "무릇 상(相)이 있는 것은 다 허망(虛妄)하다."는 것은, 바로 사람들에게, 즉 유상(有相)한 색신(色身)으로 무상(無相)한 법신(法身)을 닦게 하려고 한 것이고,

【但五分言한 凡所有相은 皆是虛妄이라함은 是欲人卽有相之色身으로 以修無相之法身이고】

여기서 말한 "구족(具足)한 색신(色身)"이란, 바로 사람들에게 즉 연년(延年 : 수명을 늘임)으로 주세(住世)하는 색신(色身)으로, 무극(無極)인 허공(虛空)의 법신(法身)을 보게 하려고 한 것이고,

【此言具足色身은 是欲人卽延年住世之色身으로 以見無極虛空之法身이고】

십삼분(十三分)에서 말한 "삼십이상(三十二相)"은 끝내 이것은 가합(假合 : 거짓으로 합함)인데, 이것으로 여래(如來)를 보려는 것은, 경(經)을 지니고 심성(心性)을 닦는 것만 못하다.고 하였으니, 이것은 사람을 이끌어 심성(心性)을 닦게 하려고 한 것이고,

【十三分에서 言三十二相은 終是假合인데 以此見如來는 不如持經하고 以修心性이니 是引人以修心性이고】

여기서 말한 "삼십이상(三十二相)"도 진실로 이것이 가합(假合)인데, 구족(具足)한 것이 마치 라한과(羅漢果)의 비행변화(飛行變化)와 같은 것이나, 또한 반드시 진실(眞實)이 아니라고 하였으니, 이것은 최상일승(最上一乘)인 법신(法身)을 닦기를 바랐기 때문이다.4)

이와 같이 말은 같아도, 뜻은 마침내 같지 않은 것이다.

【此言三十二相도 固是假合인데 卽具足이 如羅漢果之飛行變化이나 亦未必眞實이니 是望修最上一乘之法身也라. 辭同해도 而意는 究不同이라】

---

4) 上乘에 이르지 못하면 그 뜻을 쉬지 않아야 한다.

 第二十非說所說[1]分

法無可說所說非法
법은 설할 수 없는 것으로 말할 수 있는 것은 법이 아님

須菩提야
汝勿謂如來가 作是念호대
我當有所說法이라하라
莫作是念이니 何以故오
若人이 言如來가
有所說法이라하면
卽爲謗佛이라
不能解我所說故니라
須菩提야
說法者는
無法可說을 是名說法이니라

爾時에 慧命[2]須菩提가 白佛言하사대
世尊하 頗有衆生이 於未來世에
聞說是法하고 生信心不[3]잇가

佛言하사대
須菩提야 彼非衆生이며
非不衆生이니 何以故오
須菩提야 衆生衆生者는
如來가 說非衆生일새
是名衆生이니라

　수보리야!
너는 여래가 이런 생각을 하되,
　내가 마땅히 설한 바 법이 있다.'고 이르지 말라.
이런 생각을 하지 말지니, 무슨 까닭인가 하면
만약 사람이 말하길,
여래가 설한 바 법이 있다고 하면
이는 곧 부처님을 비방함이니라.
능히 내가 설한 바를 알지 못한 연고니라.
수보리야!
설법이라는 것은 법을 가히 설할 것이 없음을
일러 설법이라 하느니라.

그 때에 혜명 수보리가 부처님께 사뢰었다.
　세존이시여, 자못 어떤 중생이 미래세에
이 법 설하심을 듣고 믿는 마음을 내겠습니까.
부처님께서 말씀하시되,
　수보리야! 저들은 중생이 아니며
중생 아님도 아니니 무슨 까닭인가.

수보리야! 중생 중생이라 함은
여래가 설하되 중생이 아니고
그 이름이 중생이니라.

---

1) 비설소설(非說所說) : 非說이란 곧 如來께서 실제로 말씀한 것이 없다는 것
이다. 여래께서 말씀한 法은 중생의 집착을 풀어준 것뿐으로 끝내는 말씀한 것이
없다는 것이다. 만약 중생이 여래께서 말씀한 것에 집착하여 알음알이를 낸다면
곧 言語 文字障에 떨어지게 된다. 고로 非說이라 한 것이다.

所說이란 즉 處所가 있고 처소가 있으면 즉 聲塵에 떨어지게 된다. 非說所說이
란 說하는 身相에 집착해도 안 되고 說한 聲塵에 집착해도 안 되는 것으로 能所를
兩忘하면 비록 說한다 해도 能說 所說이 없는 것이니 有無 二辨에 떨어지지 않게
된다. 佛의 설법에는 정해진 법을 말씀한 것이 없지만 중생의 근기의 大小와 기틀
에 응해 말씀한 것이다. 응당 어떤 법으로 얻어들어가며 어떤 법으로 이끌어야
하는가?

그런 까닭에 진정으로 법을 설하는 사람은 말한 것도 없고 보일 것도 없어야
하고, 진정으로 법을 듣는 사람은 들은 것도 얻은 것도 없어야 한다. 만일 이 중에
妙理를 깨닫는 다면 곧 진실로 般若境에 들어갈 것이다.

2) 혜명(慧命) : 지혜로 생명을 삼는 것을 비유한 것으로, 숨 한번 들이쉬지 못하
면 소멸되지만, 慧命은 영원히 소멸되지 않는다.

3) 문시설법(聞說是法)하고 생신심부(生信心不) : 법이란 言說과 文字를 떠난
般若妙法을 말한다.(無法의 法) 이 법은 기원회상에서 단지 수보리 한 사람만 능히
그 眞義를 알았는데 그러나 이 법은 言說로 할 수 없다. 말로 할 수 있는 법은
모두 방편의 법으로 절대로 眞法은 말로 할 수 없다.

그렇다면 이 법은 이미 말로 할 수 없다면 전부 內證하여 깨달아야 한다. 그런
까닭에 아직 般若 實相을 얻지 못하고 오히려 수보리와 같이 解空 지혜를 갖추지
않으면 실제로 의심하지 않고 믿기가 쉽지 않다.

고로 수보리가 佛께서 "설법이란 가히 설한 법이 없으므로 이것을 설법이라
한다."라는 말씀을 들은 후에 이러한 질문을 일으킨 것이다. 이것은 또한 문제 중
에 문제인 것이다.

이미 색신(色身)이나 모든 상[諸相]을 여래(如來)로 보는 것은 옳지 않고, 또 사람이 이것으로 타인(他人)을 위해 법(法)을 말하여, 마침내 여래(如來)를 볼 수 있다고 하는 것이 걱정되어,

불(佛)께서 수보리를 부르면서 말씀하기를 "여래(如來)께서 설(說)한 바 법(法)이 있다는 생각을 하지 말라."고 하셨다.

【既不可以色身이나 諸相을 見如來이고 如恐人以爲爲他人說法으로 遂足以見如來하여 佛因呼須菩提하시며 以示之曰勿作是念이니 如來께서 有所說法이라】

무슨 까닭인가?

"만약 사람이 여래께서 말씀한 법이 있다고 하면, 이는 곧 불(佛)을 비방하는 것이라." 하셨는데, 이것은 불(佛)의 말씀에 깊이 갈무리 된 뜻을 알지 못하였기 때문이다.4)

비록 말씀한 법이 있다고 해도, 실제로는 말씀한 법이 없는 것인바, 억지로 불러 설법(說法)이라 한 것이다.

【何以故오? 若人이 言如來有所說法이면 即爲誇佛이라. 是不能解佛所說之義趣가 深蘊也라. 蓋雖有所說法해도 實無法可說인바 因强名爲說法이라】

---

4) 如來란 모든 法相이 空한 것인데 어떤 사람들은 진실로 行持하지 않고 종일 舍身하여 佛에 아첨하니 이것은 佛을 비방하는 것이다.

무엇 때문인가?

설법(說法)이란 단지 그 조박(糟粕 : 찌꺼기)을 말했을 뿐, 성불(成佛)할 수 있는 진제(眞諦)는 자가(自家)의 심성(心性)에 있기 때문이다.

【何也오? 說法者란 只可說其糟일뿐 而成佛하는 這眞諦는 實在自家心性이라】

"이 때[爾時]에 혜명(慧命) 수보리가 미래의 중생(衆生)이 과연 믿음을 낼 수 있겠는가?" 라고 물었는데, 이 때[爾時]란 동류(同類)를 제도하여 덕을 갚는 때를 말한다.

【爾時에 慧命須菩提가 因問未來衆生이 生信心否아? 此爾時者란 度同類하여 以報德之時也라】

"혜명(慧命) 수보리(須菩提)"라고 말한 것은, 이때에는 한꺼번에 대 지혜(大智慧)가 열리어 그와 함께 동천복지(洞天福地)에 머무르니 중생(衆生)이 볼 수 없기 때문이다.

【謂之慧命須菩提者는 此時에는 一齊히 開以大智慧하여 使之同居洞天福地이니 不以衆生視之也라】

불(佛)께서 또 수보리에게 보이시며 말씀하기를 저가 비록 중생(衆生)이나 실제로는 제각기 불성(佛性)이 있으므로, 저가 실제로는 중생은 아닌 것이다.5)

---

5) 중생의 성품이 空[性空]하게 되면 즉 佛을 보게 되고, 佛에 人心이 있으면 즉 중생이다. 死死生生 오히려 苦海가 무변한데 깨닫지 못하니 어느 때 피안에 오르겠는가?

그러나 곤(困)이 불학(不學)하니, 끝내 그 불성(佛性)의 참[眞]을 잃게 되니 또 저가 중생이 아니라고 말할 수도 없다.

왜냐 하면? 중생이라 함은 여래(如來)가 말씀하신 것처럼 중생이 아니고, 억지로 일러 중생이라 한 것이기 때문이다.

【佛又示須菩提曰 彼가 雖衆生이나 而實各有佛性이니 彼가 實非衆生也라. 然困而不學하니 終失其佛性之眞이니 又不可謂彼가 非衆生也라. 何以故오? 衆生衆生者는 如來가 說처럼 非衆生이고 强名爲衆生而已라】

중생이 일념(一念)에 정신(淨信)이 있으면, 불성(佛性)이 곧 나타나는 것이니, 결과적으로 능히 이를 따라 광충(廣充)하고 부지런히 심성(心性)을 닦으면, 즉 중생이 곧 바로 여래(如來)인데, 오히려 중생이라 일컫겠는가?

【蓋衆生이 一念에 淨信이면 而佛性이 即現이니 果能從此로 擴充하고 勤修心性하면 則衆生이 即是如來인데 尙得謂之衆生乎아?】

이렇게 중생(衆生)이 중생이 되는 것은, 실제로 중생이 스스로 중생이라고 제한 한 것일 뿐이니, 이 때문에 생생사사(生生死死)와 사사생생(死死生生)에 무량한 괴로움을 모두 받는 것이다. 그러나 여래(如來)께서 때때로 중생을 접인(接引)하시니, 어찌 일찍이 중생을 중생으로 보시겠는가?

【是衆生之爲衆生은 實衆生之自限于衆生이니 是以生生死死와 死死生生에 受盡無量苦惱라. 而如來께서 時時로 接引衆生이니 何嘗以衆生을 視衆生乎인가?】

부지런히 심성(心性)을 닦으면 선불(仙佛)을 가히 이룰 것이다. 한 번 본진(本眞)을 잃으면 윤회(輪廻)를 면할 수 없다.

【勤修心性하면 仙佛可成이라. 一失本眞이면 輪廻不免이라】

성범(聖凡)의 관문(關門)은 오직 일념(一念)의 정신(淨信)과 일념(一念)의 혼미(昏迷)에 있을 뿐이다.

【聖凡之關은 惟在一念淨信과 一念의 昏迷而己라】

중생이 어찌 중생이라고 스스로 한계를 두어, 용맹한 마음을 내지 않는 것이 옳겠는가?

【衆生者가 安可以衆生이라고 自限하여 而不生勇猛之心哉인가?】

第二十二 無法可得[1] 分

了悟性空無法可得
성이 공함을 깨달으면 가히 얻을 법이 없음

須菩提가 白佛言하사대
世尊하 佛이
得阿耨多羅三藐三菩提는
爲無所得耶니이다
佛言하사대
如是如是하다 須菩提야
我於阿耨多羅三藐三菩提에
乃至無有少法可得일새
是名阿耨多羅三藐三菩提니라

原 文 解 釋

수보리가 부처님께 사뢰었다.
"세존이시여, 부처님께서
아뇩다라삼먁삼보리를 얻으심은
얻은 바 없음이 되옵니다."

부처님께서 말씀하시되,

"그렇다 그렇다. 수보리야!

내가 아뇩다라삼먁삼보리에

내지 작은 법[2]이라도 얻음이 없으므로

이를 아뇩다라삼먁삼보리라 부르니라."

---

1) 무법가득(無法可得) : 법이란 반야묘법이다. 이 법은 본래 自家속의 물건으로 본래 잃어버림이 없는데 어디로부터 얻겠는가? 그러나 얻은 것이 있다면 모두 情에 집착하여 잊지 못하는 것이고 能과 所를 깨지 못한 것이다. 앞에서 말한 福德을 얻는 다는 것은 布施의 因으로 복덕의 果를 얻는 것이다. 이것은 相分의 일이다.

지금에 無得이란 것은 바로 福德性을 말한 것으로 福德果와는 비교할 수 없다. 福德果는 오히려 有相으로 볼 수 있지만 福德性은 실제로 相으로 볼 수 없는 것이다. 福德性은 이미 相으로 볼 수 있는 법이 없으니 즉 가히 얻을 법이 없다. 가히 얻을 법이 없을 뿐 아니라 능히 얻는 사람도 또한 없다.

相分은 바로 所得이고 見分은 바로 能得으로 能所를 다 깨뜨리면 중생이 제도되는 것도 보지 못하고 자신이 능히 제도하는 것도 보지 못한다. 고로 말하기를 "무량한 중생을 내가 제도 하였지만 실제로는 滅度을 얻은 중생은 없다."고 한 것이다.

2) 법(法) : 佛께서 말씀하신 일체법은 一切의 心을 제도하는 것인데 일체심이 없으면 법은 따라서 없어진다. 法은 金을 단련하는 불(火)이고 心은 鑛石중의 金이다. 광석이 불의 단련을 받으면 더욱 순수해지지만 金이 火 때문에 얻어지는 것은 아니다.

然燈古佛眞解

수보리는 깊이 "가히 설(說)한 법(法)이 없다."는 뜻을 이해하였다.

그리하여 불(佛)께 사뢰기를 "불(佛)께서 말씀한 불(佛)의 중과(證果)는 법(法)에 묶이지도 않고 얻은 바도 없습니다."3)
고 하였다.

이것은 깨달은 후의 신사(信辭 : 믿음의 말)로 의사(疑辭 :
의심의 말)가 아니다.

【須菩提는 深解無法可說之義라. 因白佛言 佛之證果는 不
爲法所拘하고 爲無所得耶라. 此乃悟後의 信辭로 非疑辭也
라】

"무(無)"란 안정허무(安定虛無)를 말한다.

즉 바라밀공(波羅密功)을 행할 때에 인(人), 아(我), 중생(衆
生), 수자(壽者)의 상(相)이 없는 진경(眞境)을 지어서 지극한
곳[極處]에 이르는 것이다.

【無者는 安靜虛無也라. 卽行波羅密功時에 無人我衆生壽
者相之眞境하여 造到極處也라】

무릇 행공(行功)할 때에, 능히 안정허무(安定虛無)하여야,
비로소 선천(先天)의 원기(元炁)를 얻을 수 있다. 그렇지 않으
면 다만 후천(後天)의 곡기(穀氣 : 음식의 기운)만을 얻을 뿐이
다.

그러므로 말하기를 "이 일은 바로 안정허무(安定虛無)의 도
(道)이지, 제흡(提吸 : 끌어서 빨아들임)하는 채전(採戰 : 방중
술)의 술(術)이 아니다."고 하였다.

【凡行功時에 能安靜虛無라야 方得先天之元炁라. 不然이
면 只可得後天之穀氣라. 故曰 此事는 安靜虛無之道이지 並

---

3) 法이 空하고 性이 定하면 법이 없는 법(無法法)이 있게 된다.

非提吸採戰之術이라】

　무릇 의(意)를 방소(方所)에 머물게 하고, 힘을 써서 채취(採取)하는 것은, 바로 성명(性命)을 보내버리는 것이지, 성명(性命)을 닦는 것이 아니다.

　【凡住意方所하고 用力採取는 是送性命이지 而非修性命也라】

　불(佛)께서 "그렇다[如是]"라고 말씀하셨는데, 이것은 반드시 선천중(先天中)의 선천(先天)이 태궁(兌宮)에서 발동(發動)하기를 기다리는 것을 말씀하신 것으로, 바야흐로 나의 마음[我心]이 허무(虛無)하여 얻는 때인 것이다.

　【佛言如是인데 此言必待先天中의 先天이 發動於兌宮으로 方是我心이 虛無하여 所得之時也라】

　"거듭 그렇다[如是]"라고 하신 것은, 이것이 바로 대주천(大周天)으로 이로환정(移爐換鼎)[4]하는 실제적인 공[實功]을 말한다.

　【重言如是者는 此是大周天으로 移爐換鼎之實功也라】

　다시 수보리를 불러 "내지 작은 법이라도 얻은 것이 없다[乃至無有小法]"고 한 것은, 성(性)은 바로 무중(無中)의 진유(眞有)이고, 명(命)은 유중(有中)의 진무(眞無)로, 성명쌍수(性命

─────────────────

　4) 이로환정(移爐換鼎): 화로를 옮기고 솥(鼎)을 바꾸는 것으로 실제로 大藥이 만들어지면 과관(過關)하여 中宮에 道胎시키는 공(功)을 말한다.

雙修)는 무와 유가 합하여 하나가 되게 하는데 있다.

【再呼須菩提하여 乃至無有小法可得者는 性은 乃無中之眞
有이고 命은 乃有中之眞無로 性命雙修는 無與有가 方合而爲
一이라】

"소(小)"라고 한 것은, 즉 팔괘(八卦)중에 간(艮)은 소남(小
男)이 되고, 태(兌)는 소녀(少女)가 된다.

【少者는 卽八卦中之艮은 爲少男이고 兌는 爲少女이라】

"무유(無有)"라는 글자 위에, 하나의 지(至)라는 글자를 보
탠 것은, 무(無)와 유(有)를 합일(合一)하는 공(功)을 말한다.

【無有之上에 加一 "至"字는 言無與有合一之功이라】

조도극처(造到極處 : 공부가 지극한 곳에 이르면)란 곧 나와
동류(同類)인 사람이 모두 반로환동(返老還童)하고 삼계(三
界)의 밖으로 초출(超出)하여, 여래(如來)의 정법(正法)을 비
로소 얻는 것을 말한다.

【造到極處란 則我與同類之人이 皆能返老還童하고 超出三
界之外하여 而如來之正法始得이라】

법(法)이란 글자에서 왼쪽[左]은 수[水]이고, 오른쪽[右]은
거(去)인데, 이것은 사람에게 단지 선천(先天)의 무형(無形)한
기(氣)를 얻어야지, 후천(後天)의 유형(有形)한 정(精)을 얻어
서는 안 됨을 보여준다.

【法字에서 左從水이고 右從去인데 示人只可得先天無形之

氣이지 不可得後天有形之精이라】

전경(全經)에서 보이는 법(法)이란 글자는 다 이와 같이 보아야 한다.
저 이름이 증과(證果)란 것도 또한 이와 같을 뿐이다.
【全經에서 法字는 皆作如是觀이라. 彼名爲證果者도 亦如是而已矣라】

頂批

오장(五臟)의 기(氣)는 자연히 위(胃)에 모이며, 곡식에서 얻어 생긴 기(氣)로 후천기(後天氣)이다.
그것을 지켜도 또한 능히 수명을 늘이며 세상에 머물 수가 있다.
【五臟之氣는 會於自胃이며 得穀而生氣한 後天氣也라. 守之해도 亦能延年住世라】

고불원비(古佛原批)에서는 일편(一片)의 노파심으로 "물망물조(勿忘勿助)의 실공(實功)"을 찬출(撰出 : 가려서 냄)한다.
이 몇 마디에 만권(萬卷)을 다 포괄하였다.
【一片의 婆心으로 撰出勿忘勿助實功이라. 此數語括盡萬卷이라】

금강경(金剛經)은 바로 수사(修士)에게 잘 영오(領悟)하게 할 뿐이다.
【金剛經은 是在修士之善爲領悟耳라】

第六十二 淨心行善[1]分

以淸淨心行諸善法
청정한 마음으로 모든 선법을 행함

復次須菩提야
是法이 平等하야 無有高下일새
是名阿耨多羅三藐三菩提니라
以無我無人無衆生無壽者로
修一切善法하면
卽得阿耨多羅三藐三菩提하리라
須菩提야 所言善法者는
如來가 說卽非善法일새
是名善法이니라

原文解釋

　다시 또 수보리야!
이 법은 평등하여 높고 낮음이 없으므로
이를 아뇩다라삼먁삼보리라 부르니라.
아도 없고 인도 없고 중생도 없고 수자도 없이

일체 선법을 닦으면
곧 아뇩다라삼먁삼보리를 얻느니라.
수보리야! 말한바 선법이라는 것은
여래가 설하되 곧 선법이 아니고
그 이름이 선법이니라.

然燈古佛眞解

"다시 또[復次]"라고 하였는데, 이 복차(復次)란 바로 증과
(證果)하여 선반(仙班)의 지위에 나란히 한 것이다.[3]
【復次인데 此夏次란 乃證果하여 列仙班之位次也라】

내가 이미 수보리(須菩提)에게 "소법(小法)이라도 가히 얻
을 것이 없음"을 보였는데, 단 이 때의 지위는 대라(大羅)에
올라 도(道)는 높고 덕(德)은 두텁다하나, 조금이라도 사람이
이미 고하(高下)의 견해가 있게 되면 곧 허공(虛空)가운데 능
히 머물 수가 없으며, 형세(勢)가 장차 반드시 범진(凡塵)에
떨어져 중생과 더불어 괴로움을 받게 된다.

---

1) 정심행선(淨心行善) : 이 分은 前分의 "가히 얻을 법이 없다."에서 왔다. 범부
가 행하는 善業은 모두 福德을 구하는 마음이다. 이같이 복덕을 구하는 마음이
있으면 즉 有爲의 善에 집착하게 된다. 조금이라도 집착하게 되면 모두 깨끗하지
못하게 된다. 지금에 말하는 淨心이란 能得과 所得의 마음이 없고 能所에 住하지
않은 고로 淨心이라 한다. 善行이란 能行과 所行의 行이 없어 能所를 세우지 않는
까닭에 善行이라 한다.
  종합하면 "淨心行善"이란 즉 행하는 善도 또한 잊고 행한다는 마음도 또한 잊
는 것이다. 자비심을 일으켜 이익 된 일을 행하나 밖으로는 제도했다는 마음에
집착하지 않고 안으로는 제도했다는 마음에 집착하지 않으니 四相에 집착하지
않고 일체 善法을 닦는 것을 바로 진정한 보리를 얻었다고 말한다.

【佛旣示須菩提에게 以無有少法可得인데 但此時의 位는 登大羅하여 道高德重이나 而稍有人이 已高下之見하면 則虛空之中에 不能駐足이며 勢必仍將墜落於凡塵하여 而與衆生同受苦惱也라】

이 때문에 수보리에게 보이면서 말하기를 "이 법(法)은 평등(平等)하여 상천(上天)에서는 옥제(玉帝)의 보좌함을 얻고, 하지(下地)에서는 걸아(乞兒)의 보좌함을 얻게 된다."

일체(一切)의 태(胎), 란(卵), 습(濕), 화(化)도 모두 불성(佛性)이 있으므로, 고하(高下)의 갈림(分)이 없다.

이것을 일러 "아뇩다라삼먁삼보리"라 하였으니, 무아(無我), 무인(無人), 무중생(無衆生), 무수자(無壽者)같은 상(相)이다.

하늘을 대신하여 힘을 다해 교화하는[代天宣化] 일체의 선법(善法)을 닦아야한다.

【因示須菩提曰 是法은 平等하여 上天에서는 陪得玉帝하고 下地에서는 陪得乞兒이라. 一切의 胎卵濕化도 皆有佛性이므로 無有高下之分이라. 是以名爲阿耨多羅三藐三菩提이니 仍以無我, 無人, 無衆生, 無壽者等相이라. 代天宣化하는 以修一切善法이라】

"선법(善法)"이란 곧 여래(如來)의 정법(正法)을 말하는 것이다.

정법(正法)이라 말하지 않고 선법(善法)이라 말한 것은, 선(善)은 곧 역경(易經)의 계사(繫辭)에 있는 "일음(一陰), 일양

(一陽) 그것을 일컬어 도(道)라 하고, 그것을 잇는 것[繼]을 선(善)이라"고 한 뜻이다.

【善法이란 卽如來之正法이라. 不曰正法하고 而曰善法者 는 善은 卽易經의 繫辭에 一陰一陽之謂道이고 繼之者를 善也 之意이라】

"선(善)"이란 글자의 위(上)에는 양(羊)이 있는데, 즉 태궁 (兌宮)의 월화(月華)이고, 가운데는 입(卄 : 20)으로, 즉 하도 (河圖)에 있는 중궁(中宮)의 15와 낙서(洛書)에 있는 중궁(中 宮)의 5가 합하여 입(卄)이 된 것이다.

아래에는 구(口)가 있는데, 즉 하락(河洛 : 하도와 낙서)이 상교(相交)할 때에, 구(口)와 구(口)가 짝이 되고, 규(竅)와 규 (竅)가 짝이 되는 것을 말한다.

【善字는 上從羊인데 卽兌宮의 月華也오 中從卄로 卽河圖 의 中宮之十五와 與洛書의 中宮之五가 合하여 而爲卄也라. 下 는 從口인데 卽河洛이 相交時에 口對口이고 竅對竅也라】

"일체의 선법(善法)을 닦는다."는 것은 스스로 닦아[自修] 자기를 제도했던 공(功)을 이용하여, 일체의 범부(凡夫)를 모 두 제도하는 것을 말한다.

【以修一切善法者는 用自修度己之功하여 度盡一切凡夫也 라】

그러나 이른바 "선법(善法)"이란 또한 이것을 빌려 중생(衆 生)을 제도하는 것에 불과한 것으로, 나의 마음[我心]은 항상 허공(虛空)의 무변(無聲)하고 무취(無臭)한 데 합하여, 마침내는 하나의 선법(善法)도 마음가운데[心中] 머문 바가 없고, 나의 심성(心性)이 이미 만유(萬有)가 다 공(空)한데로 돌아갔어도, 또한 공(空)도 공(空)한 바가 없는 것이다.

그러므로 여래(如來)께서 설(說)한 "일체(一切)의 선법(善法)"이란, 곧 일체의 선법이 아니고, 그 이름이 선법인 것이다.

【然所謂善法者란 亦不過借此以度衆生으로 而我心은 常合于虛空之無聲하고 無臭하여 究竟에는 無一善法住于心中하고 以我之心性이 已歸于萬有皆空해도 且空無所空也라. 故如來께서 說一切善法이란 卽非一切善法이고 是名善法이라】

頂批

계사(繫辭)에 말하기를 "신(神)으로 그것을 밝히면 그것은 사람에게 있고, 묵묵히 그것을 이루고, 말하지 않아도 믿음은 덕(德)을 행함에 있다."고 하였다.

【繫辭云 神而明之하면 存乎其人하고 默而成之하면 不言이라도 信存乎德行이라】

천관(天官)의 부귀(富貴)는 인간보다 만 배(萬倍)나 된다. 그런 까닭에 앞서 이 성(性)을 단련하여 정(定)을 얻음이 중요하다. 만약 일념(一念)의 탐착(貪着)이 일어나면, 곧 허공(虛空)에 머물 수가 없게 된다.

【天官富貴는 萬倍人間이라. 所以前此性要煉得定이라. 若起一念의 貪着하면 則不能駐足於虛空矣라】

福智無比¹⁾分

福智甚大無物可比
복덕과 지혜는 매우 커서 가히 비교할 사물이 없음

須菩提야
若三千大千世界中所有한
諸須彌山王의 如是等七寶聚를
有人이 持用布施어든
若人이 以此般若波羅蜜經이나
乃至四句偈等을
受持讀誦하야 爲他人說하면
於前福德으로 百分에 不及一이며
百千萬億分과 乃至算數譬喩로도
所不能及이니라

原文解釋

수보리야!
만약 삼천대천세계 가운데 있는
모든 수미산 왕과 같은 칠보 무더기들을

어떤 사람이 가져다 보시하더라도
만약 또 다른 사람이 이 반야바라밀경이나
내지 사구게 등을
수지 독송하여 남을 위해 말해 주면,
앞의 복덕으로는 백분의 일도 미치지 못하며
백 천만억분과 내지 산수나 비유로도
미치지 못하느니라.

然燈古佛眞解

진실(眞實)로 아뇩다라삼먁삼보리를 깨달아 얻으려면, 진실로 일체(一切)의 선법(善法)을 따라 닦아야 한다.

선법을 닦는 데는 이 반야바라밀경(般若波羅密經)이나 내지 사구게(四句偈)등을 수지독송(受持讀誦)하고 남을 위해 말해 주어 함께 정과(正果)로 돌아가는 것보다 더 큰 것은 없다.[4]

【眞實로 得了阿耨多羅三藐三菩提면 實緣修一切善法이라. 而善法之修에는 莫大于以此般若波羅蜜經이나 乃至四句偈等을 受持誦讀하고 爲他人說하여 使之同歸正果이라】

---

1) 복덕무비(福德無比) : 福에는 두 가지가 있는데 世間福과 出世間福이다. 世間福은 보시 인연을 따라 오는 것이다. 어떤 인연을 심으면 즉 어떤 종류의 福報가 있는데 이것은 有爲善이라 한다. 有爲하여 얻은 善이나 福은 다하면 다시 끝나게 된다. 出世間福은 觀照般若를 따라 온다. 반야에 깊이 들어가면 거기에 상응하는 해탈지혜가 있다. 이것을 無盡福이라 한다. 복이 다함이 없으니 또한 끝남이 없다.

智에도 또한 두 가지가 있는데, 世間智와 出世間智이다. 세간지는 세간법의 일체에 대하여 밝은 것인데 비록 事理가 명백하더라도 塵相을 버리지 못하며 다시 事障이 있다. 出世間智는 出世法의 일체에 대하여 밝고 能所를 둘 다 잊고 理障도 모두 제거했다. 지금에 "복덕무비"란 바로 出世間福智를 말한다. 이른바 淸淨福, 無漏智는 종전에 世間福인 有漏智와는 비교할 수 없다.

불(佛)께서 이에 수보리(須菩提)에게 말하기를 "만약 삼천대천세계(三千大天世界) 가운데에 모든 수미산 왕(須彌山王)만한 높은 것이 있다."고 하셨다.

【佛因示須菩提曰 若三千大千世界中에 所有諸須彌山王之高이라】

무릇 수미산은 천하에 있는 뭇 산의 왕으로, 그 높고 큼에 비길만한 것이 없다. 설령 이 산(山)이 화(化)하여 삼천대천세계(三千大天世界)만큼 많아지고, 또 어떤 사람이 모은 고대(高大)한 칠보(七寶)의 무더기와 수미산 왕의 높음과 서로 같고, 또한 고대(高大)한 수(數)의 그 많은 것이 삼천대천세계와 같게 가져다 보시(布施)에 쓴다면, 그 복덕(福德)은 고대(高大)하여 응당 무량(無量)할 것이다.

【夫須彌山은 爲天下衆山之王으로 其高大에 莫可比倫也라. 設使此山化하여 爲三千大千世界之多하고 有人聚高大之七寶와 與須彌山王之高과 相等하고 且高大之數의 其多가 與三千大千相等하게 持此以用布施하면 其福德之高大하여 應無量也라】

만약 어떤 사람이 이 반야바라밀(般若波羅密)의 경(經)이나 내지 사구게(四句偈)등을 수지독송(受持讀誦)하여 남을 위해 말해 준다면, 앞의 보시의 복덕으로는 백분(百分)의 일에 미치지 못하며, 백 천만억분(百千萬億分)과 내지 산수(算數)나 비유로도 미치지 못하는 더욱이 무량한 복덕(福德)이 되는 것이다.

【若有人이 以此般若波羅蜜之經이나 乃至四句偈等을 受持
誦讀하여 爲他人說하면 于前布施之福德으로는 百分不及一이
며 百千萬億分과 幷至算數나 譬喩로도 所不能及하는 尤爲無
量福德也이라】

대개 입세(入世)의 복덕(福德)은 끝내 다하는 기한이 있지
만, 출세(出世)의 복덕(福德)은 마침내 다하는 때가 없으니,
이에 수지(受持)하여 해설(解說)해주기를 바라는 것이다.

【蓋入世之福德은 終有盡期이나 而出世之福德은 究無盡時
이니 是所望于受持解說者라】

이 분(分)과 팔분(八分), 십일분(十日分), 십구분(十九分)은
서로 비슷하나, 뜻은 마침내 다르게 대답하였다.

【此分과 與八分, 十一分, 十九分은 相似하나 而意究逈別이
라】

팔분(八分)은 보배를 모아 보시(布施)하는 것이, 이 경(經)을
수지(受持)하여 설(說)해 줌만 못함을 말한 것이니, 이것은 수
지(受持)하여 설해 줌을 중히 여긴 것이고, 여기서는 복덕(福
德)이 무량(無量)함을 말한 것이니, 복덕으로 중히 여긴 것이
다.

【蓋八分은 言聚寶布施가 不如持說此經이니 是以持說爲重
이고, 此言福德無量이니 是以福德爲重이라】

제십일분(第十一分)은 항하사(恒河沙)의 수(數)로 복덕이 매우 많은 것을 비유로 말한 것이고, 여기서는 수미산 왕(須彌山王)으로 복덕(福德)이 극대(極大)함을 극찬(極讚)한 것이다.

【第十一分은 以恒河沙數로 喩言福德之甚多이고 此以須彌山王으로 極讚福德之極大이라】

십구분(十九分)은 귀중함이 자가(自家)에 있어, 복덕(福德)이 없다고 함으로써, 복덕이 거짓이 됨을 보인 것이고, 여기서는 복덕이 지극히 크나, 중요한 것은 사람이 수지독송(受持讀誦)하여 남을 위하여 설(說)해 줌에 있다고 한 것이다.

그 뜻이 조금이라도 앞의 뜻과 중복되지 않으니, 사람들은 마땅히 숙완(熟玩)할 것이다.

【十九分은 重在自家에 以福德爲無로 而視福德爲假이고 此言福德極大하나 重在人之受持誦讀하여 爲他人解說이라. 其意가 絲毫라도 不與前意重復이니 人當熟玩之라】

頂批

수미산(須彌山)의 높이와 넓이(高廣)는 삼백삼십육만 장(三百三十六萬丈)으로, 천하(天下)에 있는 뭇 산의 왕(王)이 된다.

【須彌山의 高廣은 三百三十六萬丈으로 爲天下衆山之王也라】

第二十五 化無所化[1] 分

聖凡同性化無所化
성과 범은 같은 성이니 교화하되 교화한 바가 없음

須菩提야 於意云何오
汝等은 勿謂如來作是念호대
我當度衆生이라하라
須菩提야 莫作是念이니라
何以故오 實無有衆生如來度者니
若有衆生如來度者면
如來는 卽有我人衆生壽者니라
須菩提야
如來가 說有我者는
卽非有我어늘
而凡夫之人이 以爲有我일새
須菩提야 凡夫者는
如來가 說卽非凡夫가
是名凡夫니라

  수보리야! 어떻게 생각하느냐.“
“너희들은 여래가 이런 생각을 하되,
내가 마땅히 중생을 제도한다.“고 말하지 말라.
수보리야! 이런 생각을 하지 말지니라.
왜냐하면 실로는 여래가 제도할 중생이 없음이니,
만약 여래가 제도할 중생이 있다면
여래는 곧 아와 인과 중생과 수자가 있음이니라.
수보리야!
여래가 설하되, 아가 있다는 것은
곧 아가 있음이 아니거늘
범부들이 이를 아가 있다고 여기느니라.
수보리야! 범부라는 것도
여래가 설하되 곧 범부가 아니고
그 이름이 범부니라.

---

1) 化無所化 : 敎化란 법으로 중생을 제도하는 것이고, 교화해도 교화하는 바가 없다는 것은 평등심으로 평등하게 중생을 제도하는 것인데, 밖으로는 제도 된 중생을 보지 못하고, 안으로는 제도했다는 나를 보지 못하니 平等法界觀이 되어 自他 둘 모두를 잊어버리는 때이다. 이 글은 “법이 평등하여 高下가 없음.”을 따라 왔다. 이미 법이 평등하여 高下가 없다고 말한다면 어떻게 중생을 제도할 수가 있겠는가?

만약 理法界, 事法界를 비교하여 본다면 평등하게 중생을 제도하는 妙를 깨닫게 된다. 事法界觀에 있어서는 진실로 중생을 제도함이 있는데 만약 제도한 중생이 없다고 한다면 보살이 어떻게 六度萬行을 하겠는가? 理法界觀에 있어서는 실로 제도한 중생이 없으니 만약 제도할 중생이 있다면 즉 보살은 一切를 同觀할 수 없다.

구경에는 중생이 어떻게 보살이 제도하는 것이 아님을 알겠으며, 보살은 어떻게 중생을 제도하지 않았음을 알겠는가? 보살은 평등한 이치로 心, 佛, 衆生, 이 셋이 실제로 차별이 없음을 깨달은 것에 불과할 뿐이다. 고로 교화하되 차별이 없다고 말했고 교화하되 교화한 바가 없다고 말한 것이다.

然燈古佛眞解

수지(受持 : 받아 지님)하여 말해 주는[說] 복덕(福德)이 지극히 높고 크니[高大] 이 경(經)의 공덕(功德)은 진실로 무량(無量)하다.

【持說之福德이 極其高大하니 而此經之功德은 眞無量也라】

무슨 까닭인가?

그것은 능히 일체의 중생(衆生)을 제도하기 때문이다. 그러나 이 경(經)이 비록 능히 일체의 중생을 제도한다고 하나, 중요한 것은 모두 중생이 스스로 자기를 제도하는 것이지, 여래와는 조금도 서로 관계가 없다.

【何也오 ? 以其能度一切衆生也라. 然이나 此經이 雖能度一切衆生이나 要皆衆生之自度이지 而與如來와는 毫不相涉也라】

불(佛)께서 수보리를 불러 말하기를 "너희들은 여래(如來)가 이런 생각을 하되, 내가 마땅히 일체의 중생을 제도한다고 여기지 말지니, 수보리야 절대로 이러한 생각을 하여서는 안 된다."고 하셨다.

【佛因呼須菩提曰 汝等은 勿謂如來가 作是念하되 我當度

一切衆生이니 須菩提야 万不可作是念也라】

무슨 까닭인가?

여래는 일용(日用)하는 상도(常道)를 보여주는데 불과할 뿐으로, 중생이 일용(日用)하는 상도에 의지하여 닦게 되면, 곧 사람마다 능히 성불(成佛)할 것이다.

그러나 실제로는 중생(衆生)이 스스로 제도하는 것[自度]일 뿐, 한 중생도 여래가 제도(濟度)할 수가 없는 것이다.[2]

만약 한 중생이라도 스스로 제도[自度]하지 않고, 여래께서 제도(濟度)한다고 하면, 이것은 여래께서 오히려 아(我), 인(人), 중생(衆生), 수자(壽者)가 있게 되는 것이다.

【何以故오? 如來는 不過示以日用之常道로 而衆生이 依日用之常道하여 以修之하면 便能人人成佛이라. 實獨衆生之自度일뿐 無有一衆生도 爲如來度者라. 若有一衆生이라도 非自度하고 而爲如來所度라면 是는 如來께서 仍有我人衆生壽者라】

여래께서 도인(度人 : 사람을 제도함)을 잘하시는 것이, 마치 하늘의 자질[材]인 까닭에 돈독하게 하시는 것 같으나, 실제로는 무심(無心)으로 화(化)를 이루시는 것이다.

【皆如來之度人이 如天之因材而篤이나 實無心으로 而成化也라】

---

2) 道는 스스로 행하는 것이 귀한 것으로, 다른 사람이 도와줄 수가 없다. 學人은 반드시 정진하는 마음을 내어 스스로 제도[自度]해야 한다. 만약 법을 얻었는데도 구태의연하다면 비복 여래께서 옆에 앉아계신다 해도 또한 어떻게 할 도리가 없다.

그 재배(栽培 : 심고 북돋음)와 경복(傾覆 : 기울어져 엎어짐)
은, 모두 중생(衆生)이 자재(自栽), 자배(自培)하거나, 자경(自
傾), 자복(自覆)할 뿐이다.

비유하면 마치 비가 만물(萬物)을 적실 때에 썩은[朽腐]것이
젖으면[沾 : 젖음], 오히려 그 부패한 것이 더 하게 되고, 자영
(滋榮)한 것이 적심을 얻으면, 더욱 그 자영(滋榮)을 보태는
것이니, 조화(造化)를 어떻게 마음에 포용하겠는가?

조화(造化)를 알면 곧 여래를 아는 것이니, 이것이 여래가
아(我), 인(人), 중생(衆生), 수자(壽者)가 없는 까닭인 것이다.

【其栽培와 傾覆은 皆衆生之自栽自培하거나 自傾自覆이라.
譬如時雨之潤物에 朽腐者가 沾之하면 反幷其朽腐하고 滋榮
者가 受之하면 愈增其滋榮이니 而造化를 何容心焉인가? 知造
化하면 便知如來矣이니 此如來之所以無我, 人, 衆生, 壽者也
라】

여래에게는 이미 네 가지 상(相)이 없는데, 혹 묻기를 스스로
아(我)3)가 있다고 말씀하셨다고 하지만, 마땅히 알라? 여래께
서 아(我)가 있다고 말씀하신 것은, 범부(凡夫)를 가르쳐 보이
고자, 억지로 아(我)가 있다고 말씀하신 것으로, 범부(凡夫)와
더불어 상대하기 위한 방편일 뿐인 것이다.

그러므로 여래께서 아(我)가 있다고 하신 말씀은, 곧 아(我)
가 있다는 것이 아닌데, 범부(凡夫)가 알지 못하고, 마침내 여
래께서 아(我)가 있다고 말씀하셨다고 하는 것이다.

---

3) 仙佛의 道에는 본래 괴이한 것이 없는데, 중생이 천박하고 비루하여 낙타를
보면 말 등에 혹이 있다고 하여 오히려 놀래고 의심한다. 고로 말할 수 없는 것이
다.

【如來에게는 旣無四者之相인데 而間或自說有我者이나 當知하라? 如來께서 說有我는 因指示凡夫코자 而强說有我로 以與凡夫와 相對耳라. 故로 如來께서 說有我는 卽非有我인데 而凡夫不知하고 遂以爲如來께서 說有我也라】

그러나 불(佛)에는 불의 불성(佛性)이 있고, 범부(凡夫)는 또한 범부의 불성(佛性)이 있다. 그러므로 여래께서 범부(凡夫)라고 말씀하신 것은, 곧 범부가 아니고, 이 이름이 범부(凡夫)이다.

누가 범부는 성불(成佛)할 수가 없다고 말하는가?

【然이나 佛에는 有佛之佛性하고 而凡夫는 亦有凡夫之佛性이라. 故로 如來께서 說凡夫者는 卽非凡夫이고 是名이 爲凡夫이라. 誰謂凡夫는 不可以成佛哉인가?】

頂 批

중생(衆生)은 반드시 용맹정진(勇猛精進)하는 마음을 내는 것이 중요하다.

【衆生은 須要發勇猛精進之心이라】

스스로 제도한다[自度]는 것은, 법(法)을 얻고 실천하여 불조(佛祖)를 증명하는 것이니, 어찌 그와 같이 할 수가 없겠는가?

【以自度者는 得法하고 而因循證佛祖이니 亦無如之何오?】

일용(日用)하는 상도(常道)가, 곧 성선(成仙), 성불(成佛)하는 근기(根基)이니, 요컨대 사람이 잘 영오(領悟 : 깨달아 이해함)하는데 있을 뿐이다.

【日用之常道는 卽成仙成佛하는 根基이니 要在人之善於領悟耳라】

法身非相[1]分

清淨法身非屬相貌
청정한 법신은 용모에 속하지 않음

須菩提야 於意云何오
可以三十二相으로 觀如來不아
須菩提가 言하사대
如是如是하니이다
以三十二相으로 觀如來니이다

佛言하사대
須菩提야 若以三十二相으로
觀如來者인댄
轉輪聖王이 卽是如來로다
須菩提가 白佛言하사대
世尊하 如我解佛所說義컨댄
不應以三十二相으로 觀如來니이다

爾時에 世尊이 而說偈言하사대

若以色見我어나
以音聲求我하면
是人은 行邪道라
不能見如來니라

수보리야! 어떻게 생각하느냐.
가히 삼십이상으로써 여래를 볼 수 있겠느냐.
수보리가 말씀드리되,
　그렇습니다. 그렇습니다.
삼십이상으로써 여래를 볼 수 있습니다.

부처님께서 말씀하시되,
　수보리야! 만약 삼십이상으로
여래를 관한다 하면
전륜성왕도 곧 여래이리라.
수보리가 부처님께 사뢰었다.
　세존이시여, 제가 부처님의 설하신 뜻을 이해하기에는
응당 삼십이상으로써 여래를 관할 수 없습니다.

그때 세존께서 게송으로 말씀하셨다.
　만약 색신으로써 나를 보거나
음성으로써 나를 구하면
이 사람은 사도를 행함이라.
능히 여래를 보지 못하리라.

불(佛)과 범부(凡夫)의 성(性)을, 이미 성범(聖凡)으로 나눌 수 없다면, 중요한 것은 법신(法身)의 진성(眞性)에 있지, 색상(色相)의 가합(假合 : 거짓으로 합함)에 있지 않음을 알 수 있다.2)

【佛과 與凡夫之性을 旣無聖凡之分이라면 可知重在法身之 眞性이지 不在色相之假合矣라】

불(佛)께서 이에 수보리를 불러 말씀하기를 "가히 삼십이상(三十二相)으로 여래를 볼 수 있겠는가?"하니

수보리는 불성(佛性)으로는 이미 범부(凡夫)와 더불어 서로 같으므로 그 신상(身相)도 또한 서로 같을 것이라 생각하여 마침내 의심하면서 답(答)하기를 "그렇습니다. 그렇습니다. 가히 삼십이상(三十二相)으로 여래(如來)를 볼 수 있습니다." 고 하니,

---

1) 법신비상(法身非相) : 法身은 法界에 편만하여 한 곳도 如來 法身의 眞體가 아님이 없다. 여래 법신이 이미 법계에 편만하므로 여래를 相에 住한 것으로 보면 안 된다. 고로 非相이라 하였다.

여래께서는 범부가 情에 집착한 것이 너무 깊은 때문에 만약 곧 바로 법신이 非相이라고 말한다면 사람들이 信解하기가 어려울 것을 걱정하셨다. 그런 까닭에 앞에서 거듭 집착을 깨었고 여기에 이르러 情을 모두 토로하여 수보리에게 고하여 말씀하기를 "法身非相"이라 하셨으니 앞서의 여러 가지 의문을 一時에 타파하였다.

2) 天賦의 性은 본래 같지만 오직 佛께서는 능히 色相을 空하게 할 수 있지만 중생은 할 수 없다.

불(佛)께서 이에 말씀하기를 "네가 삼십이상(三十二相)으로 여래를 본다." 하니 이것은 그 색신(色身)이 장엄한 것을 취한 것이다.

만약 단지 색신(色身)의 장엄된 것만 가지고 말한다면, 즉 전륜성왕(轉輪聖王)의 색신(色身)만 한 것은 없다. 전륜성왕은 사생(四生)과 육도(六道)를 관할하는 성왕(聖王)인데, 지장왕(地藏王)과 비슷하다.

【佛因呼須菩提曰 可以三十二相으로 觀如來不아 ? 而須菩提는 以佛性으로는 旣與凡夫와 相同이니 而其身相도 應亦與之相同하여　遂疑而答曰如是如是이다.　可以三十二相으로 觀如來이다. 佛因示之曰 汝以三十二相으로 觀如來하니 是取其色身莊嚴也라. 若止論色身莊嚴이라면 則莫如轉輪聖王之色身矣이라. 轉輪聖王은　管四生六道之聖王也인데　如地藏王之類라】

저의 색신(色身)의 그 장엄함이 지극하여, 마땅히 불(佛)과 더불어 오랜 동안 서방(西方)에 머물렀었고, 영산(靈山)에서 극락(極樂)을 사랑하는 같은 여래인 것이다,

【彼之色身이 極其庄嚴하여 應與佛之長居西方하였고 享極樂于靈山者인 同一如來矣라】

이에 수보리가 돌연히 의심을 풀고 말하기를 "마땅히 삼십이상(三十二相)으로 여래(如來)를 볼 수 없겠습니다."고 하였다.

【須菩提가 恍然釋疑曰 不應以三十二相觀如來이라】

이 때[爾時]에 세존(世尊)께서 게송(偈頌)을 말씀하기를 "만약 색신(色身)으로 나를 보거나, 음성(音聲)으로 나를 구하면, 이 사람은 사도(邪道)를 행하는 것이니, 결단코 여래(如來)를 볼 수 없으리라"고 하셨다.

【爾時에 世尊께서 而說偈言하기를 若以色으로 見我커나 以音聲으로 求我하면 是人은 行邪道이니 不能見如來라】

여기서 "이 때[爾時]"란 동류자(同類者)가 비록 동천복지(洞天福地)에 머문다 해도, 일체의 범정(凡情)한 생각을 일으켜, 자가(自家)를 타락(墮落)에 이르게 해서는 안 됨을, 촉부(囑咐 : 분부하여 맡김)하시고자 하신 때이다.

그리고 후학(後學)에게 개시(開示 : 열어 보임)한 뜻은, 즉 말 밖[言外]에서 얻어야 한다.

【此爾時란 是囑付同類者가 雖居洞天福地해도 不可起一凡情之念하여 以致自家墮落也라. 而開示後學之意는 卽可于言外得之라】

"색(色)으로 나를 본다."는 것은 바로 나를 보고도 보지 못함을 알지 못한다는 것이고,

【以色見我는 是不知我之見해도 而不見也라】

"음성(音聲)으로 나를 구(求)한다."는 것은, 바로 나의 음성을 듣고도, 듣지 못했음을 알지 못한다는 것이다.

【以音聲으로 求我는 是不知我之聞해도 而不聞也라】

"사도(邪道)를 행한다."는 것은 바로 범정(凡情)의 생각이 다시 동(動)해도, 도심(道心)으로 그것을 멈추게 하지 못하니, 다시 여래(如來)를 볼 수가 있겠는가?[3]

형세(勢)가 반드시 범부(凡夫)의 과구(窠臼 : 소견)에 떨어지게 된다.

【行邪道者는 是凡情之念이 復動해도 不能以道心止之이니 尙得復見如來乎아? 勢가 必仍墮于凡夫之窠臼矣라】

이 분(分)과 제오분(第五分), 그리고 십삼분(十三分)이 대략 같다.

단 앞의 오분(五分)과 십삼분(十三分)은 수보리가 먼저 삼십이상(三十二相)을 여래라 보는 것은 안 됨을 이미 오철(悟徹)한 것에 관계된 것으로, 스스로 불(佛) 앞에 나열하여 말했다.

【此와 與第五分, 十三分이 略同이라. 但前의 五分과 十三分은 係須菩提가 先已悟轍三十二相을 不可以見如來으로 自言以陳于佛前이라】

이것은 바로 불(佛)께서 수보리가 상(相)으로 보는 것에 집착하고, 능히 그 의심되는 것을 제거하여 다 맑게 하지 못할까 걱정되어, 저의 이름을 불러서 그 의혹을 풀어주신 것이다.

【此乃佛께서 恐須菩提執相之見하고 未能除得淨盡就其所有疑하여 而呼彼之名하여서 以解其惑也라】

---

3) 凡念에 집착하게 되면 여래를 볼 수 없다. 그런 까닭에 반복하여 그 의혹을 풀어주시는 것이다.

第二十七 無斷無滅[1] 分

依法修持不應斷滅

법에 의지하여 수지하고 단멸에 응하지 않음

須菩提야
汝若作是念호대
如來가 以具足相故로
得阿耨多羅三藐三菩提아
須菩提야
莫作是念호대 如來가 不以具足相故로
得阿耨多羅三藐三菩提라하라

須菩提야 汝若作是念호대
發阿耨多羅三藐三菩提心者는
說諸法斷滅相하라
莫作是念이니
何以故오
發阿耨多羅三藐三菩提心者는
於法에 不說斷滅相이니라

　　수보리야!
네가 만약 이런 생각을 하되,
　여래는 상을 구족한 연고로
아뇩다라삼먁삼보리를 얻었다." 하느냐.
수보리야!　여래는 상을 구족하지 않은 연고로
아뇩다라삼먁삼보리를 얻었다　고 이런 생각을 하지 말라.

수보리야! 네가 만약 이런 생각을 하되,
　아뇩다라삼먁삼보리심을 발한 사람은
모든 법이 단멸했다고 말하는가　한다면
이런 생각도 하지 말지니,
무슨 까닭인가 하면
아뇩다라삼먁삼보리심을 발한 사람은
법에 있어서 단멸상을 말하지 않느니라.

---

　1) 무단무멸(無斷無滅) : 斷이란 常斷의 斷이다. 世間法에 집착하여 顚倒된 견해를 벗어나지 못한 까닭에 斷中에 常을 헤아리고 常中에 斷을 헤아린다. 그것을 斷이라 한다면 般若法은 다함이 없고 쉼이 없으므로 斷이라 할 수 없다.

　그것을 常이라 한다면 반야법에는 隨緣하는 用도 있으니 常이라 할 수 없다. 지금에 無斷이란 바로 반야법을 말한 것으로 본래 非斷非常하니 斷常의 見으로 헤아리면 안 된다. 滅이란 生滅의 滅이다.

　世間사람은 涅槃의 實際를 깨닫지 못하므로 生으로 인해 滅을 말하고 滅로 인해 生을 말한다. 이를 滅이라 한다면 반야법은 본래 無生이니 滅이라 할 수 없다. 이를 生이라 한다면 반야법은 본래 無滅이니 生이라 말할 수 없다. 지금에 無滅이라 말한 것은 바로 반야법은 본래 不生不滅하니 生滅하는 법으로 말해서는 안 되기 때문이다.

색(色)과 소리[聲音]로는 모두 여래를 볼 수가 없으며, 만법(萬法)도 또한 공(空)으로 돌아간다.

내가 또 후인(後人)이 무법(無法:법이 없음)의 무(無)라는 글자에 집착함으로 완공(頑空)에 떨어질까 걱정하여, 이에 수보리를 불러 말하기를 "너는 여래(如來)가 상(相)을 구족(具足)한 까닭에 아뇩다라삼먁삼보리를 얻었다는 생각을 하지 말라. 이것은 유상(有相)에 빠진 것이니, 진실로 여래를 볼 수가 없다."[2]고 하였고 "너는 또 여래가 색상(色相)을 구족(具足)하지 않은 까닭에 아뇩다라삼먁삼보리를 얻었다는 생각을 하지 말라."

이것은 또 무상(無相)에 빠진 것이니, 또한 여래를 볼 수가 없다.

【色與聲音으로는 皆不可見如來이며 而萬法은 又歸于空이라. 吾又恐後人이 執無法之無字으로 而落于頑空하여 因呼須菩提曰 汝莫作是念이니 如來가 以具足相故로 得阿耨多羅三藐三菩提이라.

此乃泥于有相이니 固不得見如來矣라. 汝又莫作是念이니 如來가 不以具足相故로 得阿耨多羅三藐三菩提라. 此는 又泥于無相이니 亦不得見如來也라】

---

2) 無가운데 有이며 有가운데 無이다.

상(相)은 진실로 거짓(假)에 속하나, 마침내 거짓(假)을 빌려 참(眞)을 닦는 것[借假修眞]이 중요하다.

상(相)이 이미 유(有)에 막히는 것도 옳지 않고, 또 무(無)에 빠지는 것도 옳지 않으니, 이에 법(法)을 가히 알 수 있다. 만법(萬法)이 비록 공(空)하다 하나, 전등(傳燈)에는 마침내 비밀(秘密)이 있다.3)

【皆相은 固獨假이나 究竟要借假하여 修眞이라. 相은 旣不可滯于有하고 又不可淪于無이니 而法을 亦可知矣라. 夫萬法이 雖空이나 而傳燈에는 究有秘密이라】

네가 만약 이런 생각을 하되, 아뇩다라삼먁삼보리심을 발(發)한 사람이 모든 법(法)이 단멸(斷滅)했다고 말한다면, 이것은 또 설(說)할 법이 없는 무자(無字)에 집착하는 것이다.

너는 일체 이런 생각을 하지 말라. 무슨 까닭인가? 아뇩다라삼먁삼보리심을 발(發)한 사람은 모든 법(法)에 있어 단멸상(斷滅相)을 말하지 않는 것이니, 유법(有法)을 가히 믿어도 진실로 안 되고, 무법(無法)으로 공적(空寂)해도 또한 안 되기 때문이다.

【汝若作是念하되 發阿耨多羅三藐三菩提心者가 說諸法이 斷滅이면 是又以無法可說之無字執著也라. 汝切莫作是念하라. 何以故오? 發阿耨多羅三藐三菩提心者는 于諸法에 不說斷滅相이니 以有法을 爲可恃이고 固不可以無法으로 爲空寂해도 亦不可이라】

---

3) 거짓이 없으면 眞도 알지 못하게 되니, 相에 집착하거나 空에 떨어지게 된다.

유법(有法)이라도 무(無)와 같고, 무법(無法)이라도 실제로
는 유(有)와 같아, 있다[有]해도 있는 것이 아니며[非有], 없다
[無]해도 없는 것이 아니다[非無]. 유유무무(有有無無)한 중에
자연히 현빈의문[玄牝之門]이 있으니, 현빈의문이 곧 천지의
근[天地之根]이요, 천지의근이 곧 바라밀(波羅密)의 진경(眞
經)이 있는 곳이니,[4] 바로 사람이 잘 깨닫는 데 있을 뿐이다.

【有法이라도 而若無이고 無法이라도 而實有하여 有해도
而非有이며 無라도 而非無이라. 有有無無之中에 自有玄牝之
門이니 玄牝之門이 卽是天地之根이요. 天地之根이 卽是波羅
蜜之眞經所在이니 是在人之善悟耳라】

頂 批

이곳의 불자(不字)는 비록 불조(佛祖)께서 지으셨다고 해도 삭제해야
한다.
현위산석각(玄衛山石刻)의 원본(原本)에도 또한 이 글자가 없으니, 가히
금세(今世)의 전본(傳本)에 잘못임을 알 수 있다.
【此處의 不字는 雖佛祖라도 刪去이라. 而玄衛山石刻의 原本에도 亦無
此字이니, 可知今世傳本之誤라】

이른바 주천화후(周天火候)는 반드시 신선(神仙)께서 세인에게 전해지
는 것인데, 몇 사람이나 참되게 전하였겠는가?
【所謂周天火候는 須仙授世人傳者인데 幾人眞也인가?】

---

4) 요컨대 谷神이 늘 죽지 않고자 하면 반드시 玄牝에 의지하여 根基를 세워야
한다.

현빈의문[玄牝之門]을 어째서 천지의근[天地之根]이라 불렀는가?

학자(學者)는 급히 적덕(積德)함이 마땅하고, 용공(用功)하는 데는 명사(名師)를 구해야 한다.

【玄牝之門을 何以名爲天地之根인가? 學者는 急宜積德이고 用功에는 以求名師이라】

不受不貪¹⁾分

一塵不染何貪何受
한 티끌에도 물들지 않으니 어찌 탐하고 어찌 받으랴

須菩提야
若菩薩이
以滿恒河沙等世界七寶로
持用布施어든
若復有人이
知一切法無我하야
得成於忍²⁾하면
此菩薩은
勝前菩薩의 所得功德이니

何以故오 須菩提야
以諸菩薩이 不受福德故니라
須菩提가 白佛言하사대
世尊하 云何菩薩이 不受福德이니잇고
須菩提야
菩薩의 所作福德은 不應貪著일새
是故로 說不受福德이니라

수보리야!
만약 보살이
항하 강의 모래 수와 같은 세계에 가득 찬 칠보를
가지고 보시하더라도,
만약 다시 어떤 사람이
일체의 법에 아가 없음을 알아서
인을 얻어 이루면
이 보살은
앞의 보살이 얻은 공덕보다 수승하리라.

무슨 까닭인가 수보리야
모든 보살은 복덕을 받지 않는 까닭이니라.
수보리가 부처님께 사뢰었다.
　세존이시여, 어찌하여 보살이 복덕을 받지 않습니까.
　수보리야!
보살의 지은 바 복덕은 응당 탐착하지 않음이니
이 까닭에 복덕을 받지 않는다고 말하느니라.

---

1) 불수불탐(不受不貪) : 받아들이는 마음이 있게 되면 受가 된다. 凡人은 밖의 塵相에 대하여 順境과 逆境을 말할 것 없이 愛憎의 마음이 있으면 모두 受가 된다. 즉 順逆境의 일체를 받아들이지 않는다고 말해도 또한 受가 된다. 그리고 마음이 나고 생각이 움직이는 것도 모두 受가 된다. 만약 受의 근본을 헤아려 찾으려한다면 이것도 微細한 我를 아직 잊지 못한 것이다.
　이미 無我法에 통달하였으면 無我이니 無受이고 능히 受하여도 나는 이미 空한 까닭에 不受이다. 항상 부족한 것은 貪이 되니 五欲의 즐거움을 貪求하여 쉬지

않는 것을 貪이라 하며, 福德을 貪求하는 것도 貪이며 열반을 탐구하는 것도 또한 貪이라 한다. 보살이 無我를 깨달은 후에 五欲을 貪念하지 않고 복덕을 구하려 치달리지 않고 열반을 향해 달려가지 않는 까닭에 不貪이라 한다.

2) 득성어인(得成於忍) : 이것은 眞菩薩이 일체법이 無我임을 달성하는 방법이다. 이 "忍"字는 본래 불교 중에서 중요하게 여기는 것으로 제 14分중에서 佛께서 "인욕바라밀"을 闡述하실 때 이미 이 "忍"字의 중요성을 말씀하셨다.

부처님 경우에 의할 것 같으면 만일 능히 忍하여 化境할 때에 이르면 다시 我, 人 등의 四相이 생기지 않는다고 하셨는데 비록 신체가 갈기갈기 찢어져도 능히 받아들이고 嗔恨을 내지 않으셨으니, 만약 이와 같은 無我三昧를 달성하는 까닭을 묻는다면 다른 것은 없고 전부 忍辱行이 精深해지는데 있을 뿐이다.

고로 제 14分에서 말한 忍은 四相이 아니고 이것은 처음 無我를 성취하는 법을 말한 것이고, 지금 本分에서 또 말한 "知一切法無我, 得成於忍"이란 바로 결론적으로 無我를 성취하는 법을 말한 것이다. 무릇 我가 있으면 곧 貪受가 있고 貪受가 있으면 곧 住相하게 된다. 만일 住相하게 되면 곧 有漏妄法을 일으키는 원인이 된다. 만약 無我이면 곧 貪受가 없고 탐수가 없으면 住相하지 않게 된다. 住相하지 않으면 곧 無漏淨法을 일으키는 원인이 된다.

고로 "知一切法無我"라야 비로소 眞善行이 나타나며 이것이 바로 眞菩薩이다. 그렇다면 無我를 성취하는 방법은 바로 전부 "忍"이라는 한 글자에 있다고 하겠다. 이로 볼 때 이 "知一切法無我, 得成於忍"이라는 열 글자는 全經 5000여자가 비록 많지 않지만 그러나 제2分에서 말한 "四句偈"이것은 般若實相을 현시한 것을 제외한 이외에, 그 다음 이 열 글자의 가르침이 가장 중요한 것이 된다. 왜냐하면 忍은 바로 佛의 大雄力量이고 忍은 바로 佛의 堅强한 본령이기 때문이다.

然燈古佛眞解

모든 법(法)은 이미 단멸(斷滅)할 수 없다고 하였는데, 만일 혹 이 법을 빌려서 복덕(福德)을 탐하여 집착한다면, 마침내 보살(菩薩)의 심성(心性)은 아닌 것이다.

불(佛)께서 이에 수보리를 불러 말씀하기를 "만약에 보살이 항하(恒河)의 모래 수만큼의 세계에 가득 한 칠보(七寶)를 가지고 보시(布施)에 쓴다면, 이 보살(菩薩)의 복덕(福德)은 오히려 유한(有限 : 한계가 있음)에 속하게 된다.”고 하였다.

【諸法은 旣不可斷滅인데 倘或藉此法하여 以貪著福德한다면 終非菩薩之心性이라. 佛因呼須菩提曰 若有菩薩이 以滿恒河沙等世界七寶를 持有布施하면 此菩薩之福德은 尚屬有限이라】

　　만약 어떤 사람이 일체의 법(法)이 무아(無我)임을 알아서, 인(忍)을 얻어 이루었다 하자.
　　여기서 인(忍)이란 함인(含忍)으로 일심청정(一心淸淨)의 량(量)이 창명(滄溟)에 비(比)하고, 덕(德)이 천지에 합하고 적루(積累 : 쌓아 겹침)하면 성선(成仙)과 성불(成佛)하게 된다.[3]

【若有人이 知一切法無我하여 得成于忍이라. 忍者란 含忍으로 一心淸淨의 量이 比滄溟하고 德이 合天地하고 積累하면 而至于成仙成佛이라】

　　이 보살은 앞의 보살이 얻은 공덕(功德)보다 수승(殊勝)할 것이다.
　　무슨 까닭인가?　보살(菩薩)은 복덕(福德)을 짓는 일은 있어도, 복덕(福德)을 받는다는 마음이 없으니, 그 마음에 터럭이라도 모든 복덕을 받지 않기 때문이다.

------

　　3) 忍辱으로 仙人을 짓고 복덕을 받으려는 마음이 없으면 이익을 받는 것이 오히려 많아진다. 그러나 天上의 보물을 구하려면 반드시 世間의 재물을 이용해야 한다.

【此菩薩은 勝前菩薩所得功德이라. 何以故오? 以菩薩은 有作福德之事해도 而無受福德之心이니 其心에 絲毫라도 不受諸福德也라】

수보리가 곧 응하여 말하기를 "어찌하여 보살(菩薩)이 복덕(福德)을 받지 않는다고 말씀하시는지요?"하니,

불(佛)께서 이에 명백하게 고(告)하여 말씀하시기를 "보살(菩薩)은 지은바 일체의 복덕을 그 마음에 마땅히 탐착(貪着)하지 않기 때문이다."고 하였다. 이런 까닭에 복덕을 받지 않는다고 한 것이다.

【須菩提應之曰 云何菩薩이 不受福德이니까? 佛因明告曰 菩薩은 所作一切福德을 其心에 不應貪著이라. 是故로 說不受福德이라】

그러나 복덕(福德)을 받고자 하면 복덕이 오히려 막히고, 복덕을 받고자 하지 않으면 복덕이 오히려 많아지는 것이다.
이것이 받지 않아도 받음이 있는 것이 아니겠는가?

【然이나 欲受福德이면 而福德이 反隘하고 不受福德이면 而福德이 反多이라. 是殆有不受之受乎오?】

보물을 모아 보시(布施)하는 복덕은 유한(有限)한 것이니, 앞서의 분(分)에서 다시 거듭한 것은 모두 이것이 그 이치가 헛된 말[虛論]일 뿐이다.

【聚寶하여 布施하는 福德은 有限이니 前分에서 言之再再는 俱是虛論其理이라】

이것은 후학(後學)에게 하수공부(下手工夫)도, 또한 보시(布施)를 생략하여 조금이라도 아끼는 마음이 있으면 안 됨을 보이신 것이다.

【此則示後學에게 以下手工夫도 亦不可略布施하여 而稍存慳吝也라】

頂批

이른바 "천상(天上)의 보물을 구하고자 한다면 모름지기 세간의 재물(世間財)를 써야 한다."는 것이니, 어찌 아끼는 마음이 있어서 되겠는가?

【所謂欲求天上寶이면 須用世間財也라. 又安可存慳吝之心哉인가?】

 第二十九 威儀寂靜¹⁾分

眞性寂靜不假威儀
진성이 적정하니 위의를 빌리지 않음

須菩提야
若有人言하기를
如來는
若來若去하며
若坐若臥라하면
是人은 不解我所說義니라
何以故오
如來者는 無所從來며
亦無所去일새
故名如來니라

수보리야!
만약 어떤 사람이 말하기를,
　여래는
오기도 하고 가기도 하며
앉기도 하고 눕기도 한다　하면
이 사람은 나의 설한 바 뜻을 알지 못함이니라.
무슨 까닭인가?
여래란 어디로부터 온 바도 없으며
또한 가는 바도 없으므로
여래라 부르니라.

---

1) 위의적정(威儀寂靜) : 위의란 즉 32相 80種好로 萬德으로 장엄된 相이다. 적정이란 즉 無去無來요 非動非靜으로 寂然한 體이다. 淨名經에 말하기를 "滅盡定에서 일어나지 않고 모든 위의를 나타내면 곧 바로 化身菩薩이 나타난다."고 하였다.

이 뜻은 대보살은 體用이 不二하여 時時로 定中에 있으나 去來나 出入의 자취가 없다는 것이다. 보살도 오히려 위의의 用이 있어도 寂靜한 體를 잃어버리지 않는데 하물며 如來이시랴! 여래는 즉 위의가 곧 적정으로 體가 곧 用이고 용이 곧 체로 隨緣하나 不變이고 불변하나 수연하니 감이 없으면 자재하지 않다.

이 글은 "無我無受"로부터 왔다. 이미 無我 無受라고 하면서 여래가 去來坐臥를 나타낸다면 어찌 我相이 아니겠는가? 이에 나라는 相이 나타난다면 이것이 어찌 受가 아니겠는가?

이같이 三身이 一異의 견해를 아직 잊지 않고 三身一體를 밝히지 못한다면 오히려 평등한 法身의 이치를 깨닫지 못한 것이다. 지금에 "위의적정"이란 여래가 비록 위의의 相을 나타낸다 해도 곧 이것이 寂靜한 體라는 것이다. 비록 이것이 적정한 체라 해도 위의의 相을 나타낸다는 것이다. 여래의 三身은 즉 一體이고 一은 즉 三이고 三은 즉 一이다. 고로 위의하면서 적정하다고 한 것이다.

　복덕(福德)을 이미 탐착(貪着)하지 않으면 즉 모든 상(相)이 다 공(空)하게 된다.

　모든 상(相)이 이미 공(空)하면, 즉 련신환허(煉神還虛)와, 련허합도(煉虛合道)하여, 자연히 허공(虛空)을 타파(打破)하게 된다.

　이로써 태허(太虛)로 체(体)로 삼으니 어찌 거래(去來)하며 좌와(坐臥)하는 자취가 있겠는가?

　【福德을 旣不貪著이면 則諸相이 皆空矣라. 諸相이 旣空하면 則煉神還虛와 煉虛合道하여 自然히 打破虛空이라. 以太虛爲體하니 安有來去하며 坐臥之跡乎오?】

　"래(來)"란 즉 역(易)에서 이른바 "대(大)가 오는 진양화(眞陽火)의 공(功)이고,

　【來란 卽易에서 所謂大來하는 進陽火之功也이고】

　"거(去)"란 즉 역(易)에서 이른바 "소(小)가 가는 퇴음부(退陰符)의 공(功)이다.

　【去란 卽易에서 所謂小往하는 退陰符之功也라】

　"좌(坐)"란 즉 진양화(進陽火)하는 때에, 행하는 지천태(地天泰)의 공(功)으로 마땅히 앉아서 행하는 것이다.

　【坐란 卽進陽火時에 行地天泰之功으로 宜坐以行之也이

라】

"와(臥)"란 즉 퇴음부(退陰符)하는 때에, 행하는 천지비(天地否)의 공(功)으로 마땅히 누워서 행하는 것이다.

【臥란 卽退陰符時에 行天地否之功으로 宜臥以行之也라】

이것은 모두 처음 입도(入道)하는 사람이 행(行)하는 바라밀(波羅密)의 실제적인 공(實功)이다.

만약 이와 같이 여래를 오고, 가고, 앉고, 눕는다고 본다면, 이 사람은 불(佛)께서 말씀하신 여래(如來)라는 말의 뜻을 이해하지 못한 것이다.

【此는 皆初人道者가 行波羅蜜之實功也라. 若以此視如來라면 是人은 不解佛所說한 如來之義라】

무슨 까닭인가 하면, 이른바 "여래(如來)란 호호탕탕(浩浩蕩蕩)하여 양간(兩間)의 우주(宇宙)에 가득 찬[充塞]것으로, 허공(虛空)의 소재(所在)가 곧 여래의 소재(所在)이다." 라는 것이다.

【何以故오? 所謂如來者란 浩浩蕩蕩하여 充塞兩間宇宙로 虛空之所在가 卽如來之所在이라】

대개 진공(眞空)으로 법신(法身)을 삼아, 크게는 육합(六合)의 밖을 싸고, 고금(古今)을 초월(超越)하여 그 시작을 헤아릴 수 없고, 작게는 무간(無間 : 틈새가 없음)한 미세한[微]데도 들어가며, 유밀(宥密 : 넓고 고요함)한데 감추면 그 끝을 헤아릴 수 없다.

【蓋以眞空으로 爲法身하여 大則包乎六合之外하고 超今古
하여 而莫測其始하고 小則入于無間之微하며 藏宥密이면 而
莫測其終이라】

무릇 중생(衆生)에게 일념(一念)의 성(誠)이 있으면, 곧 염
(念)에 응(應)해서 오는[來]것이나, 그것이 온다고[來]해도, 실
제로는 따라서 온 바가 없는 것이다.

중생에게 일념(一念)의 망(妄)이 있으면, 곧 염(念)을 따라서
가는[去]하는 것이나, 그것이 간다[去]해도 또한 따라서 가는
바가 없다.

【凡衆生에게 有一念之誠이면 卽應念而來이나 其來也해도
實無所從來이라. 衆生에게 有一念之妄이면 卽隨念而去이나
其去也라도 亦無所從去라】

혹 오거나[來] 혹 가는 것[去]에 중생은 혼탁하여, 스스로
그것이 래거(來去)하는 것을 알지 못하는데, 오직 중생(衆生)
만 그 래거를 알지 못할 뿐 아니라, 즉 여래도 또한 그 래거가
있음을 알지 못한다.

이미 래거(來去)가 없다면 즉 진양(進陽)이나 퇴음(退陰)도
모두 그 공(功)을 쓸 것도 없는 것이니, 어찌 무릇 좌와(坐臥)
를 쓴다고 하겠는가?

【或來나 或去에 衆生은 渾하여 不自知其來去인데 不惟衆
生만 不知其來去이며 卽如來도 亦幷不知其來去라. 旣無來去
라면 則進陽이나 退陰도 皆無所其功이니 又安用夫坐臥哉하

라?】

래거(來去)나 좌와(坐臥)에 대한 해석이, 청(淸 : 간결하고 혼란하지 않음)하며, 부(浮 : 들뜸)하지 않다.
【來去坐臥에 解得이 淸하며 切不浮라】

성선(成仙)이나 성불(成佛)하고자 하는 사람은, 반드시 많은 선공(善功)을 쌓아야 한다. 이로써 잘 래거좌와(來去坐臥)라는 네 글자의 진정(眞正)한 구결(口訣)을 구함이 옳을 것이다.
【欲成仙成佛者는 須多積功이라. 善以求來去坐臥라는 四字之眞正口訣이 可也라】

마음이 밖으로 치달리지 않고, 위의(威儀)를 갖추고 신명(神明)에 주인(主)이 있으면, 자연히 주선(周旋) 중, 예(禮)에 족지(足之), 도지(蹈之), 수지(手之), 무지(舞之)함을 알지 못하게 된다.
【心이 不馳於外하고 著之威儀하고 神明에 有主하면 自然히 周旋中에 禮에 足之,蹈之,手之,舞之矣라】

또 어떻게 후(後)에 래거좌와(來去坐臥)를 알겠는가?
【又何後에 知乎來去坐臥也오?】

래거좌와(來去坐臥)하려고 해도 이미 알지 못하는데, 또 어찌 후에 래거좌와(來去坐臥)를 쓸 수가 있겠는가?
【欲求來去坐臥해도 旣不知인데 又何後에 用夫來去坐臥也哉인가?】

第二十 一合理相[1]分

須菩提야
若善男子善女人이
以三千大千世界로
碎爲微塵하면
於意云何오
是微塵衆이 寧爲多不아
甚多니이다 世尊하
何以故오
若是微塵衆이
實有者인댄
佛이 卽不說是微塵衆이니
所以者가 何오
佛說微塵衆이
卽非微塵衆일새
是名微塵衆이니이다
世尊하
如來所說三千大千世界가

卽非世界일새 是名世界²⁾니

何以故오
若世界가 實有者인댄
卽是一合相³⁾이니
如來가 說一合相은
卽非一合相일새
是名一合相이니이다
須菩提야
一合相者는
卽是不可說이어늘
但凡夫之人이
貪著其事⁴⁾니라

原文解釋

　　수보리야!
만약 선남자 선여인이
삼천대천세계를
부수어 작은 먼지로 만든다면
어떻게 생각하느냐.
이 작은 먼지가 오히려 많겠느냐.
　매우 많습니다. 세존이시여!
무슨 까닭인가 하면
만약 이 작은 먼지들이
실로 있는 것이라면
부처님께서 곧 작은 먼지들이라고 말하지 않으셨을 것입니다.

무슨 까닭인가 하면
부처님께서 설하신 작은 먼지들은
곧 작은 먼지가 아니고
그 이름이 작은 먼지들입니다.
　세존이시여, 여래께서 설하신 삼천대천세계는
곧 세계가 아니고 그 이름이 세계입니다.

왜냐하면
만약 세계가 실로 있는 것이라면
곧 일합상이니,
여래께서 설하신 일합상은 일합상이 아니고
이 이름이 일합상일 뿐입니다.
　수보리야!
일합상이란
이를 말할 수 없거늘
다만 범부들이
그 일에 탐착할 뿐이니라.

---

1) 일합리상(一合理相) : 일합상이란 합하여 하나가 된 相이다. 이 세계는 일합상인데 왜냐하면 무수한 微塵이 모여서 이루어진 것이기 때문이다. 비록 그것이 一이라고 말하지만 이미 微塵에 속하기 때문에 또한 다른 것이라고 말할 수 있다. 이미 다른 것이라고 말하지만 또 一合의 세계를 이룬 까닭에 또 다른 것도 아니다. 이로 볼 때 세계가 이미 微塵의 집합체라고 한다면 세계는 五行의 性을 갖춘 것이고 微塵도 또한 각기 五行의 性을 갖춘 것이다.

　고로 각각의 미진도 또한 어찌 이러한 하나의 小世界가 아니겠는가? 동시에 미진이 모여서 이룬 세계이기 때문에 비록 이것이 일합상이지만 그러나 다시 삼천대천세계를 상대로 말한다면 이때의 세계는 또한 우주간의 하나의 一粒 微塵이 아니겠는가? 고로 外相으로 말한다면 세계가 비록 일합상이라고 하지만 진리로 말한다면 바로 세계는 가히 세계라 말할 수 있고 또한 미진이라 할 수 있다. 세계는 바로 미진의 일합상이고 미진은 또 일합상의 조직체인 것이다.

고로 일합상이란 단지 假相으로 방편적인 이름일 뿐 실제로는 일합상이 아니다. 그러나 또 일합상이라 말할 수도 없으니 이 때문에 非一 非異의 이치가 나오게 된 것이다.

그러나 세계는 이와 같이 非一 非異일 뿐 아니라 이름이 일합상이나 또 일합상이 아니다. 이미 일합상이 아닌데 또 일합상이라고 하였으니 이것은 만물 또한 이 이치와 같다. 예를 들면 현재 人身도 일합상인데 그러나 人身의 구성은 무수한 세포로 조직되어 이루어진 것으로 이런 무수한 세포도 모두 유기체인 때문에 매개개의 유기세포는 모두 그 유효한 조직 작용이 있다. 그러므로 그 가치는 실제로 또 人身과 같다. 이로 볼 때 人身은 실제로는 일합상이 아니다. 그 밖에 다시 일체 살아있는 동 식물도 또한 무수한 세포분자로 造成되었기 때문에 일합상도 또한 일합상이 아니다.

일체의 무생물에 이르러서도 또한 제각기 무수한 전자 원자로 조성된 까닭에 이러한 일합상은 실재해도 또한 일합상이 아니다. 이로써 우주현상이 비록 大一合相이나 이 大一合相중에도 실제로 일체 만유가 모여서 비로소 성립한 까닭에 우주의 일체는 겉으로 보면 일합상이나 속으로 보면 또 일합상이 아니다. 고로 하나라고 말해도 안 되고 다르다고 말해도 안 된다.

不一不異하고 또한 하나이면서 또한 다르다고 보아야 비로소 二邊에 떨어지지 않는 中諦가 된다. 이러한 中諦라야 비로소 十方法界를 조성하는 우주만유의 眞元素인 것이다. 그렇지 않고 단지 一異의 相을 구하여 편면적인 일합상으로 옳다고 한다면 혹 일합상이 아닐 때가 되면 모두 邊見에 떨어지게 되니 이러한 견해는 마침내 法身의 實際에 이르지 못하게 된다.

지금에 말하는 "一合理相"은 이 일합상이 이미 假立된 名相이기 때문에 지금에 如來의 法身을 보려고 할 때는 반드시 理와 相을 합일하여 논해야 한다. 相으로 보면 비록 法, 應, 報, 三身의 구별이 있어도 그러나 理로 보게 되면 三身은 실제로 一體인 것이다.

중생은 제각기 佛性을 갖추었으니 이것은 바로 異相이지 일합상이 아닌데 중생이 갖춘 佛性은 실제 또 一體가 化分한 것으로 渾然粹然하고 息息이 相通한 까닭에 실제로 또 異相이 아니고 일합상인 것이다. 그런 까닭에 三身은 즉 一體이고 일체는 즉 三身이다. 중생이 모두 佛이면 이것이 일합상이고 佛이 즉 중생이면 이것은 또 일합상이 아니다. 일합상이란 非一非異인 때문에 말할 수 없고 一合의 理도 또한 非一非異인 때문에 당연히 이것도 말할 수 없는 것이다.

고로 만일 名相이 모두 空하여 言語道斷하고 일체법의 性이 모두 다 圓融會通하면 一이 즉 三이고 三이 즉 一이며 一이 즉 異이며 異가 즉 一이니 항상 이와 같은 中諦를 볼 때에 이것이 바로 平等性智觀 平等法身의 理로 "이 법은 평등하여 高下가 없다"는 진정한 "一合理相"으로 마침내 名相을 여의고 言說을 여원 法身의 眞際를 나타낼 수 있다.

　　결론적으로 말하면 일합상이란 바로 相으로 말한 것으로, 비록 一合이라 말해도 그 理는 성립하지 않는다. 지금에 말하는 "一合理相"은 바로 理相을 함께 말하여 三身一體이니 단독으로 三이나 혹은 一을 세운 것이 아니다. 佛凡이 一如하여, 一이나 혹은 異로 편벽되게 치우친 게 아니니 이 같은 一體와 一如가 진정한 "一合理相"으로 완전히 여래법신의 眞際로 歸藏하는 까닭에 당연히 言語道斷인 것이다. 이와 같이 보아야 名相이나 言詮에 떨어지지 않는다.

　　2) 세계(世界) : 微塵과 세계의 변화는 또한 法身과 應身의 관계이다. 佛께서 三身을 갖추셨는데(報身은 이것이 공덕이 원만해진 후에 실현된 보신으로 法身의 안에 幷入하는 까닭에 三身이란 실제적으로 법신과 응신인 이 二身이 가장 중요하다) 중생 또한 모두 佛인 까닭에 중생도 또한 모두 三身의 質地를 갖추고 있는데 법신은 세계와 같고 응신은 미진과 같다. 세계를 부수면 미진이 되듯이 법신 또한 나뉘면 應身이 되며 微塵이 모이면 세계가 되듯이 응신도 돌아가면 하나의 큰 법신을 이룬다.

　　고로 應身의 異는 즉 바로 법신의 하나가 分化한 것으로 나뉘면 應身이 되고 모이면 法身이 된다. 하나가 나뉘면 만 가지가 되고 만 가지가 하나로 복귀한다. 고로 佛身은 실제로 法, 報, 應, 三身을 겸하였는데, 이 三身은 본래 일체이고 非一非異하며 應化로 무궁하나 法身 또한 무궁하니 이것은 즉 平等法身의 眞象이다. 애석하게도 世人은 모두 法身을 쫓아 化分하여 왔지만 應身은 오히려 物慾에 迷住하여 죄업이 무변한 까닭에 해탈을 기약할 수 없으니 이것은 즉 세계가 이미 부수어져 미진이 되었으나 미진은 오히려 다시 모여 세계가 되지 못한 것과 같다.

　　고로 본래 不一異한 一靈의 眞性이 스스로 異에 망령되이 非一의 應身중에 머물러 유랑생사한지 無始無終하니 처음 시작은 비록 一이 化하여 三이 되었으나 三이 오히려 一로 돌아가지 못한 것이다. 그런 까닭에 만일 明師를 방문하여 자신의 般若實相을 覺知하여 應身으로 하여금 法身을 친하게 할 때 즉 무시이래로부터 一念의 無明 때문에 器界에 寄生한 一粒의 윤회종자를 돌이키면 이것이 器界를 초탈하는 眞佛性이니 이미 "如是住降"을 깨달은 학자는 진실로 이 말이 헛되지 않을 것이다.

3) 일합상(一合相) : 인체로 비유하면 인체는 바로 무수한 세포로 조성된 까닭에 인체는 즉 일합상이다. 세계로 비유하면 세계는 무수한 微塵이 모여서 된 까닭에 세계도 또한 일합상이다. 그러나 이 일합상중에 一異의 理는 볼 수 없다, 고로 인체와 세계 등은 비록 이름은 일합상이라 말해도 이 일합상은 실제로 또 假立이다.

만일 이 일합상에 다시 不一不異의 理를 함께 말할 때라야 즉 圓融會通한 平等法界를 이룬다. 이때에 비로소 一相도 생하지 않고 異相도 보이지 않으니 언어가 미칠 수 없고 名相도 나타나지 않는다. 고로 言語道斷하면 名相이 모두 空하니 이 때 곧 바로 법계의 眞體가 나타난다. 고로 "일합리상"이라 말한 것이다.(예를 들면 佛과 凡을 일체로 본다면 이것이 즉 "일합리상"이니 이로 인해 正等心이 생긴다. 있는바 중생을 일체로 본다면 이것이 또한 "일합리상"이니 이로 인해 正覺心이 생긴다. 고로 佛께서 대승의 가르침인 三無差別과 二覺圓融은 이것이 모두 말할 수 없는 "일합리상"중에서 일어난다고 하셨다.)

무량무변한 十方중생에 대하여 또한 모두 나의 총체로 보아야 하는데 내가 세상을 구한다고 말한다면 바로 大我의 위태로움을 구하는 것으로 왜냐하면 나는 본래 大我중에 하나의 세포로 이것은 바로 세계중의 一粒의 微塵과 같아서 體가 비록 細小하나 그러나 細小한 중에 오히려 一分의 보강력을 결여하면 안 된다. 만약 하나의 微塵이 그 天職을 다하지 않으면 세계는 곧 건전할 수가 없다. 만일 일개의 세포가 파괴되면 大我도 또한 반드시 그 영향을 받게 된다.

고로 求人하는 사람은 바로 자기를 구하는 것이고 救世하는 사람도 또한 바로 나를 구하는 것이다. 佛께서는 이 이치를 통달한 까닭에 同體悲와 無緣慈를 내신 것이니 外로는 중생의 異相을 보지 않고 內로는 自我의 一相을 내지 않으니 異가 즉 一이고 一이 즉 異이다. 佛께서는 이 三이 즉 一인 이치를 깨달은 까닭에 비록 천백억 화신으로 무량한 應身을 나타내도 또한 전도몽상하여 現業의 苦相에 묶이지 않으신다. 다시 깊이 一이 즉 異와 同體라는 平等觀을 아신 까닭에 다함이 없는 서원을 세워 度生하는 설법으로 중생으로 하여금 모두 다 성불하게 하신다.

이로 볼 때 일체의 佛聖께서는 그런 까닭에 능히 捨身救世하나 원망하거나 탓하지 않고 능히 希有한 功德을 성취하시는 것이니 이것은 바로 "一合理相"으로 말미암는 것이다. 二乘의 弟子 및 일반 자선가들이 비록 한 때에 人天福報를 얻을 수 있지만 마침내 空으로 떨어지는 것은 다름이 아니라, 그 첫째가 "般若實相"을 밝히지 못하고 "如是住降"하는 곳을 알지 못하기 때문이고, 그 다음은 法身眞際인 "一合理相"의 一異의 관계를 알지 못한 때문이다. 이로 볼 때 대보살은 반드시

非一非異한 "一合理相"을 보아야 한다. 당연히 내가 즉 佛이고 佛이 즉 我이며 중생이 즉 佛이고 또한 나임을 알아야 한다.

平等法身으로 同體悲를 발하여 人我를 전부 滅하고 분별도 없어야 한다. 俗에서 말하기를 "求人은 바로 이것이 자기를 구하는 것이고" 아울러 "小我를 희생하여 大我를 구한다는 것"은 모두 "一合理相"의 法身眞際事에 근원하여 나오는 것이다.

4) 단범부지인(但凡夫之人)이 탐착기사(貪著其事) : 여기서 "事"라는 글자는 즉 覺을 잃고 迷로 들어가는 관건이다. 중생이 "일합리상"의 도에 밝지 못하고 윤회 종자로 떨어지는 것을 달갑게 여기는 것은 실제로 이 "事"의 迷染을 받아들이기 때문인데 처음부터 본래 밝지 못하고 지혜가 묶여 닫혔기 때문이다.

그러나 이 "事"라는 글자의 含意를 如來佛께서 비록 밝게 말씀하지시지 않았다 해도 가만히 생각해보면 세계간의 일체 幻生과 幻滅하는 모든 妄境은 또한 六根이 貪住한 일체 有漏妄法인 것이다. 그러므로 世人이 이미 이러한 妄境과 妄法에 貪住하게 되면 모든 물욕과 假相에 덮여버리게 되는 까닭에 비로소 染淨에 밝지 못하고 本末이 전도 되어 이 "事"에 집착하는 까닭에 말할 수 없는 "一合理相"을 마침내 밝히지 못하게 되는 것이다.

然燈古佛眞解

이미 거래(去來)나 좌와(坐臥)가 없다면, 범부(凡夫)는 더듬어 붙잡을 수 있는 것이 없기 때문에, 왕왕(往往) 망령되이 멋대로 헤아려서, 안으로 심성(心性)을 닦아야 함을 알지 못하고 끝내는 방문좌도(旁門左道)에 빠지게 된다.

【旣無來去坐臥라면 則凡夫는 無所捉摸이므로 往往妄爲猜測하여 不知內修心性하고 竟至入于旁門左道라】

그 망념(妄念)이 미진(微塵)보다 많을 뿐 아니라는 것에, 불(佛)께서 이에 비유(譬喩)로 수보리(須菩提)에게 보이시며 말씀하기를 "만약 선남자나 선여인이 삼천대천세계(三千大天世界)를 부수어 미진(微塵)으로 만든다면 얼마나 많겠는가?"하니 수보리가 "매우 많습니다."고 하였다.

【其妄念이 不啻微塵之多에 佛께서 因譬喩以示須菩提曰 若善男子나 善女人이 以三千大千世界를 碎하여 爲微塵하면 寧爲多否오? 而須菩提가 以爲甚多이니다】

이 미진중(微塵衆)은 본래 실유(實有 : 실제로 있음)한 것이 아니다.

만약 과연 이것이 실유(實有)라 한다면, 불(佛)께서 이것을 미진중(微塵衆)이라 말씀하지 않으셨을 것입니다.

【謂是微塵衆은 本來 非實有라. 若果是實有라면 佛卽不說 是微塵衆이라】

무슨 까닭인가? 불(佛)께서 말씀하신 미진중(微塵衆)은 그것이 미진중이 아니고 억지로 불러 미진중이라 한 것입니다. 미진중이 이미 실유(實有)한 세계가 아님을 알 수 있다.

그러므로 무릇 여래께서 말씀하신 삼천대천세계(三千大天世界)도 또한 실유(實有)한 것이 아니니, 이것도 또한 억지로 불러 세계라 한 것이다.

【所以者何오? 蓋佛說微塵衆은 以其非微塵衆이고, 因强名爲微塵衆이라. 微塵衆이 旣非實有한 而世界임을 可知矣라. 故로 凡如來所說하신 三千大千世界도 亦非實有이니 是以强名爲世界라】

만약 세계(世界)가 과연 실유(實有)라 하면, 곧 이것이 성명
쌍수(性命雙修)의 일합상(一合相)인 것이다.

【若世界가 果是實有라면 卽是가 性命雙修之一合相矣라】

세계는 원래 가합(假合)으로 겁(劫)이 다하면 오히려 부서
지는 것이다. 만약 일합상(一合相)의 대도(大道)일 것 같으면
겁(劫)이 지나도 부서지지 않을 것인가!

【蓋世界는 原是假合으로 劫盡하면 仍壞라.豈若一合相之
大道라면 歷劫이라도 不壞乎오!】

그러나 도(道)에 비록 일합(一合)의 상(相)이 있다 해도 마침
내는 무상(無相)한 상(相)일 뿐이다.

그러므로 여래(如來)께서 말씀하신 일합상(一合相)은 곧 일
합상이 아니고, 억지로 불러 일합상이라 한 것이다.

【然이나 道에 雖有一合之相해도 究意是無相之相이라. 故
로 如來說一合相은 卽非一合相이고 是强名爲一合相이라】

대저 이 반야바라밀경(般若波羅密經)의 진경(眞經)은 일합
상의 대도(大道)이며, 전경(全經)의 천언만어(千言萬語)가 다
이 일합상(一合相)의 실공(實功)인 것이다.

【夫此般若波羅蜜之眞經은 無一非一合相之道이며 全經의
千言萬語이 皆是此一合相之實功이라】

어찌하여 그것을 일합상(一合相)이라 말하는가?
대개 한번 음이[一陰]되고, 한번 양[一陽]이 되는 그것을 일

컬어 도(道)라고 말한다. 양(陽)만 있고 음(陰)이 없으면 즉 독양(獨陽)이 되고, 음(陰)만 있고 양(陽)이 없으면 즉 고음(孤陰)이 된다.

그러므로 수도(修道)하는 사람은 반드시 음중(陰中)의 진양(眞陽)을 양중(陽中)의 진음(眞陰)과 합하여야 한다. 일합상(一合相)이란 바로 이 두 가지를 합하여 하나가 되게 하는 것을 말한다.

수보리(須菩提)의 견해가 여기에 미치고 말도 여기에 미쳤으니, 오호라! 이 경(經)에서 이미 천기(天機)를 다 누설하였다.

【何以謂之一合相오? 蓋一陰一陽之謂道라. 有陽하고 無陰이면 則爲獨陽이고 有陰하고 無陽이면 則爲孤陰이라. 故로 修道者는 必以陰中之眞陽을 合陽中之眞陰이라. 一合相者이란 蓋合二爲一也라. 須菩提의 見이 及于此語及于此이니 噫라! 此經에서 已將天機를 泄盡矣라】

내가 이에 수보리에게 망령되이 가볍게 말하지 말라고 타이르면서 말하기를 이른바 "일합상(一合相)이란 것은 가볍게 말해서는 안 된다." 고 한 것이다. 이것이 곧 가히 설(說)할 법이 없다는 비밀(秘密)스런 천기(天機)인 것이다.

【吾因戒須菩提에게 勿妄爲輕說曰 所謂一合相者은 卽是不可輕說者也라. 此가 卽是無法可說之秘密天機也라】

만약 이것을 망령되이 가볍게 말한다면 범부(凡夫)인 사람은 왕왕 육근(六根)이 청정(淸淨)하지도 못하면서 곧 탐착(貪

着)하여 그 일[事]를 행하고자 한다.

이것은 그 성명(性命)을 닦고자 한 것인데, 오히려 그 성명(性命)을 해치게 되니, 누구로 인한 허물이겠는가? 이것이 가볍게 말할 수 없는 이유이다.

【若妄爲輕說하면 而凡夫之人은 往往六根이 不能淸淨하면서 便貪著하여 而欲行其事라. 是欲修其性命인데 而反傷其性命也이니 伊誰之咎哉오? 此其所以不可輕說也라】

만약 이렇게 하여 범부(凡夫)를 다 제도할 수가 있다면 마침내 근신(勤愼 : 신중히 하여 삼가함)하지 않고 천기(天機)를 다 누설(漏泄)하여, 바로 중생(衆生)을 제도하고 싶지만, 실제로는 중생(衆生)이 될 뿐이니 하늘의 꾸지람을 어찌 면할 수 있겠는가?

【若以爲度盡凡夫라면 遂不謹愼하고 而泄漏天機하여 是欲度衆生이나 而實所以成戕衆生矣니 能免于天譴乎아?】

頂批

일합상(一合相)이란 태허(太虛)로 태허에 합하는 것이다.
【一合相者란 蓋 以太虛로 合太虛라】

태허(太虛)란 선천일기(先天一炁)가 허무(虛無)한 가운데로부터 오는 것으로, 형해(形骸:사람의 몸뚱이)의 합상(合相)과는 관계가 없다.
즉 경(經)에 이른바 "원시(元始)에 매달린 하나의 보주(寶珠)로 크기가 기장 쌀[黍米]과 같다. 공(空)가운데 매달려 있는데 땅에 오장(五丈)을 파면 이것이다."는 것이다.

373

【太虛者란 先天一炁가 虛無中來로 不關形骸之合相也라. 卽經所謂元始
에 懸一寶珠로 大如黍米라. 在空懸之中인데 去地五丈是也라】

고음(孤陰)은 생하지 못하고(不生) 독양(獨陽)은 자라지 못하니(不長),
반드시 음양(陰陽)을 혼합(混合)하여야 도(道)가 이루어진다.
그러나 어떻게 합해야 하는가?
법(法)은 오히려 구전(口傳)을 얻어야 한다.
【孤陰은 不生하고 獨陽은 不長이니 必陰陽을 混合하여야 乃能成이라.
然이나 如何合인가? 法은 尙得口傳이라】

또한 합(合)이란, 일인(一人)에 일구(一口)이니, 반드시 진정(眞正)한 구
결(口訣)을 얻어서, 이에 능히 구대구(口對口)와 규대규(竅對竅)라야, 이
합상(合相)의 공(功)을 실행(實行)할 수 있는 것이다.
【且合者란 一人에 一口이니 必得眞正口訣하여 乃能口對口와 竅對竅라
야 以實行此合相之功也라】

知見不生¹⁾分

須菩提야
若人言하대
佛說我見人見衆生見壽者見이라하면
須菩提야 於意云何오
是人이 解我所說義不아
不也니이다 世尊하
是人이 不解如來所說義니
何以故오
世尊이 說我見人見衆生見壽者見은
卽非我見人見衆生見壽者見일새
是名我見人見衆生見壽者見이니이다

須菩提야
發阿耨多羅三藐三菩提心者는
於一切法에 應如是知하며 如是見하며
如是信解하야 不生法相이니

須菩提야
所言法相者는
如來가 說卽非法相일새
是名法相이니라

原文解釋

　수보리야!
만약 어떤 사람이 말하기를
"부처님이 아견, 인견, 중생견, 수자견을 말하였다. 한다면,
수보리야! 어떻게 생각하느냐.
이 사람은 나의 말한바 뜻을 이해하느냐.
　아닙니다. 세존이시여!
그 사람은 여래께서 말씀하신 뜻을 알지 못합니다.
무슨 까닭인가 하면,
세존께서 말씀하신 아견, 인견, 중생견, 수자견은
곧 아견, 인견, 중생견, 수자견이 아니고
그 이름이 아견, 인견, 중생견, 수자견입니다.
　수보리야!
아뇩다라삼막삼보리를 발한 사람은
모든 법에 응당 이와 같이 보며
이와 같이 믿어서 법이란 상을 내지 말아야 하느니라.
수보리야!
말한바 법상이란
여래가 설하되 곧 법상이 아니고
그 이름이 법상이니라.

1) 지견불생(知見不生) : 知란 자각하여 아는 것이다. 이 중에는 본래 眞知와 假知의 구분이 있는데 眞知는 先天 性海의 知로 이 知는 유교에서는 良知라 하고 道에서는 明白이라 하고 佛에서는 般若라 한다. 즉 眞知는 無知이나 알지 못하는 것이 없다. 假知는 後天 强識의 知로 이것은 達物하나 達理하지 못하는 知로 학습으로 聞見하여 얻은 知를 말한다. 見이란 사리를 決擇하는 것이다.

이중에도 또한 正見과 妄見의 구분이 있는데 正見은 般若의 慧見으로 事理의 眞相을 통달하여 미혹에 묶이지 않는데, 즉 眞見은 無見이나 보지 못하는 見이 없는 것이다. 妄見은 妄境에 迷하여 진리에 투철하지 못하고 혹 邊, 邪, 斷, 常의 見이다.

지금에 말하는 "知見不生"은 後天의 假知와 妄境으로 인해 생긴 妄見을 말한다. 이 두 가지를 만약 늘 항복받아 제지하여 다시 生起하지 못하게 할 때를 즉 "知見不生"이라 한다. 대개 범부는 般若의 理를 깨닫지 못해 妄心을 항복받지 못하는 것은 이것이 모두 假知와 妄見에 덮여있기 때문이다. 고로 밖으로는 六塵을 벗어나지 못하고 안으로는 緣影을 滅하지 못하니 이것은 知見이 많을수록 眞知와 實見이 다시 더욱 迷하고 眞見과 實見이 이미 迷해지면 즉 自性이 밝지 못하고 心德이 굳게 막혀 온 종일 能知와 所知의 障中에 迷住하며 혹 能見과 所見의 分안에서 스스로 총명을 지으니 마침내 迷界의 범부가 된다.

고로 만일 반야의 性體를 투철하여 일체 玄覽을 세척하여 청정한 心境이 되어 知見이 不生하여 진실로 實智慧를 發할 때 자성은 즉 圓明해지고 涅槃을 證하여 머물게 된다. 고로 迷를 깨고 覺을 생하여 윤회를 초탈하려는 사람은 진실로 性海 중에 眞知와 眞見을 發하여 外境의 일체 假知와 妄見을 쉬어야 하는데 만일 진실로 假知와 妄見을 모두 생하지 않게 되면 즉 如來가 바로 앞에 자연히 나타나게 된다.

然燈古佛眞解

범부(凡夫)가 그 일(事)에 집착하여 오히려 그 성명(性命)을 해치게 되니, 그것은 인(人), 아(我), 중생(衆生), 수자(壽者)라는 견해[見]를 아직 비우지[空] 못하였기 때문이다.

그러므로 그 일에 탐착(貪着)하면 곧 인심(人心)의 위태로움에 떨어져서 마장(魔障)이 봉기(蜂起)하는 것이다.

인심(人心)의 위태로움에 편안하지 못하면, 도심(道心)의 은미[微]함이 어떻게 드러나겠는가?

【凡夫가 貪著其事하여 反有以傷其性命이니 以其人我衆生壽者之見을 未空이라. 故로 貪著其事하면, 便墮于人心之危하여 而魔障이 蜂起이라. 人心之危者에 不能安이면 道心之微者가 何由著아?】

불(佛)께서 이에 수보리를 불러 말씀하기를 "만일 범부(凡夫)가 능히 아(我), 인(人), 중생(衆生), 수자(壽者)의 견(見)을 비우지 못하고, 오히려 불(佛)께서도 일찍이 아(我), 인(人), 중생(衆生), 수자(壽者)의 견(見)을 말씀[說]하셨다."고 하니, 묻겠는데, "이 사람이 내가 설(說)한 뜻을 이해했겠는가?"

수보리가 곧 바로 대답하기를 "여래(如來)께서 말씀하신 뜻을 이해하지 못하였습니다."고 하였다.

【佛께서 因呼須菩提曰 倘有凡夫가 不能空 我, 人, 衆生, 壽者之見하고 反藉口于佛께서도 亦曾說 我, 人, 衆生, 壽者之見하니 試問하노니 此人이 解我所說義否아? 而須菩提가 直以爲不解如來所說義이니다】

깊이 알았다면, 세존(世尊)께서 말씀하신 아견(我見), 인견(人見), 중생견(衆生見), 수자(壽者)의 견(見)은 곧 아견, 인견, 중생견, 수자의 견(見)이 아니고, 억지로 그것에 이름 붙인 것뿐이라는 것을 알았을 것입니다.

【蓋深知이면 世尊께서 所說하신 我見, 人見, 衆生見, 壽者見者는 卽非我見, 人見, 衆生見, 壽者見이고 强名之而已라】

진실로 불법(佛法)은 신통(神通)이 광대(廣大)하며, 원래 관련된 만유(萬有)는 다 공(空)하여 일진(一塵)에도 물들음이 없다.

【良以佛法은 神通이 廣大하여 原係萬有皆空하여 一塵에도 不染也라】

불(佛)께서 수보리가 이미 이 뜻을 알았으므로, 곧 영기(迎機 : 근기를 받아들임)하며 말씀하시기를 “무릇 아뇩다라삼먁삼보리심을 발(發)한 사람은, 일체법(一切法)에 다 마땅히 공공동동(空空洞洞)이니, 이와 같이 법(法)을 얻어 그 아는 것에 이르고, 이와 같이 법(法)을 행하여 그 견(見)을 넓히고, 이와 같이 법(法)을 전하여 그 신해(信解)를 열며, 법(法)을 써도 법상(法相)을 아는 마음을 두지 않는다.”고 하였다.

그러므로 법상(法相)이라 말하는 것은, 여래(如來)께서 말씀하신, 곧 “법상이 아니고, 이 이름이 법상이 된다.”는 것이다.

【佛께서 因須菩提가 旣知此意하니 卽迎機하며 以示之曰 凡發阿耨多羅三藐三菩提心者는 於一切法에 皆應空空洞洞이니 如是得法하여 以致其知하고 如是行法하여 以擴其見하고 如是傳法하여 以啓其信解하며 用法해도 而不存知法相이라. 故로 凡所言法相者는 如來께서 說하신 卽非法相이고 是名法相이라】

경(經)전체에 여러 번 사상(四相)에 집착하면 안 된다. 고 말하였는데, 제 삼분(第三分)에는 처음 입도(入道)하는 사람으로 하여금 사상을 없애야 비로소 도(道)에 들어갈 수 있다고 하였는데, 이것은 색계(色界)중의 사상을 없애라는 것이고,

【通經에 屢言四相에 不可著인데 第三分에는 令初入道者로 除去四相해야 方可入道인데 是除去色界中之四相이고】

십칠 분(十七分)에 학도(學道)하는 사람에게 보인 것은, 견성(見性)한 후(後)에 사상(四相)을 없애라고 하였는데, 이것은 욕계(欲界)중의 사상을 제거하라는 것이고, 여기서 사상을 없애라는 것은 법계(法界)중의 사상을 제거하라는 것이다.

이와 같이 지극히 천심(淺深 : 얕고 깊음)함이 있는 것이니, 모름지기 변별(辨別)함이 마땅하다.

【十七分에 示學道者는 于見性之後에 除去四相인데 是除去欲界中之四相이고 此言除去四相은 乃除去法界中之四相也라. 極有淺深이니 須當辨別이라】

頂批

공성(孔聖)께서는 증자(曾子)에게 일관(一貫)을 전하시고, 반드시 그가 진적(眞積)하고 력구(力久)함을 기다렸다.

【孔聖께서 傳一貫於曾子하고 必待其眞積力久이라】

총리(鍾離)께서는 여순양(呂純陽)에게 전하시고, 반드시 마장(魔障)으로 열 번을 시험한 후에야 구결(口訣)을 전하셨다.

【鍾離께서 傳呂純陽하고 必十試以口訣이라】

예로부터(古來), 성성(聖聖)께서 서로 전한 것이 다 이와 같았는데, 이것은 차례를 뛰어넘어서는 안 되기 때문이었다.

【古來로 聖聖께서 相傳함이 皆是如此인데 此其所以不可躐等也라】

인심(人心)과 도심(道心)은 즉 성범(聖凡)을 가르는 것이니, 학자(學者)는 모름지기 맹성(猛省)함이 마땅하다.

【人心과 道心은 卽聖凡之判이니 學者는 須當猛省也라】

만연(萬緣)을 다 놓아버려 일념(一念)이 규중(規中)에 있게 되면, 이것이 법상(法相)을 내지 않는 것이며, 이것이 초범입성(超凡入聖)하는 자리(地位)이다.

【萬緣을 放下하여 一念이 規中이면 此其所以法相不生也라】

第三十二 應化非眞¹⁾分

應現設化亦非眞實
응화신이 나타나 교화하여도 또한 진실이 아님

須菩提야
若有人이
以滿無量阿僧祇世界七寶로
持用布施어든
若有善男子善女人으로
發菩薩心者가 持於此經하야
乃至四句偈等을 受持讀誦하야
爲人演說하면 其福이 勝彼하리니
云何爲人演說고
不取於相하고 如如不動이니라
何以故오

　一切有爲法은
　如夢幻泡影하며
　如露亦如電하니
　應作如是觀²⁾이니라

수보리야!
만약 어떤 사람이
한량없는 아승지 세계에 가득 찬 칠보를
가지고 보시할지라도
만약 또 어떤 선남자 선여인으로서
보살심을 발한 자가 이 경전을 가지되
내지 사구게 등이라도 수지하고 독송하여
남을 위해 연설하면 그 복덕이 저보다 수승하리라.
어떻게 남을 위해 연설하는가.
상을 취하지 않고 여여하여 동하지 않아야 한다.
무슨 까닭인가?

일체의 함이 있는 법은
꿈같고 환상과 같고 물거품과 같으며 그림자 같으며
이슬과 같고 또한 번개와도 같으니
응당 이와 같이 관할지니라

---

1) 응화비진(應化非眞) : 佛은 본래 法, 報, 應, 三身을 갖추었는데 法身은 眞身
이 되고 報身은 功德身이 되고 應身은 應現身에 속한다. 이 應身은 應化 二身을
겸한 까닭에 또 應化身이라 한다. 응화신에서 應은 應해서 나타난다는 뜻인데,
이것은 중생의 기틀에 응해서 나타나는 몸이다. 化는 변화한다는 뜻인데 이것은
眞佛에 緣에 응해서 변화는 가지가지의 몸이다. 예를 들어 32相 80種好로 示現한
佛身으로 즉 應身이라 부른다. 종종의 六度의 모습으로 시현하여 勝劣에 구애되지
않는 것이 즉 化身이다.

그러나 佛께서 스스로 眞體를 變現하여 穢土에 의탁하여 나서 五趣의 몸을 나타내어 비록 천백만억 應化라도 사양하지 않으심은 실제로 중생에게 법을 설해 어리석음을 지적하여 佛道에 들어가게 하시려는 까닭에 무궁한 應化로 중생에게 무상한 이익을 주고자 하심이다. 그러나 應化가 비록 法身의 大用이나 그러나 應化로 모습을 나타낸 것은 眞體의 變現이기 때문에 절대로 應化가 곧 法身眞體로 알아서는 안 된다.

왜냐하면 법신은 본래 如如不動하며 虛靈不昧한 眞空 無相體로 이것은 應化의 元素가 되며 중생을 제도하여 고통에서 구하는데 있어서 법신 자체는 言說을 相이 없기 때문이고 중생은 長劫을 沈迷한 관계로 만일 相身을 의지하여 건제주지 않으면 實信을 낼 수 없는 까닭에 중생의 기틀에 응하여 교묘하게 인연에 합하여 곳에 따라 응현하여 설법하시는 것이다.

그러나 설법은 본래 應化에서 나오므로 迷를 깨우고 어리석음을 열어주는 작용을 일으켜도 끝내는 眞空 無相의 妙體에 계합할 수는 없으니 이것은 실제로 應化가 이미 法身의 變現에 속하기 때문인데 이미 相迹에 떨어져 진체가 아니다. 그렇다면 眞體가 설한 법이 아니니 당연이 眞空無相한 眞道가 아닌 것이다. 그러므로 "應化非眞"이라고 말했으나 이것은 最上 最極의 구경법으로 佛은 本分에서 經이 끝에 이른 때문에 비로소 분명하게 말씀하신 것이다.

2) 응작여시관(應作如是觀) : 만권의 經을 읽는 것이 늘 금강경 1권을 탐구하는 것만 못한데 이미 32分을 통해도 실제로 "應作如是觀" 一句를 깨닫는 것만 못하다. 고로 "如是觀" 體가 곧 "如如不動"한 곳이니 지금에 佛께서 經을 마치실 즈음에 " 一切有爲法이 如夢幻泡影하며 如露亦如電하니 應作如是觀이라" 는 四句로서 全經의 총 결론을 삼으셨다.

그렇다면 학자가 讀經이 이에 이르렀다면 눈을 감고 고요히 한 번 생각해보라? 흡사 뜨거운 여름에 한 잔의 生水를 마시는 것 같아서 갈증이 단박에 풀어지는 것과 같을 것이다. 수도에 방향이 없는 사람이나 생각을 調制하여 머물지 못하게 하는 사람이나 의혹이 時時로 생했다가 또 멸하는 사람이나 四大가 내가 아니고 五蘊이 모두 空이라는 말을 귀 따갑게 들었으나 실제적인 효력을 거두지 못하는 사람이나 혹은 헛되이 생사가 곧 열반이라거나 번뇌가 곧 보리라고 노래하나 실제적이지 못하는 사람은 지금에 佛께서 설하신 이 가르침을 듣는다면 바로 萬病一針으로 疑難이 응당 다 풀어질 것이니 말은 얕으나 뜻은 깊어 三藏의 精旨가 이 몇 마디 가운데 이미 다 포괄하였다.

법상(法相)을 내면 이미 안 된다는 것이나, 이 경(經)은 끝내는 수지(受持)하여 연설(演說)함이 마땅하다.

【法相을 旣不可生이니 而此經은 究宜受持하여 演說이라】

무엇이 아승지겁세계(阿僧祇劫世界)가 되는가?

세계(世界)가 있으면 곧 불법(佛法)이 있고, 불법이 있으면, 곧 승(僧)이 있고, 승이 있으면 곧 호법(護法)이 있다.

이것은 수행(修行)하는 승(僧)이 기수원중(祇樹園中)에서 법(法)을 행하는 것을 무량 백 천만억겁(無量百千萬億劫)동안 아호(阿護)한다는 뜻이다.

【何爲阿僧祇劫世界오? 蓋有世界이면 卽有佛法이고 有佛法이면 卽有僧이고 有僧이면 卽有護法이라. 此言阿護修行之僧이 行法于祇樹園中을 無量百千萬億劫也라】

이러한 세계의 칠보(七寶)를 가지고 보시(布施)에 쓰는 것이나, 삼천대천세계(三千大天世界)의 칠보(七寶)에 비해서 다시 많겠는가?

만약 선남자와 선여인이 있어 보리심(菩提心)을 발(發)하여 이 경(經)을 수지(受持)하며, 내지 사구게(四句偈)등을 수지하고, 독송(讀誦)하여 사람들을 위하여 연설(演說)하여 출세(出世)의 복(福)을 닦게 하면 그 복(福)이 저 보다 뛰어나리라.

【以此世界의 七寶를 持用布施나 較三千大千世界의 七寶
更多인가? 若有善男子와 善女人이 發菩提心하여 受持此經하
며 乃至四句偈等을 受持하고 讀誦하여 爲人演說하여 以修出
世之福이면 其福이 勝彼하리라】

그러나 연설(演說)하는 법(法)은 마땅히 어떻게 연설(演說)
하여 말해야 하는가?
마땅히 그 법상(法相)을 공(空)하게 하고 여여부동(如如不
動)해야 한다.
【然이나 演說之法은 當云何演說인가? 蓋宜空其法相하고
如如不動이라】

"여여(如如)"란 현지우현(玄之又玄)한 중묘지문(衆妙之門)
으로, 사람에게 구전대환(九轉大還)의 전공(全功)을 보인 것
이다.
【如如者란 玄之又玄한 衆妙之門으로 示人以九轉大還의
全功이라】

"부동(不動)"이란 사상(四相)이 모두 공(空)한 것으로, 이것
은 유위(有爲)한 중에 무위법(無爲法)인 것이다. 이른바 "출세
(出世)하는 무량복(無量福)을 닦는다."는 것이다.
【不動者란 四相이 皆空으로 乃有爲中之無爲法也라. 所謂
修出世之無量福也라】

만일 다만 세간(世間)의 일반적인 복(福)을 닦는다면, 이것은 사상(四相)에 집착하는 것으로 공(空)이 될 수 없으므로, 이는 입세(入世)하는 유위법(有爲法)이 될 뿐이다.

【如僅修世間之凡福이면 是著于四相으로 而不能空이므로 乃入世之有爲法也라】

일체(一切)의 유위법(有爲法)은 출세(出世)의 무위법(無爲法)과 같지 않아 부생(浮生)의 몽환(夢幻)이나, 해구(海漚)의 포영(泡影), 초두(草頭)의 담로(湛露), 비공(飛空)의 섬전(閃電)에 불과할 뿐이다.

【一切有爲之法은 出世之無爲法하여 不啻浮生之夢幻이나 海漚之泡影이나 草頭之湛露이나 飛空之閃電耳라】

보리심(菩提心)을 발(發)한 사람은 일체세간(一切世間)의 유위법(有爲法)을 마땅히 이와 같이 보아야 한다.

【發菩提心者는 視一切世間의 有爲之法를 當作如是觀이라】

頂批

여여부동(如如不動)하면 곧 일심(一心)이 진정(鎭靜)되어 만법(萬法)이 다 공(空)하게 되니, 어찌 유위(有爲)의 법(法)을 따라서 적상(迹相)에 떨어지겠는가?

【如如不動하면 則一心이 鎭靜하여 萬法이 皆空이니 又何至蹈有爲之法 而落於迹相인가?】

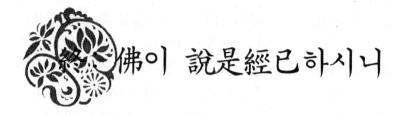

佛이 說是經已하시니
長老須菩提와 及諸比丘比丘尼와
優婆塞優婆夷와
一切世間天人阿修羅가
聞佛所說하고
皆大歡喜하야
信受奉行하시니라

原文解釋

부처님께서 이 경을 설하여 마치시니,
장로 수보리와 모든 비구, 비구니와
우바새, 우바이와
일체 세간의 천상과 인간과 아수라 등이
부처님의 설하심을 듣고
모두 다 크게 환희하며
믿고 받아 지니며 받들어 행하느니라.

然燈古佛眞解

"불(佛)께서 이 경(經)을 마치셨다"는 것은, 장차 한 권[一部]의 무량(無量)한 도인(度人)의 경(經)을 한꺼번에 설(說)하여 마치셨으니, 다시 설(說)하시는 것을 기다릴 필요가 없다.

【佛께서 說是經已者는 將一部의 無量度人之經을 一齊히 說畢이니 *毋侯再爲說也라*】

암암리에 진경(眞經)을 채취(採取)해야 하는 것을 비유하였으나, 요컨대 먼저 지화(止火)의 경계(境)를 아는데 힘써야 한다.

【暗喩採取眞經者이나 務要先識止火之境也라】

"장로(長老)인 수보리(須菩提)와 모든 비구(比丘)"는 암암리에 호법(護法)하는 사람을 나타낸다.

【長老인 須菩提와 及諸比邱는 暗寓護法之人也라】

"비구니(比丘尼)"는 여승(女僧)이 처음 도(道)에 들어가는 토대이다.

"니(尼)"란 그친다(止)는 뜻이다.

【比邱尼란 女僧之初入道基也라. 尼者란 止也라】

여승(女僧)이 수련(修煉)하는 금단(金丹)은 원래 자기의 몸 안[身中]에 있으니, 반드시 자가(自家)의 종조(宗祖)에 있는 것을 인취(認取 : 알아서 취함)하고, 진양(眞陽)이 달아나는 것을 멈추게[止]하여 그것을 주실(走失 : 달아나 잃어버림)해서는 안 된다.

【蓋女僧之修煉金丹은 原在自己身中이니 須認取自家의 宗祖하고 有以止乎眞陽하여 不可使之走泄也라】

"우바새(優婆塞)"는 즉 세속(世俗)에서 이른바 두 거사(居士)이다.

【优婆塞는 卽世俗所에서 謂二居士也라】

"우바이(優婆夷)"는 즉 도고(道姑)이다.

【优波夷는 道姑也라】

"새(塞)"와 "니자(尼字)"는 같은 뜻이고, "이(夷)"도 또한 이 뜻이며, 이(夷)란 평(平)이다. 그 심기(心氣)를 고르게(平)하여 자가(自家)의 진양(眞陽)을 지키는 것이다.

【塞與尼字는 同意이고, 夷도 亦是此意이며, 夷者란 平也라. 蓋平其心气하여 以守自家眞陽也라】

이 가운데는 암암리에 성명쌍수(性命雙修)하는 실사(實事)를 말하였으나, 뜻[意]은 말 밖[言外]에 있다.

【此中에는 曰暗寓性命雙修之實事이나 意는 在言外이라】

종합해보면 수도(修道)는 남녀(男女)를 막론하고, 다만 보리심(菩提心)을 발하는 것이 중요하다.

곧 선남자(善男子)나 선여인(善女人)이 과연 마음이 굳세고 뜻이 용맹하다면 내가 격외(格外)로 일체의 천인(天人)과 아수라(阿修羅)를 통하여 보호(保護)하지 않는 사람이 없을 것이다.

대개 도(道)가 높고 덕(德)이 두터우면 마왕(魔王)도 다 나의 호법신(護法神)이 된다.

【總之修道하면 無論男女하고 只要能發菩提心이라. 便爲善男子나 善女人이 果能心堅하고 志勇이면 吾未有不格外保護者一切의 天人과 阿修羅者라. 蓋道高德重하면 而魔王도 皆爲我之護法神也라】

"불(佛)께서 말씀한 것을 듣고 모두 대 환희(大歡喜)한다."는 것은, 이 금강반야바라밀(金剛般若波羅密經)을 얻은 것이 진실로 불이법문(不二法門)인데, 이는 대승(大乘)과 최상일승(最上一乘)의 법으로 능히 한꺼번에 보도(普度)하고 함께 극락세계(極樂世界)에 올라, 늘 급고독원(給孤獨園) 중에 단취(團聚)하므로 다 환희용약(歡喜勇躍)하는 정(情)을 억누를 수 없었다.

【聞佛所說하고 皆大歡喜者는 得此金剛般若波羅蜜經이 誠爲不二法門인데 乃大乘과 與最上一乘之法으로 能一齊普渡하고 同登極樂世界하여 而長爲團聚于給孤獨園中하므로 皆歡喜踊躍하는 情을 不自禁也라】

"급고독원(給孤獨園)"이란 곧 바로 영산(靈山)으로 곧 복지(福地)인 것이다.

【蓋給孤獨園이란 便是靈山으로 更是福地이라】

중외(中外 : 중국의 밖)의 남녀(男女)를 막론하고 모두 제각기 영산(靈山)이 있고, 각기 복지(福地)가 있으니, 이 경(經)을 신수(信受)하고 이 경(經)을 봉행(奉行)하지 않아서 되겠는가?

【無論中外의 男女하고 皆各有靈山이고 各有福地이니 而可不信受此經하고 奉行此經乎아?】

그러나 봉행(奉行)하려면 반드시 먼저 신수(信受)하는 바가 있어야 한다. 그렇지 않고 믿고 서로 참구해야 함을 의심한다면, 어찌 능히 그 대도(大道)를 이루겠는가?

【然이나 欲奉行이면 必先有所信受이라. 不然疑信相參이면 亦安能成其大道哉아?】

頂批

부록(附錄)에 의하면 하학(下學)은 말로 전해도 괜찮으나, 상달(上達)은 반드시 심오(心悟)의 성(誠)으로 연유한다.

【附錄 : 下學은 可以言傳이나 上達은 必由心悟이라】

공문(孔門)에서 전수(傳受)하는 심법(心法)은, 우선 도(道)의 본원(本原)이 천(天)에서 나와 바꿀 수 없음을 밝히는 것이다.

그 실체(實體)가 자기에게 갖추어 있으니 떠나서는 안 된다.

【孔門에서 傳授하는 心法은 首明道之本原이 出于天하여 而不可易이라. 其實體가 備于己이니 而不可離라】

무엇 때문인가? 도(道)란 잠시도 떠나지 않는 것이니 떠난다면 도가 아니다. 도(道)는 사람을 멀리 하지 않는 것이다. 학자(學者)가 읽어서 깨닫지 못함은, 고인(古人)이 아는 것을 터득하지 못한 때문이다.

【何也오? 道也者는 不可須臾離也이니 離면 非道也라. 道는 不遠人이라. 學者가 讀而不悟는 所以不能得知古人이라】

학(學)을 하는데, 어찌 궁리진성(窮理盡性)하여 기질(氣質)을 변화시키지 않는 것인가?

【爲學인데 奚能窮理盡性하여 變化氣質인가?】

무릇 수신(修身)하는 사람은, 마땅히 중용(中庸)의 지인용(智仁勇)과 주역(周易)의 삼오일(三五一)을 본받을 것이다.

【凡修身者는 當效中庸의 知、仁、勇과 周易의 三、五、一이라】

덕(德)으로 들어가는 문(門)이요, 선(善)을 밝히는 요점이요, 몸을 성실히 하는 근본이다. 이러한 까닭에 리(履)는 덕(德)의 기초요, 선(巽)은 덕(德)의 지음이다.

【入德之門이요 明善之要요 誠身之本이라. 是故로 履는 德之基也오, 巽은 德之制也라】

리(履)는 화(化)하되 지극하고, 선(巽)은 저울질하여 맞추되 은밀히 하고, 리(履)로써 행동을 화(和)하게 하고 선(巽)으로 권(權)을 행하느니라.

【履는 和而至하고 巽은 稱而隱하고 履로써 以和行하고 巽으로 以行權이라】

권(權)이란 성인(聖人)의 대용(大用)인데, 사람들은 그것을 알지 못한다. 정자(程子)가 말하기를 "한(漢)이래로 내려오면서 권(權)이라는 글자를 알고 있는 사람이 없다."고 하였다.

【權者는 聖人之大用인데 而人은 弗知矣라. 程子曰 自漢以下에 無人識"權"字라】

초학(初學)에 있어서는 더욱이 마땅히 힘써야할 급한 일이다. 독자(讀者)가 그것이 가깝다고 소홀히 하면 안 된다. 배우려고 하는 사람은 돌이켜 그 몸에서 구하여야 하는데, 우러러 연비(鳶飛)하는 모습을 보고 구부려 어약(魚躍)하는 모습을 살펴야 하는데, 반드시 이로 말미암아 배운다면 거의 어긋나지 않을 것이다.

【在初學에는 尤爲當務之急이라. 讀者가 不可以其近而忽之이라. 欲學者는 反求其身인데 仰觀鳶飛之象하고 俯察魚躍之形인데 必由是而學이면 則庶乎不差라】

그러므로 군자(君子)의 도(道)는 몸을 근본으로 삼는데, 과연 주야(晝夜)를 불사(不舍)하고 시습(時習)하여 한 순간도 멈춤이 없다면, 자연히 격물치지(格物致知)하게 될 것이다.

【故로 君子之道는 本諸身인데 果能不舍盡夜하고 而時習之하여 無一息之停이면 自能格物致知이라】

어리석은 사람은 능히 밝아지고, 부드러운 사람은 능히 강(剛)해지고, 강건(剛健)해진 후에는 가히 명선(明善)해지게 되어 그 처음을 회복하게 된다. 이미 밝아지고 또 총명해지면, 이로써 그 몸을 보존하게 되니 이 같은 것을 말하는 것이 아니겠는가?

【愚者는 能明하고 柔者는 能強하고 剛健之後에는 乃可以明善하여 而復其初라. 旣明하고 且哲하면 以保其身이니 其斯之謂歟아?】

경(經)을 채취[採]해도 지화(止火)함을 알지 못한다면 결국에선 단(丹)을 상(傷)하게 된다.

【採經해도 而不知止火이면 便必傷丹이라】

신(信)이란 글자를 가장 중요하게 착안할 것이니, 대개 신(信)이란 바로 선불(仙佛)의 심인(心印)으로, 이른바 부절(符節)이 이것이다.

【信字란 最爲著眼이니 蓋信乃仙佛之心으로 所謂符節是也라】

重刊 金剛經 眞解 後記

천지(天地)는 일도(一道)의 자리에서 개벽(開闢)한 것이요, 고금 (古今)이란 일도의 자리에서 흘러 지나가는 것이요, 인물(人物)도 일도의 자리에서 화생(化生)한 것이다.

그것들을 주재하시는 이는 상제(上帝)이시고, 그것들을 계승케 하는 이는 성현(聖賢)과 선불(仙佛)이고, 밝게 드러내어 후세에 베풀 어 주려는 사람은, 경전(經典)이 아니면 공(功)이 되지 않는다.

특히 시원스런 진성(盡性)의 학문에 관한 것은, 사서(四書)와 오경 (五經)에 다 갖추어 있고, 지명(至命)에 관한 일은 주역(周易)보다 상세한 것은 없다.

역(易)이란 일음(一陰)과 일양(一陽)으로, 하늘과 땅 그리고 사람 과 만물을 낳았다.

그러므로 하락(河洛)1)은 포부(苞符 : 부를 쌈)의 비밀(秘密)을 누 설하였고, 희문(羲文)2)은 건곤(乾坤)의 오묘함을 탐구하였고, 원공 (元公)은 상(象)을 지었고, 지성(至聖 : 공자)은 전(傳 : 계사전)을 지었으니, 우리 유교(儒敎)의 희천(希天)하는 공(功)에 대한 지극함 이 이에 다한 것이다.

어찌 두 분께서만 능히 의방(依傍 : 곁에서 도움)할 뿐이겠는가?

이에 일찍이 선사(仙史)3)를 두루 살펴보고, 단경(丹經)을 깊이 살

---

1) 하락 : 중국철학의 근본으로 1에서 10까지의 숫자가 배치되어 있는 도형으로 하도와 낙서를 말함.
2) 희문 : 삼황(三皇)의 한 분이신 복희의 글로 "선천팔괘"를 말함.
3) 선사 : 신선들에 관한 글로 "열선전", "신선전"등이 있음.

펴본 결과, 오로지 심성공부(心性工夫)만 유전(儒典 : 유교경전)과 마찬가지로 공관(共貫 : 함께 꿰뚫음)하고, 서로 함께 발명(發明)하지 않았을 뿐 아니라, 칠반구환(七返九還)[4]인 명리실학(命理實學)도, 또한 주역(周易)을 근본 한 것이 확실하다.

그리고 태상(太上)의 도(道)와 희문(羲文) 그리고 주공(周孔)의 도(道)는 한 근원에서 함께 나왔으니 이단(異端)으로 보지 않아야 한다.

그러나 도(道)와 유(儒)가 이미 남원북철(南轅北轍)[5]의 갈림이 없었고, 석씨(釋氏)는 예로부터 지금에 이르기까지 그것들과 정치(鼎峙 : 병립하다)하니, 반드시 진실하여 우주(宇宙)를 밝게 비추는 것이다.

만일 치류(緇流 : 스님들의 부류)들의 타좌(打坐)나 송경(誦經)일 것 같으면 이것은 족히 귀한 것이 못된다.

이미 수년간 모든 책들을 두루 살피었고, 한가한 때에는 불전(佛典)도 읽었는데, 그 중에 오온(五蘊)이 공(空)하다거나, 사상(四相)이 없다거나, 삼심(三心)을 버려야 한다거나, 육근(六根)을 청정(淸淨)하게 해야 한다거나, 육진(六塵)을 병절(屛絶 : 가리어 막다)해야 한다는 것에 대하여, 설명한 말이 완곡하고, 여러 가지의 비유를 들었지만, 오호라! 그러나 불(佛)의 명심견성(明心見性)이나 유(儒)의 존심양성(存心養性)이나 도(道)의 수심련성(修心煉性)은 공용(功用)이 같지 않음에 불과 할 뿐, 어찌 두 가지 이치가 있을 수 있겠는

---

4) 칠반구환 : 낙서의 숫자배열에서 7은 서쪽에 있고, 9는 남쪽에 있는데 다시 하도의 배열처럼 7을 원래의 자리인 남쪽에 9는 원래의 자리인 서쪽으로 다시 되돌아가게 하는 것을 말함. 선도를 성취하는 원리이며 금화교역(交易金火)이라고도 한다.

5) 남원북철 : 수레 채는 남쪽으로 바퀴자국은 북쪽으로 가는 것으로 남쪽으로 가려는 사람이 북쪽으로 수레를 모는 것을 말함. 행동과 목적이 같지 않거나 일의 결과가 의도와는 반대로 진행됨을 뜻함.

가?

그러나 아직 지명(至命)은 어떤 것인지를 몰랐는데, 다행히 금강진해(金剛眞解)의 주(註)를 얻게 된 것이다. 자고로 불(佛)께서 성(性)을 말씀하시면 아울러 명(命)을 겸하여 말씀하셨고, 명(命)을 말씀하시면 겸하여 성(性)을 말씀하셨으니, 성명(性命)의 기함(機緘: 요체)은 종이 뒤에 밝게 드러내신 것을 지금에야 알았다.

이른바 "금(金)"이란 바로 하락(河洛)의 사구(四九)인 금(金)으로 선천(先天)에서 생산(生産)된 것이다. 곧 역(易)의 건금(乾金)과 태금(兌金)이 이것이다.

이른바 "강(剛)"이란 그 기(炁)가 지극히 굳세어 한번 얻게 되면 영원히 얻는 것으로, 천지가 부서진다 해도 이 금(金)은 부서지지 않으니, 즉 역(易)의 강(剛)중에 강건(剛健)한 것이 바로 이것이다.

이른바 "경(經)"이란 모든 문자에서 찾을 것이 아니고, 바로 백호수경(白虎首經)[6]이나 중묘진경(衆妙眞經)을 말하는 것으로, 즉 역(易)의 칠일(七日)만에 다시 돌아온다는 것이다.

이렇게 본다면, 이것은 천고(千古)에 나타내지 못한 진귀한 해석을 드러낸 것이며, 삼승(三乘)에서 전하지 못한 진리를 전했으니, 삼교(三敎)를 합하여 하나의 교(敎)가 되게 하였다고 말해도 좋을 것이다,

삼교(三敎)의 도(道)는 모두 상도(常道)를 말미암아서 지극한 도(至道)를 추구한 것이라고 말해도 옳으며, 삼교는, 도의 신화(神化)를 마쳐 태허(太虛)와 하나로 섞여 무극(無極)으로 돌아가는 것이며, 아울러 하나의 도(道)도 없다고 말해도 좋을 것이다.

친구와 동료들이 이 경(經)의 진해(眞解)를 얻어 보고, 급히 의논하여 기궐(剞劂 : 판에 새김)하기를 중부(重付 : 신중히 청하다)하여

---

6) 백호수경 : 수(首)란 처음을 말하고, 수경(首經)이니 즉 백호의 초현(初弦)의 기(炁)를 말함.

동호인(同好人)에게 공개하면서 부탁을 받아 내가 서문(序)을 쓰게 되었다. 내가 관규(管窺 : 대롱으로 하늘의 엿 봄)나 여측(蠡測 : 천박한 식견으로 심원한 이치를 헤아린다는 비유)함이 정와(井蛙 : 우물 안의 개구리)가 하늘을 말하는 것 같으니 어찌 감히 대방(大方)의 소(笑 : 꽃 피게 함)를 끼치겠는가?

다만 이 경(經)을 읽는 사람이 염송(唸誦)으로 일을 마치고자 한다면 불조(佛祖)의 고충(苦衷)을 잃게 되며, 이 진해(眞解)를 보는 사람이 고수(孤修 : 외롭게 닦음)하거나 강합(强合 : 억지로 합함)한다면, 불법(佛法)의 진전(眞傳)에 어두워지게 되니, 고(故)로 고루(固陋)함을 헤아리지 않고 시어미처럼 망언(妄言)하는 바이다.

다시 문인(文人)이나 학사(學士) 그리고 황관우류(黃冠羽流)에게 바라는 것은, 신중히 하여 견벽(堅辟 : 고집으로 굳어짐)한 성품을 지어 주인으로 들어가 노예로 나오지 않아야 한다는 것이다.

급히 밝은 스승을 찾아 내외(內外)의 음양(陰陽)을 결파(決破)하여, 피아(彼我)의 성명(性命)을 환히 깨달아야, 비로소 이 경(經)과 단경(丹經) 그리고 역리(易理)가 물과 우유가 교융(交融 : 사귀어 녹음)하는 확실한 불이법문(不二法門)임을 믿게 될 것이다.

이로부터 공(功)과 행(行)을 쌓고, 연기(煉己)[7]하는 마음을 지녀서 천연(天緣)을 기다린다면, 어찌 입신(立身)하고 행도(行道)하여 후세(後世)에 이름을 드날리는 것이 어렵겠는가?

天地는 一道之所에서 開闢也요. 古今은 一道之所에서 流貫也요. 人物도 一道之所化生也라. 主之者는 上帝이고 繼之者는 聖賢과 仙佛이고 闡明하여 而沾丐後世者는 非經典이면 不爲功이라. 慨自盡性之學은 莫備於四書五經하고 至命之事는 莫詳於易이라. 易也者는 一陰一陽으로 生天生地生人生物者也라.
故河洛은 洩苞符之秘하고 羲文은 探乾坤之奧하고 元公은 作象하고 至聖은 作傳

---

7) 연기 : 마음속의 생각을 단련하는 것을 말함. 수행에 있어 마음이 닦이지 않으면 깊은 경지로 나아갈 수 없다.

이니 吾儒의 希天之功이 至矣盡矣라. 夫豈二氏께서만 所能依傍哉인가? 乃嘗流覽
仙史하고 玩閱丹經하니 不惟心性工夫與儒典하고 同條共貫互相發明이며 而七返
九還인 命理實學도 亦本周易이라. 信乎太上之道와 與羲文과 周公之道는 同出一源
이니 不得以異端目之也라.

然道與儒가 旣無南轅北轍之分하고 而釋氏는 亘古及今으로 爲之鼎峙하니 必有
眞焉하여 以彪炳宇宙라. 若但如緇流之打坐나 誦經이면 斯亦不足貴也라. 已數年來
博觀群書하고 閒及釋典인데 其中에 若空五蘊이나 無四相이나 去三心이나 淸淨六
根이나 屛絶六塵이나 委婉陳辭多方譬喩이나 噫 佛之明心見性이나 與儒之存心養性
이나 道之修心煉性은 不過功用不同일 뿐 豈有二理哉인가.

然未知其至命이 果何如也인데 幸得金剛眞解註이라. 自古로 佛言性하면 而兼言
命이고 言命하면 而兼言性인데 性命의 機緘은 顯露紙背를 今而知라. 所謂金者는
乃河洛의 四九之金으로 産自先天인데 卽易之乾金과 兌金是也라. 所謂剛者는 其禀
가 至堅하여 一得永得으로 天地壞時라도 此金은 不壞이니 卽易之剛中剛健是也라.
所謂經者는 非索諸文字이고 乃白虎首經이며 衆經眞經으로 卽易之七日來復是也니
라.

由是觀之하면 此解發千古未發之奇이며 傳三乘不傳之眞으로 謂三敎合爲一敎
也라. 可謂三敎之道는 皆由常道로 以希至道이며 可謂三敎는 了道神化하여 渾一太
虛하여 反乎無極이며 而並無一道也라. 可友人輩가 得觀此經眞解하고 急謀重付剞
劂하고 以公同好邀하여 序於予이라. 管窺蠡測함이 如井蛙가 語天이니 何敢貽大方
之笑인가? 但恐讀是經者가 以唸誦了事면 而失佛祖之苦衷이며 觀是解者가 以孤修
나 强合이면 而昧佛法之眞傳이니 故로 不揣固陋하고 姑妄言之이라.

更口 文人이나 學士及黃冠羽流는 愼勿堅辟成性하여 入主出奴라. 急求明師하여
抉破內外陰陽하여 洞悉彼我性命이라야 始信此經與丹經 그리고 易理가 水乳交融
하는 的的不二法門이라. 由是積功累行하고 煉己持心하여 以待天然하면 何難立身
하고 行道하여 揚名於後世也哉요.

時 大淸 同治 五年 歲 丙寅 純陽月 上弦
龍山居士 敦五氏 敬跋

김창수
1944년 안동에서 출생하였으며 호는 一空이다.
1968년 육군병장 전역
1970년 건국대학교 법학과 졸업
1970년 입산수도
1998년 天下大道法, 天下天符經, 天下人符經, 天下大歷史 등
  天下四經 동시 출간
2006년 현재 도법연구 및 수도중

유정식
1953년생으로 호는 法空이며
젊어서부터 유불선의 삼교를 융합하는 것에 관심이 많았으며
강의와 번역을 주로 함.
번역서로는 금선증론, 선불가진수어록, 참동계 등이 있다.

性命雙修로 풀이하는 金剛經 眞解

2007년 1월 20일 초판 인쇄
2007년 1월 25일 초판 발행

지은이 연등고불
공역자 김창수 유정식
펴낸이 최병문

펴낸곳 명지사
전화 02-2271-3117
팩스 02-2264-9029
전자우편 mmzisa@yahoo.co.kr
주소 서울 중구 장충동 2가 190-5 폴리빌딩
등록 1978년 6월 8일 (제5-28호)

ISBN 978-89-7125-176-8 03220

값 20,000원

* 잘못된 책은 구입하신 서점에서 바꿔드립니다.